厚德博學
經濟匡時

国时 财政学系列

中国财政思想史简编

谈 敏 编著

上海财经大学出版社

图书在版编目(CIP)数据

中国财政思想史简编 / 谈敏编著. —上海：上海财经大学出版社，2018.11
(匡时·财政学系列)
ISBN 978-7-5642-3132-3/F·3132

Ⅰ. ①中… Ⅱ. ①谈… Ⅲ. ①财政-经济思想史-研究-中国 Ⅳ. ①F812.9

中国版本图书馆 CIP 数据核字(2018)第 233236 号

责任编辑：江　玉
封面设计：张克瑶
版式设计：朱静怡

中国财政思想史简编

著 作 者：谈　敏　编著
出版发行：上海财经大学出版社有限公司
地　　址：上海市中山北一路 369 号(邮编 200083)
网　　址：http://www.sufep.com
经　　销：全国新华书店
印刷装订：上海叶大印务发展有限公司
开　　本：787mm×1092mm　1/16
印　　张：15.75
字　　数：299 千字
版　　次：2018 年 11 月第 1 版
印　　次：2018 年 11 月第 1 次印刷
定　　价：58.00 元

1999 年版前言

十年前，我在胡寄窗教授的指导和提携下所编写的《中国财政思想史》一书，自1989 年正式出版以来，曾受到学术界同仁的关注，并被不少高等院校的财经系科选用作为本科生或研究生的教学参考书。惟从教学尤其是本科生教学角度考虑，这部著作偏重于学术研究，且篇幅较大，似乎不甚适宜于教学之用。为此，曾打算对原作进行改编，以广其用。不久前，经原国家教委组织专家审议批准，已将这一改编计划列入普通高等教育“九五”国家级重点教材出版计划，又经财政部教材编审委员会审阅，同时列入全国财经类通用教材建设规划。现在呈献给读者的《中国财政思想史教程》一书，作为此教材规划的成果，即根据原作《中国财政思想史》缩减和改编而成。

教程共分四编十九章。第一编“先秦财政思想”，包括七章，分别按照历史时期、重要学派及代表著作等几条线索，考察了先秦时代在西周以前的财政传说，西周财政思想，春秋时代的土地赋税思想，儒家财政思想，墨家、法家及战国其他的财政思想，以及《周礼》和《管子》的财政思想。第二编“封建地主经济前期的财政思想”，包括四章，按照秦王朝建立以来我国古代封建前期的一些主要历史朝代，分别考察了秦和西汉、新朝与东汉、魏晋南北朝，以及隋唐的财政思想。第三编“封建地主经济后期的财政思想”，包括五章，按照北宋以来我国古代封建后期的历史分期，分别考察了北宋和南宋、元代、明代、明清之际，以及清中叶到鸦片战争前夕的财政思想。第四编“鸦片战争到五四运动时期的财政思想”，包括三章，主要按照近代的重要历史事件作为分期标准，考察了鸦片战争到太平天国时期、太平天国失败至甲午战争前后，以及清末民初的财政思想。第四编考察近代财政思想的历史下限，虽然对个别人物或问题的讨论，曾延展至本世纪 20 年代甚至 30 年代，但从整体上看，是以 1919 年五四运动的爆发为其标帜，而告一段落。

严格地说，本教程涵盖的是中国古近代财政思想史范畴，1919—1949 年的中国现代财政思想，以及 1949 年以来的新中国财政思想内容，尚付阙如。其原因在于，编写本学科的大学教科书，只能建立在比较成熟的学术研究成果之上。目前国内学术界从历史的角度，对1919年以来中国现代和当代财政思想的研究，已经陆续发表了一些著作和文章。包括胡寄窗教授与本人主编的《新中国经济思想史纲要》一书，其中便有"新中国财政思想"一编，叙述了1949－1989年间我国财政思想的发展概况、时代特征、理论体系和发展趋势等内容。但相比之下，关于1919年以来中国财政思想史的研究，仍属于本学科研究的薄弱环节，其成果从史料的整理、思想的分析、体例的确定等方面来看，依本人之见，尚不如古近代部分的研究那么成熟。可以相信，随着学术界同仁的共同努力，将会大大加强中国现代和当代财政思想史的研究，不断丰富中国财政思想史的学术内容，从而也使这一学科的大学教程体系更趋充实和完整。

在原作的序言里，胡老曾指出："如果说古代中国有极丰富的经济思想，而财政思想则是其中最为丰富的一部分"，这是由中国古代的独特环境和条件所决定的。此教程的撰写，力求从总体上继续保留中国财政思想史具有丰富内容的全貌和特色，同时力求在具体细节方面做到扼要晓畅和行文简洁，并于每章末附有若干思考题，以适应教学的需要。在教程编写过程中，基本上仍沿用原作的体例结构，而对原作中的疏漏和误排之处，则一并予以纠正。

在教程的编写过程中，曾得到上海财经大学教务处和上海财经大学出版社的支持；书稿形成后，财政部教材编审委员会曾组织专家教授予以审阅，提出一些宝贵意见，出版社金福林同志通读全稿并认真负责地进行了编校，在此一并表示感谢。同时，衷心期望关心这门学科的教学和研究工作者以及广大读者，对于本教程继续提出批评和改进意见。如果出现不妥之处，则概由本人负责。

谈　敏

1998年8月23日

目　录

第一编

先秦财政思想

外，已开始包含一些货币征课的因素。这一点，也可以从史载殷商末年“厚赋税以实鹿台之钱而盈巨桥之粟”①，即曾经以金属货币作为赋税征课对象并将其大量聚集的传说中，得到印证。另外，《尚书》不少篇文记载殷末的暴虐之政，曾引起时人谴责商纣王“重赋伤民，敛聚怨雠”的呼声，这可以说是我国古代财政思想史上最早出现的公开抗议统治集团恣意进行财政搜刮的观念，也是后代反对重税、形成“薄税敛”思想的先导。《易经》中一些篇文，记载殷商社会流行着“富以其邻”与“不富以其邻”之类的观念，可以理解为那一时期除对内征收贡赋外，还重视通过对外掠夺财富的战争形式，作为增加国家财政收入的重要手段。至于史载商朝建立者成汤命大臣伊尹作《四方献令》，规定各地诸侯的贡献，如没有牛羊作为贡纳品，须“因其地势所有而献之，必易得而不贵”，则反映自然经济所支配的古代社会，财政贡纳不能不以当地生产数量较多的土特产为主。同时也反映在殷商初期畜牧业尚占社会生产较大比重条件下，牛羊之类贡纳品的突出财政地位。到殷商末年，随着种植业的发展，国家财政积蓄才表现为大量的粮食储备。

思考题

1. 夏禹时代大约在公元前 21 世纪，商代也产生于约公元前 16 世纪，这是我国古代财政思想的萌芽时期，其萌芽思想从有关的传说记载来看，主要包括了哪些财政内容？

---

① 《史记·殷本纪》。

第二章　西周财政思想

根据现有的古代典籍，在西周以前，仅保存下来一些简单而零星的财政观念，比较有系统的财政概念，始见于古文献中有关西周部分的记载。这些记载表明，西周作为中国历史上第一个建立的封建国家[①]，已经初步形成一套比较明确和具体的财政制度与办法，从中反映出来不少重要的财政观点。

第一节　租赋概念

古代赋税传说中，以"贡"作为最早出现的财政征课方式，以及贡纳者必须履行的奉献义务。进入西周以后，由于封建土地所有制成为社会经济的支配形式，其财政征课观念也相应地发生重要变化。最典型的是西周铸刻在青铜器上的铭文中，屡屡出现以"贮"字为代表的体现地租与赋税双重涵义（简称租赋）的专门用语，用来表示租赋的委积；提供劳役地租和宫室徭役的农奴数目；一定领地上用作偿付他物之价的地租额；禁止贡赋的中饱私囊；贵族领主间的租田关系；如此等等。由此可见，"贮"既指封建贵族领主与农奴之间的地租关系，又表示一般贵族领主向最高统治者缴纳贡赋的财政关系，这是一个具有租赋合一性质的特定经济概念[②]。在西周领主土地所有制下，"溥天之下，莫非王土"[③]，土地所有权原则上统一于代表周王朝的天子，然后由周天子或经其授权将土地实行层层分封或转赐，形成土地占有的等级制。这种封建领主土地占有

---

① 关于西周的国家性质问题，学术界有不同的说法，比较有代表性的为奴隶制国家与封建领主制国家两种说法，兹取后一种说法。

② 据郭沫若《两周金文辞大系图录考释》认为，"贮"字意为"赋"或"租"。对此，学术界尚有不同意见，但已为许多学者所接受。

③ 《诗经·小雅·北山》。

制的基础是广大徭役农民，他们从所属领主那里领有自己的份地即所谓“私田”，同时须向领主承担首先耕种“公田”、服兵役、贡纳家庭手工业产品等等义务。惟其劳役地租的具体征课方式，曾由殷商的“助”法转为西周的“彻”法。殷商农业盛行农民助耕公田，公田收获全部上缴，故农民的公田劳动与私田劳动在时间和空间上是可以截然区分的。而周氏族自公刘时代起就实行“彻田为粮”，划分的井田中虽有公田、私田之分，但为防止农民耕作公田不力之弊，改由一井农民在一井土地上“通力而作”，收获时勿论公私都“计亩而分”，即将总产量依公私田亩数量的比例予以分配。周氏族征服殷商后，彻田为粮的劳役地租形式被广泛推行。在这一基础上，西周君主在国家范围内尤其在自己直辖的土地范围内，以及封建阶梯上的各级领主在其领地内，均兼有双重身份，既作为土地所有者向份地农民收取劳役地租，同时又作为主权者向同一直接生产者征收赋税。这种地租和赋税合为一体的财政征课性质，就是产生租赋思想的客观原因。

租赋合一制度允许劳役农民在某种程度上可以有财产或财富的独立发展，而他们提供的劳役地租，又是财政收入的主要源泉。这样，西周统治者在实行财政征课时，不能不对劳役农民的耕作之艰难表示关注，告诫须“先知稼穑之艰难”[①]，不能用庶邦万民缴纳的正税供其骄奢用度。同时，在租赋合一思想的支配下，封建领主集团对于农业生产，特别是对农业生产的收获规模十分重视。很显然，只有在获取“多黍”“多稌”或“千斯仓”“万斯箱”的农业剩余生产物的基础上，封建领主集团才能藉以维持其统治地位并供其奢侈享受。这也反映了西周时代农业生产的发展，有可能提供更多的农业生产剩余，从而为国家财政奠立较为坚实的基础。

在西周，除了金文“贮”字同时含有地租和赋税双重意义之外，还分别出现了“租”与“赋”字。“租”字最初表示劳役地租，这一经济范畴的出现，无疑是封建领主土地所有制下的地租征收制度形成以后的产物。“赋”的涵义较为复杂，原意从“武”，指兵或军赋，即按田亩所应缴纳的甲车徒卒。由于古代军赋征课以田地为基础，故赋的涵义又泛指一般谷米税。此处对关市、山林川泽乃至力役的征课，更是赋的涵义之引申使用。“租”“赋”二字的分别出现，为地租与赋税概念的分离提供了先行思想资料。

第二节　财政基本原则

在我国古代文献中，相传反映西周初年治国理念的《尚书·洪范》一文，最早提倡

---

① 《周书·无逸》。

重视财政经济问题。其中所谓农用八政，“一曰食，二曰货”的名论，虽然就原文来看，可能指掌管“食”与“货”二事的政府机构，不必有经济学上的意义，但“洪范八政，食货为先”一说却被后代理财家们奉为座右铭，事实上变成一个重要财政观点，对我国古代财政思想的形成与发展产生了重要影响。尤其自班固在《汉书》中创立《食货志》体例后，“食货”一词几乎成了现代“经济”的同义语。到19世纪末，还有人将近代经济学名称译为“食货学”。同时，“食货为先”的原则也体现了处于真正自然经济时代的西周，国家财政工作不能不把农产品收获作为经常性财政收入的源泉，用以满足最高统治者的个人享受以及豢养大批政府官僚和军队的需要。

西周财政的基本原则是量入为出。它被历代封建王朝长期视为指导政府财政的金科玉律，即便在世界财政思想史上也是最早出现的原则之一。其原文见于《礼记·王制》：

“冢宰制国用，必于岁之杪，五谷皆入，然后制国用。用地大小，视年之丰耗，以三十年之通制国用，量入以为出。”

这表明，西周的财政收支计划具有以下几点特征：一是由辅佐天子、总揽政务的冢宰亲自掌管国用收支规划的制订工作，以示国家对此事的高度重视。二是制订财政收支规划的时间通常在一年之末即“岁之杪”，并以农作物的生长周期作为确定财政年度的自然标准。三是在编制国用规划时，以五谷实物为计算收支数额所用的基本单位。四是国用规模虽受耕地面积大小及农业收成丰歉的制约，但年度财政收支的估算，还须考虑三十年收成的平均数，即所谓“三十年之通”，这恐怕也是平均数这个概念在财政历史上的最早运用。总的说来，封建社会初期的财政以收取劳役地租为基础，而农业的丰歉又不能事先预定，故国用只能有获得拟征收的实物以后才能制订，这是封建财政量入为出原则赖以产生的客观基础。

既然西周时代的公共收入主要是谷物收入，因此，储藏谷物以备将来不时之用，也就成了国家的一项必要财政措施，并由此引出一个难以实现的财政教条，即“国无九年之蓄，曰不足；无六年之蓄，曰急；无三年之蓄，曰国非其国也”。这个财政教条的另一种表达方式，结合农业耕作年限来估算谷物积蓄的额度，如谓“三年耕，必有一年之食。九年耕，必有三年之食。以三十年之通，虽有凶旱水溢，民无菜色，然后天子食，日举以乐”。[①] 在古代社会，由于自然和技术条件的限制，国家保持九年、六年之蓄，或者每年从全部农业收成中，稳定地获得相当于三分之一收成的谷物作为储备，是不可能的。况且古代财政的丰裕，往往又为统治集团的穷奢极欲创造了条件。另外，如果照历代注疏家的解释，将“三十年之通”理解为最多实现“九年”之蓄的耕作年限，而国家制国

---

① 《礼记·王制》。

用时又须以最多达九年的谷物储备作为前提条件，这就使得“量入为出”的原则必然失去现实意义。所以说，上述储备标准，只是一种财政教条。但其中所体现的事前粮食积储思想，却是古代政权藉以调节年度收支计划的必备原则。

第三节　赋役征课思想

西周的财政收入分为两大类：一为诸侯对王室的贡纳，一为人民对王室的贡纳。诸侯对王室的贡纳，均系当地所出的物品。一是按其分封领地面积的大小来规定应缴纳贡物的数量，一般爵位高者地广而贡多，反之则贡少。二是以封国距离王城的远近作为规定贡纳品种的重要条件，大抵距王城近者其贡物多为粗重而价值小的东西，如牺牲、用器、嫔物（妇女所制作之物）之属，距王城愈远者其贡物多为轻便而价值高的东西，如珠、象、玉、金、龟、贝之属。

从原则上说，王室向诸侯或其他上层人士征收贡赋，须遵循一定的标准。大致一方面是对王室承担的贡纳义务，须以不过分侵害贡纳者本人的经济利益为限度。另一方面是在各级贡纳者之间，其贡物数额或价值须与他们各自的实际负担能力基本相适应。如果发生不相适应的情况，王室应设法利用财政手段来实现赋税的均等分配，以防止纳税人之间的苦乐不均，如所谓“公货少多，振赐穷士；救瘠补病，赋均田布”[①]。但在实际上，这些原则常常得不到遵守。像《诗经》中便记载了不少诸侯、大夫一类人士对于赋役轻重不均现象的抱怨言论。

在西周，诸侯能否按期完成规定的贡纳任务，成为判断他们是否奉守国法或存在叛逆之心的重要标准。周天子对于诸侯的贡纳，不仅有贡物数量及品种方面的规定，还要求其贡纳须符合一定的礼仪规范，以为庶民贡纳作出示范，并从政治上维护统治集团的尊严，进而使具有强制意义的贡纳征课不断制度化和法律化，以防止或镇压人民的任何反抗行为。

直接由国王控制的王畿以内的人民对王室政权的负担，分为两种：一种是贡赋，一种是力役。贡赋一般按土地面积征收实物，但也不尽如此。其制根据后来《国语·鲁语》的记载，一是王畿内的人民“籍田以力”，所缴纳的实物地租事实上是劳役地租的变种，并按距离王城的远近而定其税率；二是征收商税和以夫家为单位摊派力役；三是军赋在贡赋中占有极重要地位，而军赋的征收又与有无军事行动有着密切联系，其征收标准以“井”为单位，每井应缴纳一定数量或比例的稻、草和米。王畿贡赋的征收也注

---

① 《逸周书·允文解》。

意到人民的负担能力问题，如谓“财殖足食，克赋为征，数口以食，食均有赋”①，即把征课与人民的供赋能力相适合作为一个原则，至于如何实现则是另一回事。

西周的财政收入以农业贡赋为主，同时也不排除向手工工人和商人征收赋税。西周工商业分为官营和民营两部分，其征课对象主要是指民间工商业者，即所谓“庶人工商，各守其业，以共其上”②。对商人的征课分为关与市两种。早在夏代已有所谓“门关之征”的记载，并将此税作为王府库藏的收入来源。惟周初曾有“关市讥而不征”一说，似乎官府在关市仅履行稽查的职能，而不征商贾之税。看来这只是一种口惠或后人的假托，并不真实。从其他史料分析，可以肯定西周已有商业税的征收。至于传说西周的关市之征多集中在仲秋之月（阴历八月），亦未必可靠。

王畿内的人民还须负担力役，即提供无偿徭役。“力役”在严格意义上本不属于赋税范畴，但古代力役常作为农民耕种份地时对领主的附属义务，故一直把力役视为赋税的一种。西周的力役以成年壮丁为其服役对象，达不到或超过一定年龄规定者准其免服力役。力役的期限，形式上的规定是每年三天，“用民之力，岁不过三日”③，其实负担极重。

总之，西周的财政征课原则，一是建立在具有实物地租外观的劳役地租基础上，并以各种各样的无偿徭役作为补充。二是与自然经济社会相适应，采取生产什么贡纳什么的“任土所宜”原则。三是在一定程度上注意到平均负担的原则，如征课标准的确定须考虑到土地面积的大小、距离王城的远近、资产或收益的多寡、年龄的老幼等因素。这实际上不完全出于纳税者的利益，也符合统治者获得长期而稳定收入的利益。

第四节　财政支出观点

西周的财政支出以节用作为最高原则，这并不是说节用原则在封建财政实践中已经得到贯彻，恰恰相反，它正意味着统治者的奢侈滥用所造成的严重结果，已经在统治集团内部日益引起人们的重视，故不得不高唱节用以期对财政奢侈行为能有所限制。同时，在古代社会经济的缓慢发展只能提供极其有限的剩余生产品的条件下，统治集团能够得到的财政收入也很有限，因而更需要有节制地进行财政支出。这也是节用原则必然会受到重视的客观经济原因。节用作为一个支配原则，从大禹时“克勤于邦，克

① 《逸周书·大匡》。
② 《国语·周语》。
③ 《礼记·王制》。

俭于家”[①]的古训，以及殷商时代提出的“俭德”号召中已可见其端倪。惟在后人的心目中，一直把周文王视为古代君王中言传身教的节用典范。如传说中文王训诫“人君之行，不为骄侈，不为泰靡，不淫于美，括柱茅茨，为民爱费”，“生穑省用，不滥其度”[②]，记载文王“卑服”或“无淫于观、于逸、于游、于田”[③]之类的俭省举止，均被历代理财者奉为处理财政用度的指导原则。

此外，节用的另一个重要作用是保证财政积储的稳定。传说周文王认为储备问题直接关系到国家的存亡，而有无储备又取决于节用。如谓十分收入仅用去一分，则积存的财物可增长十倍，反之，收入一分而支出十分，则储备“顿空”即全部丧失；积贮增十倍者可以统治天下，积贮“顿空”者势必自取灭亡。这样从节用的角度去论证积储的比例、途径或方式，在某种程度上触及通过财政分配来调节消费与积累的比例关系问题。不过在西周，进行财政积蓄的主要目的，一是用于争夺或巩固王业，“能制其有者，则能制人之有；不能制其有者，则人制之”。二是用于备荒，即所谓“天有四殃，水旱饥荒，其至无时，非务积聚，何以备之”。[④] 至于用于发展社会生产方面的费用，在那一时期的文献资料中极难见到，即使有，估计也是微乎其微。

如遭荒歉，西周政府原则上须进一步节制财政开支，“以数度多少，省用”；而在平时，政府应优先考虑和赈济那些缺乏或丧失劳动能力的老弱、疾病、孤寡者。其他与财政救济有关的措施，主要涉及国家对于基层粮食储备的督促和管理，以及官府借贷这两个方面。如由官府在各乡建立粮仓，收买粮食以资储备，并以储粮多少作为考核地方官吏的重要依据；储粮不得轻易变卖，亦不许囤积居奇，应以备荒为目的；由官府经乡正担保，向乡人提供货币借贷，当年不必偿还，以辅佐乡人殖财；赋税征课应以人们“财殖足食”为前提，如能达到“足食”即能维持基本生活需要，方才实行征课；外地缺粮，可出售本地储粮资助，若本地粮少，则停止输出，以恤孤寡；为促进粮食在缺粮和余粮地区之间的流转，戍边城地储粮以“众足以守”为准而不过多留存，出征军粮亦以“驰车送逝，旦夕运粮”的方式供应等。这些财政措施的运用已考虑到商业原则，即通过市场买卖来从事粮食的储备活动，这无疑会减少国家因单纯用行政手段直接调拨粮食所带来的诸多不便和烦扰，同时也能节省财政开支甚或在粮食买卖中盈利。不仅如此，在荒歉之年，周文王还专门“告四方游旅”，鼓励各地游商到受灾地区进行贸易以解决困难。[⑤] 此类措施连同官府的平均市价政策，均对后世理财活动产生过一定影响。

---

① 《尚书・大禹谟》。

② 《逸周书》中《文传》和《程典》二篇。

③ 《尚书・无逸》。

④ 《逸周书・文传》。

⑤ 《逸周书・大匡》。

根据西周封建领主经济的特质，各级官僚均有“食邑”或“田禄”，他们的费用由所在领地内的农民负担，不在国家财政支出之内。但是，王室向各级官僚颁行爵禄，必须依照一定的标准，而这一标准与后代属于国家财政开支范围的官禄制度之间，实际上存在着某种继承关系。如孟子曾对西周的爵禄等级制度，根据爵位的高低和领地的大小，推衍出各级属官食禄标准的具体方案。此方案显系经过孟子的润饰，然而各级食禄之间须保持一定的等差或比例，并依据农业生产水平来确定食禄的标准等等，这也是秦汉以后的官僚制度所必须遵行的原则。

第五节　《禹贡》的财政规定

《尚书·禹贡》的成书年代存在着争议，从它所反映的财政观点来看，与《周礼》有些近似，而涉及的地域则比《周礼》更为广阔，记述也较具体，兹附在本章之末予以分析。

《禹贡》所记载的田赋贡纳规定，将九州的田地及其贡赋划分为上中下三等，每等又细分为上中下三级，共为三等九级。其中：部分地区如冀、扬、荆、豫等州是赋的等级高于田的等级，另一部分地区如兖、青、徐、梁、雍等州则为赋的等级低于田的等级；有的地区如青、豫、梁等州是田与赋的等级大致接近，另一些地区如冀、荆、雍等州则田与赋的等级相差甚大。这些差别的规定，大致是考虑距离帝都的远近、交通条件、土地肥度、产品价值以及经济发展情况等等，作为规定的根据。这种三等九级的分类在以后各古代王朝一直成为典型的课赋分类法，并曾扩大应用到官阶和军级方面。

在王室直接管辖的五百里甸服之内，其田赋缴纳的规定，也考虑到道路愈远者缴纳实物贡赋困难愈多这一现实情况，故其赋税缴纳方式也相应地按道路远近而缴纳精粗不同程度的农产品，即百里内纳全禾，二百里纳半禾，三百里纳去皮半禾，四百里纳谷，五百里纳米。

大体说来，《禹贡》财政征课的总精神体现了两个原则。一个是贡土所宜的原则，当地生产什么即贡纳什么。这是经济不发展的古代财政贡献的基本形式，与夏代以来的原则相同，只是《禹贡》将各州贡纳品的具体名称都作了详细列举。另一个是负担平均的原则，这在《禹贡》中体现得最为突出。前面提到的一些关于田与赋等级及其缴纳方式的规定，不外乎体现了这一原则。

关于财政贡纳的负担平均原则，在春秋以前的古代文献中已不断地有所体现，而不是偶然地透露。中国很早即已形成领土辽阔的统一国家，因此，在财政征课上必须根据某种原则来规定其制度。以土地分封的西周为例，最高统治者所征课的贡赋在直辖的王畿以内系由劳动人民直接负担，此外广大地区的贡赋由分封诸侯缴纳。分封诸侯向王室缴纳的贡赋，虽然实际上是由领地内的徭役农民负担，但因诸侯在其领地内享有政治经济的全部特权，在他们看来，上缴王室的贡赋无异是出自他们的私囊。君主在规定征课制度时，即使不考虑劳动人民赋税负担的是否平均，总不能不考虑各级大小贵族的贡赋是否平均的问题。须知，负担平均与负担沉重是两回事，即使是极其沉重的负担，也可应用负担平均原则来收取。如果对贡赋的征课，畸轻畸重，标准全无，恣意而行，这对君主的统治是很不利的。所以，财政贡纳制度采取负担平均原则，不必谈什么"仁政"，仅从维护统治者政权的自身巩固与获取稳定的财政收入来说，已是性命攸关之事。事实上，负担平均是古代统治者进行财政征课时必须考虑的问题，只有荒唐的统治者才是例外，所不同的仅是在贡纳的程度、应用的范围、贡品的内容上有所区别而已。从这个意义上说，《禹贡》中所蕴涵的早期平均负担思想，对于研究我国春秋以前的财政制度与思想来说，足资珍视。

思考题

1. 存在于约公元前 11 世纪至公元前 770 年的西周时代，在财政基本原则、财政收入与财政支出思想等方面，为后代封建国家提供了一个大致的雏形，同时又具有着区别于后代的不同时代特征。你是怎样理解这一财政思想雏形及其特征的？

2.《尚书·禹贡》是我国古代记载财政贡赋问题的早期文献，它主要体现了哪些财政征课原则？

第三章　春秋时代的土地赋税思想

春秋时代(公元前 770—前 476)生产力的发展,使土地所有制关系发生巨大变革,至后期土地自由买卖的出现,已打破西周以来"田里不鬻"的传统,产生了新兴的封建地主阶级以及大量小土地私有者,从而加速了原有领主土地占有制的崩溃。土地占有形式的这一转变,表现在财政征课方式上,也出现一系列的重要变化。如公元前 549 年鲁国"初税亩",反映鲁国农业公社组织的彻底瓦解,使有田无税的土地增多,不能不改变旧有的"彻"法,实行"履亩而税"。在兵役负担上,如公元前 590 年鲁国"作丘赋",公元前 548 年楚国按土田定军赋,公元前 538 年郑国"作丘赋",公元前 483 年鲁国"用田赋"等等,都是适应新的土地占有形式的重要变革。由此形成各式各样新的财政观点,并带来财政思想方面持续若干年的百家争鸣局面。其中许多财政观点曾在后代产生了不同程度的影响,甚至演化成古代传统的财政教条。

第一节　管仲的相地衰征思想

管仲(约公元前 730—前 654)是春秋初期的著名政治家,他在财政方面的重要主张见之于《国语·齐语》。他提出了"相地而衰征"的赋税征课原则,即按照土地的肥沃程度以定征赋的轻重。这是在新的土地占有形式出现以及旧的劳役制崩溃的情况下,适应于实物地租取代劳役地租这个发展趋势的一种财政征课方式。它有利于鼓励从劳役制下解放出来的农民的生产积极性,同时产生"使民不移"的有效作用。因此,"相地而衰征"并不完全着眼于财政收入,其目的还在于将具有一定程度人身自由的直接生产者束缚在他们的土地上,这又反映了正在成长中的新兴封建生产关系的要求。

按土地肥瘠程度以征课赋税的方式,是我国古代财政征课制度上的一个重要变革。虽然西周时也有根据土地等列实行差别课税的说法,但那是领主经济时期最高统治者向各级领主分封土地并摊派贡赋时考虑的标准，与固定在农村公社内的广大劳役农民无关。而管仲的相地衰征，则要求做到“陆、阜、陵、墐、井、田、畴均”，即无论山地（“陆阜”），墓地道路（“陵墐”），市地（“井”），耕地（“田畴”），均须有合理的配置，才不至于引起人民的怨恨，“则民不憾”。这表明相地衰征的征课对象，已由以往主要面对各级封建领主，转向直接面对广大的新兴地主和有地农民。

另外，管仲主张“通齐国之鱼盐于东莱，关市讥而不征，以为诸侯利”[①]，即齐国的鱼盐可以自由出口，一般进出口物品也免税。这样的财政贸易政策对当时齐国的强盛起了很大的作用。至于他的其他财政思想，在后来的《管子》一书中得到进一步的丰富和阐发。

第二节　公孙侨的作丘赋政策

公孙侨即子产（公元前574—前522），在郑国执政期间曾因铸刑书而被称为法家的始祖。他执政时的一个重大措施是“作丘赋”（公元前536年），这是仿效53年前鲁国所实行的办法，增加人民的军赋负担，将原来由每甸人民所应负担的军赋改由一丘（四丘为一甸）的人民负担。丘赋表面上看是军事问题，实际上也是财政问题。他扩大军赋的征调，使小小的郑国也拥有七百乘以上的战车。从当时土地私有者传诵“我有田畴，子产殖之”[②]看来，似乎子产的财政增赋还不特别苛刻。作丘赋这一措施的意义不仅在于增加军赋，还在于使原先并未纳税的许多新辟私有土地也负担一定的军赋。土地私有者乐意负担军赋，是由于通过军赋的缴纳，使他们的土地所有权获得法律的认可。因此，子产的作丘赋与整顿和编定私有田地相联系，也同“初税亩”一样，标志着封建地主土地私有制的确立，其经济意义不仅在财政方面。

第三节　孙武的赋税观点

孙武是春秋末年人，约与孔子同时。作为古代著名的军事学家，孙武的思想主要见于传世本《孙子兵法》及1972年在临沂银雀山汉墓出土的竹简本《孙子兵法》。其中比较突出的赋税观点，常常指军赋问题。他认为，军赋的征收，是决定战争胜败的关

① 《国语·齐语》。
② 《左传·襄公三十年》。

键，同时坚决反对因过度征取而造成百姓的力屈财殚。其基本思想是，用于战争目的的军赋筹措，应与本国的人力、物力相配合而保持在某种合理的限度内。如以“役不再籍，粮不三载”作为征课标准，国家则根据收取军赋的多少，制定相应的军事战略，即所谓“取用于国，因粮于敌”。①

不仅如此，孙武还以赋税制度的优劣，作为分析各国政治军事形势以及估计事态发展进程的极重要依据。在竹简《孙子兵法》中新发现的一篇佚文《吴问》里，便记载了孙武根据晋国国内韩、赵、魏、范、中行、智伯六家所推行的田制和税制，预言晋国最后将归赵氏统治的问题。他的敏锐之处，就在于从当时土地占有形式和财政征课制度发生的重大变革中，深刻地认识到扩大田亩定制和降低赋税征收标准对于争取民心的决定性作用。

具体地说，《吴问》中包含着以下一些财政观点：

第一，指出土地面积的划分，晋国六卿分别采取了四种不同标准：一是范、中行二氏以八十步为畹，以一百六十方步为亩；二是智氏以九十步为畹，以一百八十方步为亩；三是韩、魏二氏以一百步为畹，以二百方步为亩；四是赵氏以一百二十步为畹，以二百四十方步为亩。土地面积单位标准的扩大，对赋税征课有很大的影响。如果每亩田赋征收额不变，一亩标准面积的扩大意味着每亩实际收获量中用于赋税缴纳的部分相对减少。从当时的情况来看，这对于土地私有者变公有土地为私有和广泛开垦荒地具有很大的刺激作用。很显然，孙武从晋国六卿所采取的不同亩制标准中已敏感地注意到它们在财政征课上的差别。

第二，指出晋国六家的税收方式，除赵氏采取“无税”政策外，其他五家均实行“伍税”制。所谓“伍税”，有两种理解。一种认为“伍”代表基层行政单位，“伍税”指按基层单位的编制形式“伍”来收税。另一种认为“伍”表示税率，即按五分之一的比率征税。无论哪一种说法，均不影响孙武的结论，即“伍税”制不及赵氏的“无税”制。“无税”制可以理解为赵氏对其所辖区域的新增私有土地免予征税，并不是说停止一切财政征收。其目的不外乎笼络民心，争夺民众，借此扩充自己的势力。孙武指出这两种税收方式的区别，说明他对那一时期新兴统治集团运用赋税轻减作为争夺领导权的斗争手段已有深切的认识。

第三，指出制田的宽狭，关系到摊派兵役和军赋亦即“置士”的多少。当时兼并战争频仍，各势力集团无不追求兵多财足。孙武却认为“公家富，置士多”者势必败亡，而“公家贫，置士少”者才可望日益强盛。在他看来，“公家富”会导致“主骄臣奢”，“置士多”会趋于“冀功数战”，两者均是造成败亡的原因。

---

① 《孙子兵法·作战篇》。

他所谓"公家贫，置士少"，只是个相对的说法。所谓"贫"，实际是指"主敛臣收，以御富民"，而"少"，意谓不"冀功数战"。这虽是政治军事方面的斗争策略，但在军赋占重要地位的古代，它也是一种财政策略。特别是他把军赋提高到决定国家存亡的地位来考虑，更是很独特的古代财政观点。

思考题

1. 春秋时代的土地赋税思想与当时土地占有方式的深刻变革密切相关，如何从这一角度去评价管仲的相地衰征主张、公孙侨的作丘赋政策，以及孙武关于田制与税制关系的分析？

第四章　先秦儒家的财政思想

从春秋时代开始，发生了社会经济的深刻变革和阶级关系的巨大变化，并一直延续到战国时代（公元前 476—前 221），由此形成我国古代文明的光辉时期，反映在财政方面，也出现了各色各样反映新旧不同利益集团要求的财政观点。其中以孔子及其儒家学派所提出的观点，对后代的影响最为深远。为了便于较完整地掌握先秦儒家财政思想的全貌，这里除了分析儒家创始人孔子的财政思想外，还将其他儒家经典以及儒家重要代表人物的财政思想结合在一起加以介绍。

第一节　孔子的财政思想

孔子（公元前 551—前 479）的财政观点不多，看起来也比较简单，但它们却对以后两千多年的封建财政思想产生过极大的影响。

一、义利观念

春秋后期以来，出现了一种以社会伦理规范来制约人们获取财富活动的倾向。这一倾向在孔子那里得到进一步的强调和深化，如他肯定“君子喻于义，小人喻于利”；又自称对待富贵的态度是“不义而富且贵，于我如浮云”，或称“富与贵是人之所欲也，不以其道得之，不处也”[①]。这也就是古代义利观点之发凡。这一观点的本意，泛指伦理规范应对人们的经济活动起制约作用，并非专对国家财政而言。但以早期儒家尤其是孔子等代表人物在涉及义利问题时，曾一再把增加财政收入视为不义的行为，甚至等同于盗贼。由于这一观念的长期支配，后来“讳言财利”不仅成为制约人们日常经济生

① 《论语》中《里仁》和《述而》二篇。

活的准则,更是儒者绝对不能违反的财政教条。因此,在研究早期儒家的财政思想,必须首先提及他们的义利观点。

实际上,在孔子的言论中,尚未出现公开反对儒者从事财政工作的说法,他只反对为统治集团“聚敛”。而且他在个人财富问题上虽强调伦理规范的限制,但对于人民大众的经济活动,还是十分重视的。例如,他曾说过,人口众多了,第一件应做的事是“富之”,使他们先富起来,然后才是“教之”即加以教育。他又说,“所重民,食、丧、祭”,也是把民众的吃饭问题放在第一位。[①] 从整个国家的角度看,既重视“富”“食”等经济活动,自然不必否定财政工作的必要性。惟西汉儒家将“子罕言利”一语曲解为孔子不重视甚至鄙视财政问题,结果造成此后两千多年的儒者偏见。

二、维护“籍田”,反对“税亩”

孔子对周公时代的“籍田以力”制度十分推崇,认为这是后代必须遵守而不可更易的先王法典,如有冒犯,即为“犯法”。所谓“籍田”,是指借民力治田以征收劳役地租,实质上是封建生产关系发展初期的一种赋税方式。在孔子的时代,由于封建领主土地占有制的迅速崩溃,传统的财政征课方式也必然随之发生改变。对此,孔子深为不满,因而在修订鲁国史书《春秋》时,专门记下“初税亩”这一事件,以贬抑鲁国在公元前594年对传统税制所作的变革。“税亩”的实质,是打破以往按公田缴纳劳役地租的旧法,不分公田私田,一律“履亩而税”。这标志着封建税制正由征收劳役地租转向征收实物地租的重要变革。孔子推崇“籍田”而反对“税亩”,从租税思想上说,是坚持较原始的劳役地租形式,抵制较进步的实物地租形式。

三、提倡节用,反对聚敛

在财政支出上,孔子主张“政在节财”;治国须“节用而爱人,使民以时”[②]。这里所说的“节财”或“节用”,不是单纯地要求统治者减少财政开支去过一种俭朴的生活,而是必须符合封建礼义的要求做到俭不违礼,即渗透着一种封建伦理规范。

在财政征收上,他从“因民之所利而利之”的“惠民”思想出发,坚决反对重税即所谓“聚敛”。[③] 他不赞成鲁国用田赋,即把按丘(每丘为十六井)为单位征课的军赋,增加为按每户田亩征收,认为“丘赋”已经足用,不必按田纳赋以加重人民负担,主张“敛从其薄”。[④] 薄敛思想在孔子以前已经广为流行,如公元前636年晋文公“弃责薄敛”;公元前

---

① 《论语》中《子路》和《尧曰》二篇。

② 《史记·孔子世家》与《论语·学而》。

③ 《论语》中《尧曰》《公冶长》及《先进》等篇。

④ 《左传》哀公十一年。

573 年晋悼公"薄赋敛"等等。但它经过孔子特别予以强调，才成为以后儒家经常复述的一个响亮口号，在我国古代财政思想上产生了极大影响，虽然它不曾起过什么实际作用。

四、税源与税率

孔子很强调培养税源，不同意竭泽而渔的征课方式。他的这一观点，反映在其门人有若的以下一段议论中："百姓足，君孰与不足；百姓不足，君孰与足。"[①] 在此之前，根据《左传》文公十三年记载（公元前 614），邾文公曾说："苟利于民，孤之利也。天生民而树之君，以利之也。民既利矣，孤必与焉。"这里的"利"字，可以包括各种非物质利益在内。如从物质生产活动的意义上去理解，那么"民既利矣，孤（指君主）必与焉"一语，可以看作古代关于培养税源思想的另一种最早的表达方式。另外，根据《国语·楚语》记载，楚大夫伍举曾指责灵王（公元前 540—前 529 年在位）造章华之台是"聚民利以自封而瘠民"时，也说"民实瘠矣，君安得肥？"伍举约与孔子同时而稍前，他的"民瘠君不得肥"观点和邾文公的"民利孤必与焉"之说，均与孔子的培养税源观点异曲同工，但它们又均不及前述《论语》中的表述明确和影响深远。从这个意义上说，孔子是第一个正确地认识培养税源的重要意义，并将其概括成流传久远的经典名言之一人。这种重视发展生产使人民富裕以培养税源的观点，在财政思想上的确是一个卓见。它虽不是出自孔子之口，却一直被两千多年来的儒家看作直接体现了孔子本人的思想，从而成为这个学派的代表观点。

在税收负担上，孔子主张什一税。这可以反映在他的另一弟子有若的话中。据《论语·颜渊》记载，鲁哀公曾问有若"年饥用不足，如之何？"有若回答"盍彻乎"，为什么不实行十分抽一的税率呢？这个什一之税，既不包括劳役也不包括军赋在内，故从什一税的内容来看，即使能够实现，也不足以反映人民的实际财政负担情况。《论语》中的这一观点，经过百余年后的孟子加以渲染，遂成为后代儒家的另一响亮政治口号，也是经常不能兑现的空头支票。但是，它的重要性并不在于其现实性，而在于它是一面鲜明的旗帜，可供历史上所有反对重税者们摇旗呐喊。

第二节　《周易》与《大学》的财政思想

一、《周易》的理财概念

在现存古代典籍中，《周易》一般认为是成书最早的一部，并被列为后世流传甚广

---

① 《论语·颜渊》。

的儒家十三经的首位。它所反映的财政观点对后代儒家影响最大者，主要有以下两点：

一是重视理财。在儒家经典中，《周易》重视财利的态度很突出，其经传里单“利”字就出现过190余次，甚至在《系辞》中宣称“崇高莫大乎富贵”。关于义与利的关系，《易传》认为“利者，义之和也”，而“利物是以和义”。这是以财利的各得其宜作为“义”的基本内涵，因此它把“利”也归入君子的“四德”之一。这一观点不那么强调伦理规范对财利的限制作用，因为它从整个社会的角度来考虑问题时，不能不把物质财富放在重要的地位上，并主张“能以美利利天下”。在它看来，既以天下为利，自不应再言一人或一事之利，所谓“不言所利，大矣哉”，如此才会达到天下无所不利的崇高境界。同时它又认为，能够顺应自然而为天下利者，唯有“圣人”（指最高统治者），圣人的主要职能是“守位”和“聚人”，而要做到这两点，必须通过“理财”才能实现。正如《系辞》中所说：

“天地之大德曰生，圣人之大宝曰位，何以守位曰仁，何以聚人曰财。理财正辞，禁民为非曰义。”

这表明统治者为了守护其政权之“位”，无疑需要“人”，但归根结蒂是“财”。“财”既如此重要，统治者不能不首先考虑“理财”问题，以此作为勿庸讳言的“正辞”。自此以后，“理财”二字就成为封建国家处理财政经济事务的专有名词，举凡一切与国家财政有关的经济理论或思想原则，均可包括在“理财”这一经济范畴之内。这里的理财概念，既与后人将先秦儒家看作讳言理财始祖的观念截然相反，也为北宋初以后不断有人出而纠正鄙视理财的偏见，提供了经典依据。

二是“中正”的节用观。《周易》作者像大多数古代思想家一样，崇尚节俭，认为君子个人的消费用度是否具有“俭德”，直接关系到国家财政开支是扩大还是缩小。同时，也不赞成君主用度的过分节俭，甚至认为“用乎过俭”是一种过失，故主张节用应力求“得中”，把节用控制在某种合理的程度内。在《周易》作者看来，为节过苦是“道穷”的一种表现，故当权者奉行节用，应以“中正”为其宗旨。而所谓“中正”，其客观标准是“不伤财，不害民”，并且须有固定的制度作为保证。这一节用观点，可以称之为“中正”的节用观。它的特点是给人们所公认的节用之说，加上了新的限制条件：如果节用违反了“中正”标准，那就意味着其道困穷；反之，若以“中正”的制度为节，则天下庆顺，所往无不利。

《周易》的节用观点虽然和《论语》所谓“节用而爱人”一样常常为人们所引用，而在封建财政实践中却总是流于形式。但从财政思想上考察，“中正”的节用观毕竟是为古代财政支出观点补充了一个新的内容。

二、《大学》的财政观点

在古代中国特别是11世纪以后，《大学》一书所反映的财政观点，其指导作用决不下于《论语》。但《大学》经传作者在国家财富问题上，严格地说是在国家财政问题上的观点，却与《论语》的观点颇异其趣。我们知道，关于国民财富问题，孔子是把人民所需的物质生活资料置于非常重要的地位。而在《大学》中，要求主持国政的"君子"首先应重视"德"，因为"有德此有人，有人此有土，有土此有财，有财此有用"。此即所谓"大学之道在明明德"，有了"德"则天下的百姓都愿归顺到有德者之国，有了百姓自然会有人耕种土地，有了土地就能生产财富，有了财富然后可供国家使用。因此，《大学》在伦理规范与物质财富的关系上得出一个和《论语》不同的结论，即"德者本也，财者末也"。进而言之，主持国政，如果将财富放在首要地位，那是"外本内末"，无异于教唆人民相率从事财富的争夺。所以，国家不能"以利为利"，要"以义为利"。这就把孔子的义利观，朝重义轻利方向作了进一步的发展。

在上述国民财富观念的基础上，《大学》对孔子的财政思想，作了以下两个方面的补充：

第一，孔子反对聚敛，认为统治者的财政征课已经很重了，不应再"为之聚敛而附益之"。《大学》将这一反聚敛思想提到更为严厉的程度，认为国家拥有人民与拥有财富两者是相互矛盾的，"财聚则民散，财散则民聚"。甚至认为官府内的聚敛行为比盗窃行为更加有害，"与其有聚敛之臣，宁有盗臣"。而且除聚敛之臣遭谴责之外，连执掌国家主要权力的人也不能致力于财用事务，否则就是受了"小人"的影响，即所谓"长国家而务财用者，必自小人矣"。

第二，对税源的培养，《大学》发展了《论语》中"百姓足，君孰与不足"的观点，从生产与消费的对比关系上去解释财用是否充足："生财有大道，生之者众，食之者寡；为之者疾，用之者舒；则财恒足矣。"《论语》的说法只指出百姓的"足"与"不足"，关系到国家的"足"与"不足"，并未说明怎样才能使百姓"足"。《大学》则进一步指出使国家财用充足的最有效办法是使从事生产的人多，专门坐食的人少，同时还须加紧生产和缓慢地使用。这里清楚地反映出《大学》的作者已认识到国民财富的充足与否不能只从它的绝对量去看，还须从它的生产与消费的相对关系上去考察。这样从整个国家的角度去认识生产与消费的关系及其对国家财政的影响，对于古代经典著作《大学》的作者来说，不是一件简单的事情。

尽管《大学》所接触到的财政问题未超出《论语》的范围，但在儒家财政思想中却不可忽略。特别是从孔子到孟子、荀子之间的思想发展过程，如撇开《大学》这一环节，在某些问题上的线索是不容易衔接的。

第三节 孟子的财政思想

孟子(约公元前372—前289)的生活年代与孔子相差有一个多世纪之久。这一百多年间,由于春秋以来的巨大社会经济变革以及包括财政制度上的重要变化,正在持续发展过程之中,因此,孟子的财政思想虽是全部接受了孔子的若干重要原则,却补充了不少新的内容。

一、对待财利的基本态度

《孟子》一书对于梁惠王提出的"何以利吾国"的问题,其答复是"仁义而已矣,何必曰利"。[①] 他在对待个人财富问题上强调伦理规范的制约,这一点与孔子是一致的。甚至在对待国家财富问题上,他也坚持首先考虑道德规范的约束作用,这与孔子的观点并不完全一致。后来儒家形成"讳言财利"的传统教条,固然渊源于孔子,而孟子之说却具有更大的影响。他不仅反对为政先谈财利问题,连"辟草莱,任土地"或"辟土地,充府库"等古代思想家一向认为须首先考虑的农业生产要政,都在被反对之列。就孟子本人而言,他并非主张治国而完全忽略经济事务。他对整个国民经济的管理,也有一套自己的办法,并提出过一些相当杰出的经济观点。他口头上反对为国先谈财利,主要是通过强调伦理规范以抑制当时一切为兼并战争服务的倾向。但为此而一味地标榜所谓仁义,反对先谈财利,却是十分迂阔的。这些说法被当作孔孟二人对待财富的基本态度,构成了后代儒家财政思想乃至整个经济思想的一个核心内容。

二、租税思想

孟子的财政思想大多与租税问题有关。首先,租税思想以他的政治思想即所谓"仁政"为基础。一方面,统治者要实行"春省耕而补不足,秋省敛而助不给"的"仁政",非有较充裕的租税收入作为支持不可。另一方面,财政税收要看人民是否乐意,"所欲,与之聚之;所恶,勿施尔也"。为政者凡是不符合仁义道德的征税求富行为,都被看作是"富桀"即养肥暴君,或"弃于孔子"即违反孔子精神的举动。[②] 这一租税观点,在战国中期表达了一般新兴地主阶级争取减轻自身租税负担的要求,而在地主阶级取得政权以后的封建社会里,也就成了农民群众及进步思想家反对封建租税剥削的思想

---

① 《孟子·梁惠王上》。

② 《孟子》中《告子下》和《离娄上》二篇。

武器。

其次，孟子建议一种近乎农业单一税的制度。他提出，市场中的商舍不征税，货物按照规定办法出售而不收税，即“市廛而不征，法而不廛”；关门只缉查行旅而免征关税，即“关讥而不征”；城市不生产的宅地不纳房地税即“里布”；无职业之人不收人头税即“夫家之征”；最后只剩下“耕者助而不税”一说有待释疑。从表面上看，“耕者助而不税”好像也否定了农业税。其实，“助而不税”的“助”，是国家让农民助耕公田而收取的一种劳役地租，它同其他实物地租的区别，仅在于以不同形式的地租来纳“税”而已。因此，孟子自诩他在宣扬无税制，而实际所宣扬的是一种与农业单一税制相类似的东西。

在他所处的时代，对农民的课税可能同时存在着三种形式，即“有布缕之征，有粟米之征，有力役之征”。前两种是实物征课，后一种是力役。他反对三者同时开征，主张最好是“用其一，缓其二”。在只采用一种征课形式时，以哪一种形式为最佳，未加说明，只说如果并采两种形式，则民有饿殍的可能；倘若三者同时采用，那就连父子都要离散了。[①] 这一租税观点，又是迂阔之论。在他生活的时代，农民同时负担这三种征课，是极普通的现象，惟其反对重税的精神，则是可以确定的。

再次，孟子对农业税的征收方式，也有较深入的分析。他赞同老子的主张，认为“贡”的方式最差，“助”的方式最好。在他看来，“贡”法的税额必须“较数岁之中以为常”，即参较各年度的平均收获量来确定税额，从而规定农民缴纳一种固定税额的农业实物税，由此势必产生如下弊病：年岁丰收时人民粮食很多，多征收一点也不算苛虐，但限于贡额已确定而不能多收；凶荒之年人民的收获连抵充粪肥成本都不够，却仍须按规定贡额缴纳，当然不胜其负担。[②] 换言之，“贡”法的税率固定之后，缺乏灵活性和伸缩性。“助”法则不然，农民只在公田上提供劳役，私田收获不再缴纳租税，也就不会因年岁丰歉而产生上述矛盾。在这里，他不懂得强迫劳役作为一种税制是较实物税更为落后的制度，也不懂得固定税额还有它的长处，而按当年实物收获来确定征课的税制亦远非完美无缺。不过，以上分析，却使他成为古代世界研究税率制度的第一人。

最后，关于一般税率，孟子大体上主张抽十分之一的农业税。他多次提到实行什一税既是自古以来的既定政策，又有其现实必要性。至于他说“请野（农村）九一而助”，则是他在税率主张上的一个自相矛盾之处。他虽然在劳役地租方面倾向于“九一”税率，但更多的时候是宣扬什一之税。因此，“什一而税”也被儒家崇奉为税率制度中最理想的“中正之制”。

---

① 《孟子·尽心下》。

② 《孟子·滕文公上》。

与什一税相关的主张是“薄税敛”，他认为这是促进农业生产和实现人民富裕的前提条件。“薄税敛”只是财政征课的一般性原则，还须有具体的税制规定为之保证，此即“取于民有制”。[①] 在这方面，他又把“什一而税”视为一种绝对正确的“尧舜之道”，僵化地反对任何高于或低于十分之一的税率，凡轻于此税率者斥为“大貉小貉”，重于此税率者斥为“大桀小桀”，甚至连战国大理财家白圭所主张的“二十取一”的更轻税率，也未能幸免于难。[②] 照此说来，他赞赏“九一而助”，亦重于什一税的“尧舜之道”，岂不是连他自己也变成了“大桀小桀”。这是一个典型例证，证明了孟子那时攻击任何与他的主张稍有不同者的强辩个性。

三、俸禄观点及其他

在春秋末期，由于土地占有形式的重要变革影响到传统的世卿世禄制度，使国家财政支出中的俸禄一项开始引起人们的注意。如孔子曾说过领取谷禄应以国家是否“有道”为转移，但尚未论及国家应实行一套怎样的俸禄制度。孟子是较早论述俸禄制度的古代思想家。他在旧的爵禄制度已破坏无遗，而现行谷禄制度又不能令人满意的情况下，试图依托西周古制，设计一套新的俸禄方案，以适应当时维护封建等级秩序的需要。

在《孟子·万章下》中，他以周代爵禄制度为基础，先按爵位高低分为天子、公侯、伯、子男共四等，又按官阶大小分为君、卿、大夫、上士、中士、下士共六等。这些等级是划分领土和确定俸禄的主要依据。其制：天子地方千里，公侯皆方百里称“大国”，伯七十里称“次国”，子男五十里称“小国”，凡四等；“天子之卿，受地视诸侯，大夫受地视伯，元士受地视子男”。依据受地标准，“大国”“次国”和“小国”的各级官禄的比例分别定为：君禄十倍于卿；卿禄四倍于大夫（次国和小国的卿禄分别三倍和二倍于大夫）；大夫倍于上士；上士倍于中士；中士倍于下士；“下士与庶人在官者同禄，禄足以代其耕”。而“庶人在官者”的俸禄是否足以代其耕，又须考虑一夫百亩的“耕者之所获”，并根据土地肥度的不同而分为五个级差，即“百亩之粪，上农夫食九人，上次食八人，中食七人，中次食六人，下食五人。庶人在官者，其禄以是为差”。

这一爵禄制设想，在儒家经典《礼记·王制》中有相同的记载，并较《孟子·万章》中的记载更为详细。此二者均系矛盾重重的书生之见，并无实际意义，后世儒家对此问题亦不甚关心。但它却反映了在那一时期的实际状况，即随着诸侯或大夫的世袭领地、农民的份地逐渐转变为私有土地，以及公田、官地和空荒土地相继被侵占或开垦而

---

① 《孟子·滕文公上》。
② 《孟子·告子下》。

归私人所有，可供国君支配和封赐贵族之用的土地日渐减少，故不得不从国家财政中去解决无禄贵族的俸禄问题。这也为后来的官禄制度提供了思想先导。

在财政开支方面，孟子的另一观点是以救济鳏寡孤独这四类“天下之穷民而无告者”，为王政之先声①。同时他又非议子产的救济行为，反对“人人而济之”，反对通过救济方式使所有有困难的人“每人而悦之”②。这或许是后世以工代赈思想的萌芽，但也再现了他的强辩特点。

第四节　荀子的富国思想

荀子(约公元前313—前238)是先秦儒家的另一位重要代表人物。他对财政经济客观现象的分析，比孔孟等人更为深入和细致。

一、财政思想的基本点

荀子财政思想的基本点，是他的“富国”概念。《荀子》一共32篇，有不少篇章涉及财政问题，其中《富国》一篇涉及的财政问题更多。可以说，以“富国”为题进行专篇论述者，当以荀子为第一人。自此以后，所谓“富国”就像“理财”一样，成为封建人士特指有关处理国家财政经济事务的专有名词。

《富国》篇以处理“欲多”与“物寡”之间的矛盾为前提，认为导致人群争乱从而国家贫穷的根源在于“无分”，故“兼足天下之道在明分”，即通过明确的划分标准使人们各安于其一定的社会等级和职业。与此相应，社会财富的分配制度应是“贵贱有等，长幼有差，贫富轻重皆有称”。这里的“称”也就是所谓“称数”，一方面是指不同等级的人应享有不平等的分配条件；另一方面是国家根据这一原则进行土地、收益和赋役负担的分配，做到“量地而立国，计利而畜民，度人力而授事”，使衣食百用的出入相抵并保留必要的储备。因此，等差的分配原则，既是荀子主张建立等级秩序的理论基础，又是他藉以实行财政分配的指导原则。

在等级分配制度的基础上，他提出的一套具体富国方针，可以概括为“节用裕民”四个字。这一方针包括了国家在奖励与保护生产、划分生产与非生产性职业、适当地限制消费以及采取相应的财政措施等各方面的经济活动。

他的《富国》篇广泛涉及分配、社会分工、生产、消费、租税政策乃至对外经济关系

---

① 《孟子·梁惠王下》。

② 《孟子·离娄下》。

等各类经济问题，它们都围绕着“富国”尤其是国家财政这一中心议题而发。从对古代财政思想的影响来看，这种抛弃仁义的保护色而公开谈论如何富国的态度，尽管在讳言财利思想盛行的后世曾受到排挤，但对一些富国论者从事国家财政事务的理论探索和实际筹划仍产生了积极的作用。

二、开源节流原则

他在考察整个国民经济的基础上，第一次明确提出了“节其流，开其源”的著名财政原则。它以“下贫则上贫，下富则上富”的理论观念，继承了《论语》的“百姓足君孰与不足”的基本思想并加以发扬。其新颖之处在于，一方面，使用本末、源流等对比概念，更准确地表达了社会生产决定财政收支的主导作用：农业生产为财之本，仓廪库府为财之末；生产发展为货之源，赋税征收为货之流。另一方面，又注意到“节流”即财政分配对于社会生产的制约作用。所以，荀子不是消极地等待社会经济的自然发展，而是主张积极地运用轻税节用等财政手段来达到“上下俱富”的理想境界。这种“知国计之极”的想法，含有从“开源”和“节流”两个方面来考虑生产与财政的相互关系之意，也就是现代所说的生产决定财政，而财政又反过来推进和制约生产的意思。这一理解从财政的意义上说，体现了一种与前期儒家不同的积极进取精神。

他所说的“开源节流”，系指生产发展规模与财政收支规模之间的相互关系。在开源方面，他对财富的生产充满了乐观情绪，甚至认为可以达到“财货浑浑如泉流，汸汸如河海，暴暴如丘山”的程度，故反对以“不足”作为“天下之公患”。[①] 这种观念既与他主张人类“制天命而用之”的哲学思想有关，也说明了他对当时新兴生产关系的优越性持肯定态度。

在节流方面，这里先分析他主张节约国家财政支出的“节用”观点。节用是久已流行的传统财政观点，荀子的特点是把实行节用作为和自然进行斗争的一种手段。他说：“强本节用，则天不能贫”，相反，“本荒而用侈，则天不能使之富”。这是对早期儒家“富贵在天”思想的直接否定。此外，他认为节用是足国裕民的好办法，可使财富积如丘山，反之，则难免于贫穷。同时，他又主张“节用以礼”。这样，在他的手中，所谓“节用”演变成一个具有很大伸缩性的尺度。当用它来衡量一般人民的消费时，强调须严格加以限制，使之“不得以有余过度”。当用它来衡量统治者的消费时，又搬出“礼”这一等级标准，强调须区别贵贱尊卑以维护统治者的威严，从而大大放宽其尺度，竟至宽松到“重色而衣之，重味而食之，重财物而制之”的“淫泰夸丽”程度。[②] 可见，他的财政

① 《荀子·富国》。

② 《荀子》中《天论》《礼论》《正论》《富国》等篇。

支出观点中也渗透着强烈的等级意识。

“节其流，开其源”的财政原则，在后世被概括为“开源节流”一说，成为我国历代一直被广泛传诵的一个重要财政格言。

三、租税思想及其他

荀子的租税思想，既主张“富国”，又强调“王者富民”，而财政税收工作的基础，应首先放在“养万民”上。因此，他坚决反对导致“府库已实而百姓贫”的“聚敛”行为，并把聚敛的危害性提到“召寇肥敌，亡国危身”的国家存亡高度。巧立税收名目作为聚敛的一种形式，自然也在他的反对之列，并认为这种巧取于民的行径，是“伤国之大灾”。①

在征税的对象上，他着眼于国民财富的增加，肯定农业是财富生产的来源，认为“工商众则国贫”或“省商贾之数”可以使国富，意谓工商业不生产财富，故必须在一定程度上抑制工商业的从业人数。但这并未妨碍他仍以征收工商税作为国家税收的一个组成部分，同时主张国家对工商税与对农业税一样，均应实行轻税政策。即所谓“轻田野之税，平关市之税”，反对“重田野之税以夺之食，苛关市之征以难其事”。② 这和孟子的农业单一税主张也是不同的。

在其他租税观点方面，由于荀子认为富国须依托百姓之力，所以主张减轻力役之征以免妨碍农业生产，亦即“罕兴力役，无夺农时”。他还多少继承了儒家主张关市讥而不征，不对山泽产品进行课税，以及反对重税，坚持农业什一税的传统。同时也接受了《禹贡》和管仲的观点，赞成“相地而衰征，理道之远近而致贡”。③

除以上租税观点外，他的财政思想中还有两点值得注意。一是在官俸问题上，他明确反对世卿世禄制度，公开提倡“洪德而定次，量能而授官”，以德与能作为授官定级的依据，并将德行与官位从而与俸禄和官吏开支费用联系起来，即所谓“德必称位，位必称禄，禄必称用”。④ 这一官俸原则意味着官俸支出到战国末年已成为国家财政开支的重要内容。

二是对战时财政问题作了较为独特的分析。荀子处于兼并战争盛行的时期，他认为，兼并别国人民可以有三种方式，即“以德兼人”“以力兼人”和“以富兼人”。他肯定前一方式而对后两种方式持否定态度，其反对理由均系从国家财政的承受能力着眼，即“以力兼人”或“以富兼人”的方式将给国家财政带来沉重负担。在他看来，惟有借重

---

① 《荀子》中《王制》和《王霸》二篇。

② 《荀子》中《富国》和《王霸》二篇。

③ 《荀子·王制》。

④ 《荀子》中《正论》和《富国》二篇。

德行名声来争取民心的兼并方式，才是“得地而权弥重，兼人而兵俞（通“愈”）强”的最佳形式。这一结论不论正确与否，他能从错综复杂的战时现象中观察到国家财政与兼并扩张之间的相互关系，这在古代思想家中毕竟是难能可贵的。

思考题

1. 孔子的财政思想可以归纳为若干条简单和基本的原则。正是这几条原则，对于我国古代财政思想产生了极其深远的影响。你认为应当怎样来评价这几条财政原则？

2.《周易》的理财概念有什么特异之处？

3. 为什么说《大学》是先秦儒家的财政思想发展过程中连结孔子、孟子和荀子这几位代表人物的一个重要环节？

4. 孟子的财政思想与孔子相比，有什么继承关系，又有什么新的阐释、扩展和补充？

5. 怎样认识荀子在中国财政思想史上的贡献，他的富国思想与孔孟二人相比有什么差异？

6. 义利之分或者说伦理与财利的关系问题，是贯穿我国封建财政思想发展全过程的一个基本问题，其代表性观点（也是长期流行于后世的支配性观点），即源自先秦儒家。不过，这一观点在先秦儒家的几位代表人物那里，曾经历过一个发展和演变的过程。请你指出这一发展演变的思想线索。

第五章　墨家、法家及战国其他的财政思想

第一节　墨翟的财政观念

墨翟(约公元前468—前376)是先秦墨家的创始人，他在经济问题上的许多看法，都同儒家大异其趣。特别是在对待财利的看法上，儒家至少在口头上不大谈“利”，要谈“利”也是常与伦理规范联系起来谈。相反，墨翟几乎是一开口就谈“利”，所谓“义”也是以“利”为依归，只要利民就是义，不利于民就是不义。另外，他又从“兼相爱”原则引申出有名的“交相利”思想，认为利人就是利己，损人即是损己，只有人们各不相害，彼此相利，然后才能除天下之害，兴天下之利。他的财政观点，同样基于这一对待财利的基本态度。

一、宣扬充实国家财政

墨翟的财政观念是“官府实而财不散”或“官府实而万民富”，把充实仓廪府库视为重要的财政措施。而儒家则主张“财散则民聚，财聚则民散”，与墨翟的意见是对立的。墨翟的理由，首先在于他把国家的起源，理解为解决百姓的衣食等经济问题，因而也就需要国家有充足的财政积蓄。其次在于他认为国家履行其政治、经济、外交等职能，必须掌握有皮币、谷食等大量财货物资，才能有效地进行国事谋划而立于不败之地。此外，他主张积储三年之食作为“国备”的备荒思想，以及把备战的重要性与备荒相提并论，强调“库无备兵，虽有义不能征无义；城郭不备全，不可以自守”的思想，无疑都要求以官府收入的充实作为前提。[1]

---

① 《墨子》中《尚贤中》与《七患》二篇。

二、赋役思想

在财政征课上，他反对厚敛，认为在“民劳”的情况下，“民财不足”以致冻饿死者不计其数是横征暴敛的结果。故主张以“常”役使民，以“常”征课税，做到民劳而不伤，费而不病，以保证百姓有充实的财力防备凶年饥馑，不致因冻馁而死亡。[①]

像先秦大多数学派均认为对农业课税是理所当然的一样，他也提到农夫入其税问题，至少表明他不反对征农。而他赞成征收关市、山林、泽梁之利，“以实官府”或“以实仓廪府库”而使“官府实而财不散”的态度，却与儒家反对关市之征的所谓“仁政”，是截然对立的。

关于税率问题，怎样才算是适宜，他未加说明，只是强调租税的“常征”可以使民“费而不病”。他认为，“常征”非百姓之所苦，所苦的是“厚作敛于百姓”。故主张节宫室、节衣服、节饮食、节舟车、节葬、以及非攻非乐等等，惟恐“王公大人”借此加重百姓的负担。可见，在他那里，区别“厚敛”与“常征”的标准是十分重要的。可惜他虽不时提到“常征”，却未明确说明正常税率的标准是多少。

三、财政支出观点

在这方面，他的主要观点是“节用”，兼指节约公共开支和私人开支而言，其中尤为强调公共开支的节约。所以，他所主张的“节用”，首先要求去掉财政上的“无用”之费，亦即超过正常开支标准以上的那部分费用。他甚至认为，统治者仅去“无用之费”，即可成倍增加国家的财富。实际上，单就“去无用之费”而言，这只是对现有财富的节省，并未增加国家财富的总量。不过，由此他将力行节俭、反对淫佚的意义，提到关系国家存亡的高度，即所谓“俭节则昌，淫佚则亡”。[②]

当然，他并不反对必要的财政支出，如为了应付战时或荒歉年岁的支出费用，国家必须保持充足的财政储备，以显示“备者国之重也”。尤其是小国如要抵御大国的进攻，更是积储越多越好，这样才能求得小国与大国之间的“上下调和”关系，使大国不敢妄攻小国。[③]

更为突出的是，他一再强调国家的财政支出必须以利民为其原则，反复指出“诸加费不加于民者圣王不为”，即费用开支须以符合人民的利益为准则。因此，他所设想的财政开支，不只是为了维系统治集团的正常支出，更多的还着眼于“万民之大利”。既然强调财政支出方面“不加利者不为也”或“无不加用而为者”，则意味着国家应以“加

① 《墨子·节用上》。
② 《墨子》中《节用上》和《辞过》二篇。
③ 《墨子》中《七患》和《节葬下》二篇。

利”或“加用”与否，作为判断财政开支是否具有经济效益的重要标准，从而决定应否予以支用。[①] 这种主张提高财政支出的经济效益的含义，是古代财政支出思想中一个值得称述的观点。

他在论及财政支出时，还把节用与生产联系起来。他认为，只有一面加紧生产，一面厉行节约，做到“生财密而其用节”，才能感到财货充足，亦即“固本而用财则财足”[②]。这样从发展经济和节省开支两个方面去解决财政问题，显然比仅持节用一端要考虑得更为全面和合理。由此也表明他已能较正确地认识“生财”与“用财”这两个环节对于解决财政收支矛盾，具有相互促进和相互制约的关系。

此外，他还提出过一种随年时饥馑的程度以紧缩财政开支的办法，从较轻程度的一谷不收到严重程度的四谷不收甚至五谷不收，官俸也相应地减少五分之一乃至五分之四，而绝收时则尽无官俸，只领口粮。这里只提到官俸的减缩，表明这项费用此时已构成政府总开支中的重要项目，故减少官俸就可以缓和政府在凶荒年份的财政压力。不论他的这一主张是否可行，其设想总是很别致的。

第二节 法家与战国其他的财政思想

先秦法家代表人物多为政治家或政治改革家，他们崇尚封建法权的威力，积极擘划充实国家财政作为建立统一政权的物质基础。这一思想倾向反映在财政方面，自会形成一种与当时其他各学派所普遍赞成的租税政策不同甚至对立的财政观点。

一、商鞅的财政观念

商鞅（约公元前390—前338）是中国历史上的伟大政治改革家。他给后代留下的财政思想并不多，却都是比较独特的。

第一，坚持国家财政的统一。商鞅在秦国推行的各项改革中，最基本的是运用政治权力决裂田地的封疆阡陌，这一改革彻底摧毁了旧领主贵族在封地内的世袭垄断特权包括财政特权，为在新兴土地所有权关系上创立统一征赋制度提供了先决条件。同时，普遍推行郡县制这一直接隶属于中央的地方行政组织，也保证了基层财政收入尤其是军赋（包括兵役）在征课组织上的统一。这种由土地占有形式的变革所带来的由分散到统一的财政变革，史称取得了“为田开阡陌封疆而赋税平”的效果。[③] 意谓财政

---

① 《墨子》中《节用中》《辞过》及《节用上》等篇。
② 《墨子·七患》。
③ 《史记·商君列传》。

统一的结果可能使全国范围内的赋税负担趋于平均，以及租税负担由于减少了旧领主贵族的中间剥削环节而可能暂时减轻。商鞅还认为这有利于人们专一于农业从而使国富，故称“訾粟而税，上壹而民平”[①]，亦即国家税收统一与人民租税负担平均的实现，全在于以粟作为农业税征收的目的物。这是把国家税制的统一，建立在实物地租即主要农产品“粟”的基础上，并认为征粟可以带来人民租税负担的平均。这一见解在当时的历史条件下，也是颇具见地的。所有这些，都表明商鞅对财政统一的意义已有充分的认识，故才会全力以赴地大力推行。

第二，国富民贫论。先秦各学派的思想家，绝大多数都宣扬在人民富足的基础上充实国家财政，唯有商鞅首先提出与此相对立的见解，主张人民要贫穷，国家财政要富足。这一观点不论在当时和以后都是十分特殊的。

在他看来，富国必然是国治而兵强，而只有民弱、民贫，才能通过重刑或重赏使其转变成勇敢的士兵；也只有让人民成为“家不积粟”的贫者，才能迫使他们专一于农业以富国。他将求富避贫和求赏避罚看作人的天性，所以认为“治国之举，贵令贫者富，富者贫。贫者富，富者贫，国强”。这里所说的“富”或“贫”，其差别不过有无足够维持生活的粟帛而已。“贫者富”不外是使人努力从事农业以获取一定收入或因军功获赐官爵和维持生活的费用。反之，“富者贫”也不外是取消其官爵或维持生计的费用。实现此意图的手段完全是依靠国家的“刑”与“赏”，即“贫者益之以刑则富，富者损之以赏则贫”。[②] 因此，任何人致富或获得足够生活资料的唯一可能性，除务农外，就是通过出色的军功以得赏，亦即“利出一孔”。商鞅所追求的是尽速增强新兴封建国家的经济和军事实力，正是出于这一政治斗争的需要，他才极力鼓吹富国即充实国家财政而不要求富民，甚至不惜以民贫为代价。

第三，重税政策。古代思想家，不论属于哪个学派，一般都主张轻税，甚至还有人主张取消大部分租税，而商鞅却独树一帜，坚持重税政策。他的基本租税观点是：“不农之征必多，市利之租必重”[③]，对非农业活动的课税要既多且重。在这一原则指导下，他要求加重关市之赋，加重酒肉之租，按每家游惰坐食不务农事的人口而重征人头税。至于税率重到何种程度，他只对酒肉之租曾提出“令十倍其朴”，即按原价征课十倍的捐税。由此类推，其他租税的税率之高也就可想而知。

对于农业的征课，他赞成“征不烦，民不劳”或反对“禄厚而税多”的“败农”之举[④]。同时，为了鼓励农民的生产积极性，他还采取了如对尽力于耕织本业并多生产粟帛者

① 《商君书·垦令》。
② 《商君书》中《立本》《弱民》及《说民》等篇。
③ 《商君书·外内》。
④ 《商君书·垦令》。

给予免服兵役的优待；从国外招徕至秦的农民可以享受免除三代的徭役；以及提高粮价以奖励出售余粮等等。这些都表明他无意对农业课以重税，因为加重农业税与他要实现的重农目的是相矛盾的。可是，由于对非农业课征重税，势必导致非农业活动的减少，从而使非农业税收亦随之减少，因而国家财政收入的来源将基本上转向对农业的课税，照此说来，农业税也就决不会太轻。

不过，他主张对非农业活动采取重税政策，其目的不是为了增加财政收入，而是以租税为工具来达到抑制非农业活动，迫使非农业人口转向农业的目的，也就是运用税率政策来指导社会经济活动的动向。这是他的租税思想中一个很独特的观点，并被应用于其他政策目的。如规定每一户主只许有一个成年儿子同居，如有两个以上成年儿子即必须分财分居，否则就要"倍其赋"即加倍负担军赋。他的这一措施，旨在以赋役手段摧毁当时广泛残存于秦国的原始大家庭共居习俗，以利于私有制观念的确立。

第四，俸禄问题。战国以来，法家代表人物凭借政治权力所实行的改革，进一步推进了先秦世卿世禄制向俸禄制的转变。先是李悝（约公元前 450—约前 390）在魏国废除旧的封建世袭制而倡导"食有劳而禄有功"制度。稍后的吴起（约公元前 440—前 381）也劝楚国君王使封爵的贵族至多传至三世，即取消其爵位，收回其领地，并对疏远的贵族一律除籍；同时主张"绝减百吏之禄秩，损不急之枝官"以加强国防。[①] 这是法家的强兵富国主张在俸禄问题上的反映。

在推进世袭制向俸禄制转变的过程中，以商鞅在秦国的改革最为全面和彻底。他先从割断官爵与土地占有权力的联系入手，把官爵分为二十级，以军功为授爵的依据，除最高一级彻侯可分得食邑外，其余均变成领取俸禄的官吏。以后随着开阡陌摧毁了旧的贵族土地割据以及郡县制的普遍推行，他相应创立了"初为县，有秩吏"[②]的一套官俸制度，如县级官吏根据置县大小与官位高低，分别领取六百至一千石、三百至五百石、二百至四百石及一百石以下不等的俸禄。取得官爵的途径规定除农战而外别无他法，即所谓"作壹而得官爵"[③]，其中也包括人们可以通过从事农业并缴纳农产品的"粟爵粟任"方式来获得官爵。既然彻侯以下有军功者得爵也不能封邑，并取消已有的封邑，为此，他又建立了"辕田"制，作为群臣备车马之费的用田或作为各级官府的公田。它因官职而设，随职务而存在，并不世袭，不担任官职即不能享有辕田的待遇。这些制度的设立，对秦汉以后的封建财政均有很大的影响。

---

① 《汉书·食货志》及《韩非子·和氏》。

② 《史记·六国年表》。

③ 《商君书·农战》。

二、韩非的租税观点

韩非(约公元前280—前233)是先秦法家的集大成者。在财政思想方面,他的观点接近于商鞅,但更为偏激和更富于理论色彩。

第一,反对足民。韩非和其他法家代表人物一样,主张将"利君""富国"放在第一位。他继承商鞅"利出一孔"的农战思想,强调"富国以农,距敌以卒",认为只有立足于农业,才能做到国富兵强①。至于"富国"即充实国家财政的具体手段,不外乎依靠租税和力役。同时,他也注意到发挥交通工具与器械的功用可收增加财政收入之效,以及必要的商业对于增加财政收入的作用。但是,与先秦时期主张足民以培养税源的思想不同,他从理论上公开反对足民。

他的理由是,人生来是自利的,只有像老聃那样极少数的特殊人物才可能"知足""知止",绝大多数的人都像桀那样贪得无厌。既然任何君主均不可能无限满足个人无止境的欲望,则"足民"将是永不能实现的梦想。另外,他认为人们在财货足用以后,会产生奢侈及怠惰两种倾向。照他的逻辑,必须人人贫困然后可能加倍努力,必须家家贫寒然后不会因奢侈而陷入穷困,故足民政治既不可能也无必要实现。

据此,他对有人指责"上不爱民,赋敛常重"的说法不屑一顾,而且认为轻税会使人民因财用多而流于奢侈,再由奢侈而致家贫,或因财用多而不努力工作,故轻税之害与轻刑相同。他尤其反对征富济贫的政策,认为"今上征敛于富人,以布施于贫家,是夺力俭与侈惰也"②。对于徭役,他倒是主张减轻的。其原因在于徭役多会造成借用民苦的权势,而徭役少则使能民安而显示君主的德行。可见减少徭役的目的不是为了减轻农民的重负,而是为了抬高君主的权威。

第二,财政支出观点。韩非抽象地赞成节俭,但又认为国家的存亡与君主的节用与否并无什么关联。只要在重要政策上处置得当,即使国君奢侈一些,也非国家之患;相反,如过分节用以致损害身份或不利于行政工作,那倒是不足取的。因此,国君不必"自禁""自节",关键在于能"禁下""节下",善于利用赏罚手段使臣民百官都能竭力劳作,克己奉公。

他和先秦大多数思想家一样,也关心"征赋钱粟"以充实备战备荒的费用。但他对人们一向称颂的"以公财分施"或"劝贷施赏赐"的所谓惠民仁政,公开持反对态度,认为这和妄杀无辜的暴政一样,会导致亡国的结局,尤其是反对臣属为提高自己的声誉而"散公财"或"行小惠"以取悦百姓③。在他看来,一个人的财富由他自己的勤劳和节

---

① 《韩非子·五蠹》。

② 《韩非子·说疑》。

③ 《韩非子》中《八说》和《八奸》二篇。

俭而得来，贫穷则由于自己的奢侈及懒惰所造成。因此，采用济贫或惠民政策，无异于打击勤俭致富者的积极性和鼓励奢侈怠惰者心存投机取巧的侥幸心理，结果有害于生产并有招致亡国的危险。这实际上是一种为财产私有权辩护的观点。

在官俸支出方面，他的意见归纳起来，一是强调俸禄必须与官吏的才能和功劳相称，即“官贤者量其能，赋禄者称其功”；二是强调官吏不得擅自多征民财民力以增加俸禄，只能是“奉足以给事”，在俸禄之外不能再去谋取私利①。

另外，他非常讲求支出的经济效益，认为凡事只有“计其入多，其出少者”，方可去做；如果“计其入不计其出”，不知道支出超出收入的危害，那就是“名得而实亡”。进一步说，如果入多出少，表明有效益，即有“功”，此所谓“其入多，其出少，乃可谓功”；反之，则无效益。他将这一论断运用到财政支出问题的分析上，批评当时国家纵容官吏滥用财政经费而不讲求经济效益的做法，如谓“今大费无罪而少得为功，则人臣出大费而成小功，小功成而主亦有害”。② 这种批评做事不计成本，认为在不讲支出效益的情况下，即便办成某项事业，对君主也是有害的观点，从现代财政支出原则来看都是颇为深刻的。

三、战国的其他租税思想

战国中期以后，虽有商鞅、韩非等法家人物公开推行重税政策，但在整个战国时期，人们较普遍接受的仍是轻税观点，惟各人要求轻税的出发点和理由却有明显不同。如与孟子同时的许行，主张贤明的君主应当与农民“并耕而食”“饔飧而治”，即自食其力；如果统治者建立仓廪府库即通过租税等手段来充实国家财政，那就是“厉民以自养”的刻剥行为③。这显然反映了广大小农群众的意愿。又如以擅长商业致富之术的白圭（约公元前 370—前 300），主张税收二十而取一，则反映了商人反抗沉重捐税的要求。在如此低的税率下，如何满足国家的财政需求，由此又引出了在国家财政上注重扩大各种经济收入而缩减强制租税收入的观点，这将在后面讨论《管子》的租税观点时再作分析。

这一时期的轻税观点，还有一些是附合于或相同于孔孟等儒家代表人物的薄赋敛观点。如兵书《六韬》曾宣称“天下非一人之天下，乃天下之天下”，故“同天下之利者”得天下，而“擅天下之利者”则失天下。在这一思想指导下，自然提倡“薄赋敛”和“俭宫室台榭”，反对“重赋敛”和“多营宫室台榭”。由此还形成古代社会常为人乐道的另一财政箴言：“赋敛如取诸己，此爱民之道也”。《六韬》作者憧憬帝尧时代的俭约政治，认

① 《韩非子》中《八奸》和《八经》二篇。
② 《韩非子·南面》。
③ 《孟子·滕文公上》所引许行的观点。

为那时的统治者“其自奉也甚薄，其赋役也甚寡”，不仅自身节俭，不以赋役之举影响人民的耕织活动，而且能够存养赈济天下的鳏寡孤独和祸亡之家。① 这种要求统治者效法帝尧而厉行节俭以减少赋役的观点，在战国时代，并非单纯的理论说教，更重要的是为了争取民心以实现统一天下的政治目的。

思考题

1. 从对后代的影响来看，墨家已呈衰微之势，但在战国时代，墨家却是与儒家同处显学地位并相互对立的一个重要学派。如何通过墨翟的财政观点，来比较墨、儒两家财政思想的主要区别？

2. 商鞅的财政思想在先秦各家中独树一帜，何以会产生这类思想，其时代特征是什么，提出你的分析意见。

3. 韩非如何继商鞅之后，从理论上阐发了为富国而反对足民这一思想？

---

① 《六韬·文韬》中《文师》《国务》及《盈虚》等篇。

第六章 《周礼》的财政思想

《周礼》的成书年代尚无一致的定论，它肯定不像传统所说的那样是周公旦所作，所记载的也不完全是西周的政治经济制度，近代学者绝大多数认定它成于战国时代。《周礼》构想了一整套的政治、经济和社会制度，其中有关经济方面的大量论述基本上是以财政内容为核心，甚至可以说它是一部以论述国家财政为主题之一的古代文献。中国在唐宋以后日益尊崇《周礼》，大多是赞成它的理财原则或方式，把它作为国家财政经济改革的楷模和理论依据。

第一节 财务行政机构及其组织原则

《周礼》的财务行政机构体系，尽管具有明显的虚构成分，仍体现了它在组织原则上的一些特点。

第一，财务行政没有一个统一的领导部门，而是由天官大宰和地官大司徒各管一大部分财务工作。冢宰虽有统管六官的职权，实际上赋税和力役的课征任务全部由地官大司徒主管，故难收统一指挥之效。这可能与古代财政职能比较单纯、各级领主的收益一般在各自的领地内自行解决、国家财政实际上仅以王室的祭祀以及中央各级官吏的实物俸禄为主等因素有关。然而，这一周官六卿不及财政的传统观点，到 19 世纪末，仍保持其在中国的支配性影响。汉唐以来，六卿的执掌虽稍有变化，而财政始终未成为完全独立的中央部门，直至辛亥革命后才摆脱了这一传统观念的束缚。

第二，《周礼》的财务行政组织，在现存五官所列出的三百多种官职中，只有少数是由一人主管，大多数官职的主管官员均至少二人，多者竟达十余人。这是一个至今仍难以解释的问题，但未必有什么高明的见解。

第三，财政官职分设于天官和地官两部门，是根据实际情况的因利乘便之举。例如，天官大宰所主管的两个财务机构为大府与司会，前者的职权是总揽全国的财政总收支，后者是对整个国家财务收支的总稽核，类此事务无疑须由大宰主管。地官的职权为赋税、力役的实际征课事务以及谷粮仓储的收发事务，这些由主管农业的部门大司徒领导自然更为便利。司市所管的市场、贸易与赊贷事务在古代是相对次要的问题，无设立中央专管部门的必要，且三者均与财政赋税有一定关联，故它和办理关税征课的司门也一并划归大司徒兼管。这些官职分配不必有什么理论原则的依据，但根据客观需要而设置财政官职及其隶属关系，也是《周礼》财务机构体系的一个时代特点。

第四，从实际掌握国家财政收支大权的机构即大府来看，其内部的组织分工是按照财物的性质，区分为专管金玉、兵器、珍宝之类贡赋以供王宫之用的玉府，专管九赋九贡的实物收支以供国家财政"大用"的内府，以及专管货币赋税的收支以供国家财政"小用"的外府。这种按财物性质分设财政管理机构的方式，是在财政收入以实物为主的经济条件下的产物。同时，如司会的下属机构中，职内专管实物收入，职岁专管实物支出，而职币则兼管货币的收与支，这也是出于防止舞弊和统一核算的需要。由此可见，《周礼》的财务行政机构设置，在以实物财政收支为主的条件下，还是比较合理可行的。

第二节　财政总原则

从《周礼》的论述或各种规定中，可以归纳出以下的财政指导原则：

第一，任土所宜原则。任土所宜是先秦时代久已流行的观点，也是古代社会自然经济的必然产物。对此，《周礼》在《职方氏》中明确表示各邦国向君王的进贡应遵循"制其贡各以其所有"的原则，这也就是生产什么即进贡什么的原则。所谓"任土"，只是概括言之，体现了在农业生产占支配地位的古代，往往是以土地产品作为主要的贡纳物品。其实在土地产品之外，也不排除其他的工商产品。如《周礼·闾师》记载的征赋物品，除了"任农"贡九谷、"任圃"贡草木、"作牧"贡鸟兽、"任衡"贡山货、"任虞"贡泽物等等以外，还有"任工"贡器物、"任商"贡货贿、"任嫔"贡布帛等。任土所宜的财政原则来源于古代的客观经济条件，起初对纳税人有利。隋唐以后，商品货币关系有了相当程度的发展，面对新的货币课税方式的产生，这个曾经有利于纳税人的原则，又因出现所贡非所有之弊而逐渐转变成不利于纳税人的原则。

第二，负担平均原则。这一原则同样渊源甚早。在《周礼》中，分别体现了贡赋负担平均与力役负担平均的思想。如土均一职负责掌管"平土地之政"，按照土地肥力的美恶为轻重之法，"以均地贡"；均人一职负责掌管以人力和物力应征的力政，"凡均力政，以岁上下”，即规定大丰年服力役三日，中丰年二日，平年一日，凶荒年份免服力役等。同时，又将力役负担与土质的优劣结合起来考虑。如《小司徒》和《大司马》中均规定：上地“可任也者家三人”，中地“可任也者二家五人”，下地“可任也者家二人”。此即根据上、中、下三种土地质量来确定可能负担力役的多寡。另外，《载师》在规定土地税率时也考虑到王城附近人民的劳役较重，故税率距王城愈近而愈轻，愈远而愈重。这些均体现了负担平均思想，对后世产生了极深远的影响。

第三，专税专用原则。《周礼》对国家赋税的收入与支出项目均有明确的规定。赋税收入分为邦中、四郊、邦甸、家削、邦县、邦都、关市、山泽和币馀等九项，称为“九赋”；支出分为祭祀、宾客、丧荒、羞服、工事、币秣、匪颁和好用等九项，称为“九式”。另外还有其他项目如“九贡”之收入及其支出尚未包括在上述项目之内。根据《大府》的规定，九赋收入与九式支出一一对应，一定的赋税收入项目只能用作一定的财政支出项目，相反，一定的财政支出也只限于一定的赋税收入，故称之为专税专用原则。专税专用产生于古代赋税多以实物为主的环境里，实物的自然属性便规定了其必要的用途。同时，专税专用无异于给使用部门规定了一个最高开支限额，使其在设计支出方案时有所依据，能得到确定的赋税来源为之保证。从理论上说，专税专用也在一定程度上限制了统治者对财政收支的主观任意决定和奢侈滥用。

第三节 贡赋思想

贡赋是《周礼》财政体系的核心内容，构成国家财政收入的基本部分。一般说来，这里的赋被理解为强制性的征课，是整个收入中主要和稳定的来源部分；而贡被理解为诸侯卿大夫或万民自行奉献的珍奇物品，所贡物品的品种与数量可以有某种灵活性，是收入中的次要和补充部分。

一、九赋收入

九赋作为《周礼》财政收入中极为重要的部分，其区分标准颇有特点。大抵从邦中、四郊、邦甸、家削、邦县到邦都的前六项赋税主要是田赋收入，按地区征收。第七项关市之赋是指关税及城市商税，由国家设立专门机构管理，不归入地方税收范围。第八项山泽之赋，是根据古代传统，山泽为国有，故主要山泽税收是王国的直接收入，也和地方税收无关。第九项币馀之赋的内涵有各种解释，很可能是指《地官·泉府》所记载的贷放利息收入，这和《周礼》将主管官府贷放的机构泉府的贷放利息收入看作国家财政收入的重要来源之一的独特观点，也是相一致的。以上分类，相当全面而又有其合理性。

另外，九赋基本上是以《大宰》的“九职任万民”的社会分业为基础。在这九职中，除了商贾一职涉及商品流通活动外，其余八职如生九谷的三农、育草木的园圃、作山泽之材的虞衡、养繁鸟兽的薮牧、饬化八材的百工、化治丝麻的嫔妇（家庭妇女）、聚敛疏材的臣妾（家庭奴婢），以及无固定职业从事临时工作的闲民等，均为生产性活动。生产活动是税源的基础，这表明九赋的征课均有其可靠的税源。

二、税率思想

《周礼》关于税率的阐述，比其他古代文献更为明确和具体。根据《载师》的规定，它包括以下几项内容：

一是“近郊十一；远郊二十而三；甸、稍、县、都，皆无过十二”。这些都属于田税，其税率随田地距离王城的远近而有差别，即由一成增加到最高两成。这种轻近而重远的原则，其理由是距王城愈近的农民负担的劳役愈多，反之则反是，体现了负担平均的原则。

二是“园廛二十而一”。园廛多在城郊，其税率仅为百分之五，一方面反映了轻近重远之意；另一方面意谓园圃为都市提供副食品，其税率既不宜过高以免有损其供应，又因园圃的生产率远较一般农耕地为高，故较低的税率也可获得不少征税收入。

三是“国宅无征”。似指公家或王室房宅不纳税，与此相应，私人住宅的纳税也不应过高。

四是“唯其漆林之征，二十而五”。这是泛指各地区的漆林产品而言，其税率也最高。这里尽管只提到“漆林”一项，却表明《周礼》作者对经济作物的特殊意义与作用已有所认识。

以上税率规定，突出了当时流行的什一税观点，同时主张按不同地域或不同行业采取不同的税率，这应算作一种非常独特的见解。

三、九贡收入

在《周礼》中，“贡”区分为诸侯之贡与万民之贡。万民之贡只在《大府》里提到“凡万民之贡以充府库”，未说明其具体项目。大概是指万民在负担正常赋税如九赋之外，也可能以某种特产作贡物而向上奉献。这从个人角度看是很稀有的事，从整个国家考察可能为数不少。但不论它贡些什么内容，肯定只占王国财政收入中的一个很小部分。

诸侯之贡又分为两种类型，即职贡（又称常贡）和朝贡。职贡按其爵位高低及封国大小以当地土特产为贡。贡物的类别如《大宰》“以九贡致邦国之用”所列举的内容，包括祀贡、嫔贡、器贡、币贡、材贡、货贡、服贡、斿贡、物贡等。贡品必须每年奉献一次(不必由诸侯亲自呈送),并规定在春天奉献,即《秋官·小行人》所谓“令诸侯春入贡”,故又称为常贡。朝贡是诸侯定期赴都城朝见时所呈献的特殊珍异物品。据《大行人》记载,邦畿方千里以外的诸侯国家,按距离的远近每五百里为一服,共侯、甸、男、采、卫、要等六服,其入朝期限也按里程分为每一、二、三、四、五或六年各一次,并规定了所应奉献的贡物种类。至于六服或“九州”之外的诸侯国家谓之“蕃国”,只在父死子立或嗣王即位时入朝一次。所以,朝贡是诸侯定期入朝时亲自奉献贡品的方式。

第四节 力政思想

力政或劳役不属于财政学的研究范围,但在古代中国,一向是将劳役作为国家财政的一个组成部分来考虑,即使在以缴纳现金代替劳役的时代,也只是缴纳形式的改变,本质上仍是对劳役的征课。

力政分为两大类,即非军事的一般劳役与兵役。但在一些征课原则上,两者却是共同的。一是在服役对象上,每家可能负担劳役或兵役的人数标准是完全一致的。二是在服役年龄上,《乡大夫》中提出“国中自七尺(二十岁)以及六十,野自六尺(十五岁)以及六十有五,皆征之”。城里和野外的人民在服役年龄上作如此差别规定,可能适应于劳役本身的需要。而兵役则因应征人数较少,按《司马法》规定,每十家才有一人可服兵役并须选其中最壮健者,故更不会超出此年龄限制。三是在免役规定上,《乡大夫》中规定“国中贵者、贤者、能者、服公事者、老者、疾者”,享有免役资格,实际上野外的此类对象也可免役。

一、劳役

一般的劳役是指正式应征为兵士之外的一切劳役。遇有征伐、会同、巩固堤防、修筑城郭等所谓“大军大役”时,此类劳役比较重,但要若干年才能碰见一次。平时的劳役多为王公大人们出外田猎时,当地人民所应提供的服务,此外还有协同追捕盗贼的责任。后一劳役大多出现在城郊,赋税轻近重远以使负担平均的原则,即以此为其客观基础。

《均人》关于按年岁丰歉以“均力政”的规定,不外是宣扬一种轻徭的政策思想。在古代,劳役负担往往比租税更为沉重,因为租税的征课尚有其实物收获量的客观限制,而劳役的多寡则很少有限制。正因为劳役之重,才在古代思想家头脑中产生出各色各样的轻徭幻想。

二、兵役——军赋

先秦时代特别是战国初期以前，兵役与军赋合为一体，不像秦汉以后可以将两者截然分开。赋字从武，古代多指军和军赋。军赋包括甲士、徒卒、兵车及马牛，构成国家财政的重要部分。

关于车马的征课标准，《周礼》中无正式规定。从《小司徒》关于“九夫为井，四井为邑，四邑为丘，四丘为甸，四甸为县，四县为都”的井田制方案来看，结合古代《司马法》按丘甸区域征收军赋的记载，其税率应该说是不算重的。否则鲁成公“作丘甲”①，将甲车之赋突然提高四倍，是绝对不可能的。关于兵役的征集，《大司马》提到按上地、中地、下地的不同，每家可任者二到三人，《小司徒》则指出“凡起徒役，毋过家一人”。这与甲车的征课相配合，其实际负担也不应算重。

可是，照《大司马》的军事编制计算，又是另一种情况。六军每军12 500人，共75 000人，其军赋在六乡征课。这么多兵员所需甲车数目，按每乘甲士徒卒的史载人数计，应有甲车千乘乃至二千五百乘。这与按井田制理解的六乡的土地面积可能实际征收的甲车数量比较，相差颇远。兵役征课若从六乡的家庭中征集，情况也是一样。这样，不论甲车的征课或兵役的征集，均存在问题。不过，这里的矛盾，在很大程度上是用井田制和《司马法》来诠释《周礼》才出现的，而《周礼》本身并不存在这些问题。

另外，《周礼》对各军师的兵员编制，《小司徒》中有明确规定，而对甲车之赋并无具体论列。这至少表明其编者对甲车这种军事工具已不甚注意，或许也反映了战国初期以后车战成为落后方式，逐渐为步卒战争所代替这一历史的客观现实。

第五节　财政支出观点

《周礼》在财政支出方面的论述不如财政收入方面周详，其总的精神是专税专用，并一再强调节用，希望能做到每年有所结余。

《大宰》先提出“以九赋敛财贿”，紧接着就提出“以九式均节财用”。从九式所列举的每年各类正常财政支出来看，有几个特点。一是王国支出以祭祀及大小丧纪为最重要，故列在首位。二是款待宾客与遣使聘问作为国家的重要政务之一，在财政支出中占不小比重。三是工事支出反映了堤防城郭工程的重要性，其中国家的各种器用，在当时均须由司空之官自行督造。可以说九式支出中只有这一式才有促进生产的积极

① 《左传》成公元年（公元前590年），鲁国将原来按甸（计576家）征课甲车一乘改为按丘（计64家）征收。

意义。四是包括以上三式，再加上丧荒、羞服、币帛、刍秣、匪颁、好用等六式，几乎全与统治者及其臣僚的私人消费有关，可见那时国王私人费用和国家财政开支尚未严格区分开来。

在九式所规定的财政经常支出之外，《周礼》还提到一些临时性支出。如《廪人》和《仓人》论述积藏有余的谷物“以待凶而颁之”。其中还从救荒谷物的支用角度，确定了一个人民食粮消费水平的标准。依此标准，通过观察每人每月的食粮平均消费量的多寡，来反映年岁丰歉的程度，以及作为应否采取救济措施的标尺。

除将官府的谷物救济列在救荒政策的首位外，《周礼》还提出了一整套荒政措施，其中大多数措施与国家财政有关联，另外几项措施则间接具有鼓励生产之意。如《大司徒》记载了十二项荒政措施以“聚万民”，依次包括：“散利”指贷给农户种子和食粮，或开公仓救济；“薄征”为减轻租税以缓解人民负担；“缓刑”即凶年犯罪者多，应弛刑罚，重罪减轻，轻罪赦之；“弛力”是少兴力役之征；“舍禁”是弛山泽之禁，为民户扩大谋生范围；“去几”或指关市不几（稽查），更不课税，或指省去关市稽查，但仍课税；“眚礼”为省减各种吉庆和宾客礼节；“杀哀”为省减各种凶丧礼节；“蕃乐”或释为“去乐”，主要是省去宗庙祭礼和天子食寝时的音乐；“多昏”是免去婚嫁聘礼以鼓励婚配，从而增加人口蕃育；“索鬼神”是修缮废旧寺庙以祭鬼神，祈免怨消灾；“除盗贼”系饥馑时盗贼多，宜清除之。此外，《司市》中又提到凶荒年份“市无征而作布（货币）”，此时人民困乏而物价又贵，国家应大铸帛货以纾民困，即把发行货币看作一种救荒的重要措施。

临时性支出不仅用于救荒，还用于如《大府》所说的“吊用”和“玩好之用”。这是指在国家颁发的正式丧纪费用之外，由国王另给的吊礼品，以及在财政有较多剩余时，增设的享乐活动之用。

值得注意的是，九式支出项目中，只字未提官吏的俸禄支出一项。其实，《周礼》作者对俸禄问题是相当重视的，不少地方都提到了这一问题。出现这种矛盾现象，或许是由于其作者一方面既托名于西周古制，则试图在国家正常财政支出的形式上仍保持西周领主经济时代的特质，即不将享有食邑或田禄而非领取俸禄的官吏费用，列入九式之内；另一方面又不能摆脱其所处时代（可能是战国末年）俸禄制已广为流行的影响，故在叙述周代财政支出时又自觉或不自觉地多次提到俸禄支出问题。不过，以《周礼》中的设官人数，其庞大的规模根本不可能有足够的俸禄来源。这也表明其作者书生气十足，在刻画一个王国政府体制的百官俱备之气势时，忘记了它同土地与人口的相对关系，也未考虑国家的财政承受能力。

第六节 会计稽核思想

古代会计常指政府财政事务方面的会计,与国家财政有不可分割的联系。同时会计职能常与审计职能混杂在一起,更多的体现为审计的职能。先秦典籍中涉及会计事务之处不多,且语焉不详。《周礼》中始出现"会计"一词[①],并记载了许多有关会计的事项。在这个问题上,正因为《周礼》的突出之处,故唐宋以来谈会计的学者莫不以此书为经典依据,足见其对后世影响之大。

一、会计管理机构的设置原则

《周礼》中主管会计的独立机构是司会,直属于天官冢宰。这有两重意义,一是与实际掌管贡赋征课的大司徒职权区别开来,二是与隶属于大宰管辖的主管王国财政收支的大府区别开来,以防止会计职权与赋税征课或财政收支职权相混合及其可能产生的弊端。司会的官阶为中大夫,比其他掌管有关财政事务的官员如大府、司市、廪人等的官阶均高一级。这既体现了王国对会计职能的重视,也便于司会执行其会计稽核的职权。

司会机构的职掌是"以逆群吏之治,而听其会计",即掌理全国的会计稽核任务。其内部分工是将实物的岁入与岁出的会计分开,由职内与职岁这两个内部组织承办,职内管岁入,职岁管岁出。这里所管的岁入与岁出,主要是指百官机构的一年内部财用收支会计,不单是王国的岁入和岁出总会计。有关货币的收支会计则统一由另一个内部组织职币承办,与掌管货币收支的外府相类似。职币的职权是根据"式法"主管百官机构及其他一切货币收支的会计,并随时核算其结余以备邦国之小用及国王赏赐之用,于年终再行总结。此外,专设司书这一内部组织,主管会计簿籍和会计稽核职务,因其同时掌握"邦中之版,土地之图",并能"周知入出百物"情况,故也是最适合于规划全国财政收支总估计的唯一机构。

二、会计稽核程序

《周礼》的会计稽核程序相当严密。就整个国家财政来说,九赋收入与九式支出均有明确规定的项目,并规定了何种收入只能用于何种支出,九贡及泉府货币赢利也规

---

① 《孟子·万章下》曾说:"孔子尝为委吏矣,曰,会计当而已矣。"这里的"会计"二字指低级仓库小吏的记账工作,不一定与官府的会计职务有关。如《周礼》成书于《孟子》之后,则"会计"一词最早出现于《孟子》,如成书于《孟子》之前,则仍以出现于《周礼》为最早。

定了一定的用途。这样,会计官员进行国家财政总收支的稽核,便有了明确的法令根据。特别突出的是对各百官机构的收支的会计稽核。任何一项财务收支,均须以一定的"式法"或"令"为准。全国各机构的财务支出均应按期呈报各自的上级部门再转司会所属机构登记审核。总之,所有各部门及其所属机构的财务收支均应按照规定式法程序办理,不能有所违反。

平时的定期报告有"日成""月要"和"岁会"。"日成"是每一机构在一旬之终对十日工作成绩的会计报告,以供各主管上级部门考核。其副本须分送司会,由所属司书、职内、职岁等根据同一机构前后所报材料,进行核对审查。"月要"是每月终的会计报告,须呈报小宰审查,事实上是由小宰转交司会作实际审查。"岁会"的意义最重要,是年终对年度财计成绩的考核。这是国之大计,大宰也非常重视,于每年年终令各官府提出其全年的会计收支报告,其具体审查工作则由司会及其所属承办。大宰根据各官府报来的岁会,参考其月要和日成,决定各机构的全年财计工作成绩,并报请国王予以奖惩。

这些会计设想过于繁琐,事实上很难实行。因为每一项财物及货币的收支,不可能事无巨细都通过中央会计部门即司会办理,尤以"日成"的数量巨大,更不可能一一由司会稽核。但是,这种重视会计稽核的思想本身,则极为可贵。这样的稽核方式,事实上已超出了会计稽核的范围,而是些审计工作。适应于一个统一的庞大政府机构,这种会审不分而又具有较多审计性质的传统,使我国的政府审计机构能在世界范围内最早出现;相反的,适应于小生产经济占支配地位的环境,也使我国的会计记录形式长期停留在简单的簿记形式水平,而真正的现代会计机构却较晚才出现。

三、会计年度

《周礼》适应春秋战国时代的流行习惯,采用周历与夏历两种历年制。其会计年度是按夏历计算的,即从周历的三月一日开始到下年二月底为止。这是因为古代财政以农业赋税为主,"制国用"也主要以谷物收成为依据。这样,"国用"必须在秋收才能制定,而秋收完毕已近周历年底,加上国用制定后经公布周知,正式执行的期限必须推迟一些时间,其他一切政治设施也随之推迟,因而到夏历正月一日才实行。所以,《周礼》的会计年度采取夏历而不用周历,如采用周历将因时间仓促而使其执行出现一些障碍。在非常尊崇和重视本王朝的历年制的古代,《周礼》作者在会计年度问题上这种尊重客观现实的态度,还是很难得的。

总之,《周礼》有关会计稽核问题的论述,无论从质或量方面考察,在中国和世界的古代都是极其罕有而又珍贵的,尽管它还存在着不少缺点。由此可以判断,《周礼》的会计稽核制度主要是从现实财计设施中吸取滋养,并附以己意,决不是完全出于其作者的主观构想。

第七节　《周礼》财政思想综述

《周礼》与其他古籍一般论述个别事物或范畴，而且所论述的事物或范畴之间往往缺少联系不同，它所阐述的对象是一个极为复杂的政治体系，许多内容之间常有不同程度的联系，还具有主从之别。从总体上看，这部古籍所构想的财政经济制度，存在着不少矛盾和混乱之处，其制度也决非完善。但是，由于它很重视经济在国家政务管理方面的作用并论述了许多与财政经济有关的问题，从而成为我国古代所谓经典著作中唯一一部接触财政经济问题最多的书。这也就为我们从《周礼》杂乱而又矛盾的许多财政经济论述中，去发掘和整理古人那些值得尊重的财政思想，提供了条件。

《周礼》的财政思想中的确存在着不少闪光点。

一是在国家的总政策方针上，它强调经济的作用。如《天官·冢宰》将国家富裕与人民生计列为六项国策之一；《小宰》“以官府八成经邦治”，也把管理国家各种经济活动作为官府的最主要职能之一，这在我国历史上是很罕见的观点。作为进一步的发挥，《周礼》又设想了一些管理国家政务的原则。如“以九职任万民”是规划社会分工，“以九赋敛财贿”是人民向国家缴纳赋税的类别，“以九式均节财用”是规定国家财政开支的类别，“以九贡致邦国之用”是区分诸侯所呈献的贡物的种类，全是讲经济问题，并把它们列入天官冢宰应掌握的国家政策范围之内。对财政问题如此重视，这在古代典籍中也是难能可贵的。

二是财务行政管理设想的丰富，史无前例，尽管它还存在着不少漏洞或缺点。例如，提出了一些财政原则像“任土所宜”“负担平均”，而以“专税专用”原则为其特点；对国家贡赋的论述之详尽，无论从种类或税率角度考虑，均属创历史的先例；将生产性贷放之赢利列入国家收入项目，也是其财政思想的极突出特点；对力役的设想涉及课征范围、应役年龄、免役条件等问题，并提出按年岁丰歉酌减劳役的轻徭观点；另外涉及财政支出方面的救荒十二措施，在古代可算是最早而又最周详的。

三是会计稽核成为《周礼》中的最突出之处。如对会计机构的设置及其职掌、收支程序及凭证、年月日的定期考核、会计年度的确定等，无不或多或少地有所论述，特别是会计机构与财务机构的分立原则，成为后世审计独立和会计监督理论的早期思想渊源。

除以上财政原则或观点之外，《周礼》的其他经济论述基本上均以财政论述为核心。如重视土地与人口是为了王国所需要的实物地税和劳役，从而必须强调农业生产。对市场、赊贷等的关注，取得市税及利息收入也是其重要原因之一。它还特别重视市场商品价格的管理，要求商品价格稳定在一个习惯的水平上，即《贾师》所谓“使有恒价”。其理由一是以稳定市价作为救济“天患”的重要手段，以与荒政中的其他财政措施互为补充；二是出于政府部门在市场上采购所需商品或出售官府物资的需要；三是作为国家收购市场滞销商品的依据，使卖者不致亏本以鼓励商品流通。通过这一价格问题的分析，也可见财政事务在《周礼》经济论述中的极重要地位，因此可以说它是一部以论述财政问题为主题之一的古代文献。

整个《周礼》的指导思想，首先是以伦理道德规范作为治国安邦的根本原则，这一点处处都有表现。其次就是它在管理国家财计方面的丰富而卓越的观点，其他经济论述均系对这一观点的补充。伦理与财政两者构成了《周礼》的基本指导思想。所以，《周礼》不同于一般儒家经典之处，是它在重视伦理规范的同时，强调了经济特别是理财的重要意义。后代的实践证明，《周礼》中真正被后人钦仰或真正发生过重要影响的部分，全是它的财经思想，至于是否行之有效，那是另一问题。

思考题

1.《周礼》的财政思想主要包括了哪些内容？

2. 从《周礼》所设想的财务行政机构来看，它在组织原则上具有什么特征？

3. 为什么说《周礼》在财政收支上奉行专税专用的原则？

4.《周礼》对于贡赋收入、劳役和兵役(军赋)以及财政支出等方面的论述颇为周详，其中不乏新颖之处或体现了所处时代的特征，请举例予以说明。

5. 在会计稽核思想方面，《周礼》作出了具有开创意义的贡献，请说明这一贡献的具体内容。

6.《周礼》作为先秦儒家经典之一，其极为突出之处，是着力于国家财政经济制度的设计和描述。这将对后代财政思想产生怎样的影响，可与其他先秦儒家经典作一比较。

第七章 《管子》的财政思想

现存的《管子》76 篇中，约有 2/3 涉及经济问题，约有 1/3 专谈经济问题，这在先秦各学派的著作中是极其特殊的情况。而且《管子》经济思想对于秦汉以后各代的影响，更重要的是它的财政思想。在 19 世纪中叶以前，中国历史上的重要经济改革家几乎都不同程度地从《管子》的财政思想中得到滋养。所以，《管子》的财政思想在实践中起了较长远的积极作用。

《管子》各篇由于非一人一时之作，故各篇的观点之间存在着不少相互不一致的矛盾。但有一点可以肯定，它的作者们都倾向于运用商品市场方式来处理国家经济问题，而不倾向于采用行政手段的直接干涉方式，甚至在处理国家财政问题时也是如此。这是它的极为特殊的财政思想，其中所注重阐述的一些财政方针和措施，包含着新颖而又独特的创见，一直为后世所珍视。

第一节 基本财政方针

在先秦诸子中，只有《管子》这部著作极鲜明地把社会物质经济条件作为伦理规范赖以建立的基础，这就是它经常被引用的一句名言："仓廪实则知礼节，衣食足则知荣辱。"[①] 由此出发，它坚持"凡治国之道，必先富民"，把财政的丰啬，乃至国家的安危，政治的良窳，都归结到能否充实人民的物质经济生活这一点上。[②] 不过，这里所谓富民，是在顺民所欲的前提下，不使人民的富裕无限制，而是要求富与贫均有适当的限度。这样，既要充实国家财政使国富，又要使人民也富但又不是毫无限制而须由政府

① 《管子·牧民》。

② 《管子》中《治国》和《五辅》二篇。

加以调节，同时还须顺民所欲不妨碍其生产活动。为了适应这些要求，《管子》的基本财政方针可以概括为两点：一是在调节人民贫富上强调富而能夺，贫而能予；二是在充实国家财政上尽可能采取租税以外的政策。

前一点，《管子》认为太富的人同太贫的人一样对国家都是不利的，因为民贫固然难以管理，而"甚富"的人民也"不可使"。因此，必须使贫富有度，而"贫富无度则失"，对国家不利。为了实现贫富有度，就需要国家出面干预，做到"富能夺，贫能予，乃可以为天下"。[①]《管子》所谓富而能夺，贫而能予，绝不意味剥夺富人的财产转给贫民。它不同于商鞅的政策目标基本上是使民贫，其方式完全依靠国家的刑与赏来实现。《管子》的目的基本上是使民富，其"夺"的方式主要是国家运用价格政策使商人无法获取暴利，其"予"的方式主要是给农民以小额的生产或生活资料的贷放。所以，《管子》一再宣扬它的政策是"故见予之形，不见夺之理，故民爱可洽于上也"。[②] 这种调节人民贫富的财政方针，不论它是否有效或是否被接受，在古代世界范围内都算是新颖而又独特的。

后一点，《管子》不同于古往今来的财政学说无不以租税作为公共收入的基本来源，一直强调运用市场活动以扩大国家来自各种形式的经济收入，对强制的租税收入不但未予以重视，并一再加以否定。这一财政基本方针在世界财政思想史上也是最早出现的独特观点。

第二节　租税思想

一、基本租税观点

《管子》的租税概念与它对租税的分类有关。它明确地将租税划分为两类，一类是"强求"，另一类是"君之所宜得"或"所虑而请"的。[③] 关于前一类，由于《管子》笃信运用轻重之术即可以从商品货币交换中获得巨大利润以充实国家财政，因此认为对房屋、树木、六畜和万民的课税收入微不足道，同时又认为这些"强求"的征课会引起人民的不满，故采取绝对否定的态度。关于后一类，在《管子》作者看来，恐怕最为适合的就是对土地课征的实物税了。因为通过土地税所取得的谷物，不仅是政府官兵所必需的东西，而且也是《管子》的轻重理论体系中最为关键的内容之一，即掌握谷物和货币以

---

① 《管子》中《侈靡》《五辅》和《揆度》等篇。

② 《管子·国蓄》。

③ 《管子》中《轻重乙》和《国蓄》二篇。

控制万物价格的变动。如不借助土地税来征收谷物，岂非完全由国家以货币购买，这样做既不合理也不可能。再考虑到自古以来“溥天之下，莫非王土”的传统思想影响，因此，征收土地税，可以被看作既是“君之所宜得”的收入，也是各种类型的土地使用人“所虑而请”的自愿缴纳。

不论怎样分类，《管子》肯定租税为强制性征课这一观点，在古代是很杰出的。先秦思想家中主张“薄税敛”者也只反对重税，从未涉及租税的强制性质，故把什一税或低于什一的税率视为“仁政”。即便在西方国家，肯定租税为强制性的征课，也要等到近代财政学教科书中才开始出现。

二、反对租税的论点

在《管子》中作为强制性的租税，或称为“租籍”，或称为“正籍”。按理说，《管子》要求“取于民有度”，至少是不反对租税的征课，并曾主张“薄税敛，毋苛于民”。① 但它在其他地方，却一再表达了反对租税的意见。这也体现了《管子》作者们经济思想的发展过程。这些反对租税征课的理由是：

第一，强求的征籍足以妨碍生产。如谓征收房屋税只有使已建成的房屋日趋毁损；征人头税使人心趋于作伪；征牲畜税阻碍牲畜的繁殖；征树木税使人民砍伐其林木等。这一切均会对社会生产带来不良影响，并且由于这些征税项目都与个人私有财产有关，故对私产课税也会影响当事人的生产积极性。

第二，强求的征籍会给人民财物造成严重损失。如谓君主向人民征税，人民将不得不贱价出售其物品以缴付税款，而且催征的期限愈短促，则缴纳者在被迫低价出售物品上所遭受的损失也就愈大，以致“朝令而夕具，则财物之价什去九”②。财政征课的时限给纳税人造成的损害，常会较沉重的赋税本身还要沉重。这一弊害在中国历史上是《管子》第一次指出来的。

第三，强求的征籍易于引起人民的不满。因为人民的性情是“夺之则怒，予之则喜”③。故强制的租税征课，在人民看来是无故夺去其财物，必然引起其不满情绪。《管子》认为最好的课税原则是做到使人民只“见予之形，不见夺之理”。从表面看对他们有所赐予，而实质上是夺之于无形，使人看不出是被剥夺了。

三、税率

尽管《管子》不赞成强求的租税，但基于国家财政开支上的需用，租税毕竟不能立

---

① 《管子》中《权修》和《五辅》二篇。
② 《管子·国蓄》。
③ 《管子·轻重乙》。

刻全部废除，故它主张减轻各种税率。如在土地税方面，主张两年征税一次，并按年成丰歉而递减，即“二岁而税一，上年什取三，中年什取二，下年什取一，岁饥不税”①。又如试图将齐国的低税率推行到其他诸侯割据国家，故齐桓公在第三次会合诸侯时曾下令“田租百取五，市赋百取二，关赋百取一”②。把市税和关税定得比田租还低，显然是为了促进商人从事国内外贸易。

土地税率除按年成丰歉来规定外，《管子》还沿袭管仲的传统观点，主张“相地而衰征”，即根据土地肥沃程度的不同按不同税率实行差别征税。对此，它提出一些具体的折算办法。如以农业耕地的生产能力为标准来衡量山泽等各种土地的财富生产能力，称之为“地均”，在此基础上，一亩标准耕地的税率，分别相当于五亩、九亩、十亩乃至百亩具有不同可利用资源的山泽之地的税率。如果均以一亩为标准计算，则资源可供利用程度不同的各种山泽之地，其每亩税率分别为标准耕地税率的 1/5、1/9、1/10 或 1/100，呈现出一个不同土地征课的差别税率系列。又如对于不同等级耕地税率的制定，采用相对于易涝地与易旱地的折算办法，耕地易旱或易涝程度愈大，税率愈低，反之则相反。这里标准耕地面积的税率究竟是多少，《管子》没有说明。如果按上述每年的平均土地税率约为 5%计算，那么最劣等耕地的年平均税率仅有 2.5%。至于其他按耕地面积折合计算的劣等山泽之地的土地税率，更是微乎其微了。这种强调差别税率的观点，在先秦乃至以后整个封建社会的财政思想史中，都是非常突出的，而《管子》所设想的土地税率之低，也为先秦思想家中所鲜见。

第三节 强调经济收入的财政观点

国家财政收入尽可能以增加国家的经济收入来代替强制的租税收入，这是《管子》财政思想的杰出贡献。它对扩大国家经济收入的意义未作正面的理论阐述，只强调了强求的租税的种种缺点，并在论述这些缺点的同时，列举了不少由国家获取经济收入的方式作为代替，用具体事例来说明经济收入方式的优越性。这些方式包括：

第一，国家经营谷物买卖的收入。《管子》主张国家通过征税、预购等方式掌握大量的谷物。此时谷物价格必然大涨，而一般非农业人口所需的食粮又必须仰给于国家的供应，因此，统治者即可通过谷物买卖获得巨额赢利，以此作为财政收入的一个重要来源。

---

① 《管子・大匡》。
② 《管子・幼官》。

第二，盐的局部垄断收入。即国家只控制主要盐产地或控制若干主要市场，不是全部盐的生产与销售均由国家控制。因为盐是人人必需的生活资料，在盐的局部垄断条件下，实行盐专卖，只须酌量提高每升盐的盐价以出售，就很容易得到超过人头税的收入，而表面上却未增税，不致引起人民的反对。不仅在国内如此，还可运盐出口来获取重利，这等于煮沸天然的盐水就可以迫使天下人向齐国纳税，即"煮沸水以籍天下"。至于没有盐资源而由他国输入成品盐的国家，也可采行盐专卖的办法，由官府按每釜盐五十钱购买，而以一百钱的价格出售。这样国家不必直接参与产盐活动，仅通过控制进口盐以实行加价转售的办法，同样可以使国家获取厚利。

第三，铁制品的专卖收入。铁制工具是农业、交通和纺织等行业所必需的生产资料，如果每一工具加价一钱，全国此项收入当不下人头税征课的总额。如此则形式上无征籍，实际上是"无不服籍者"①。

第四，山泽产品的租赁收入。山泽产品的种类复杂，国家管理山泽，按时开放，"使民求之，使民籍之，因此给之"，因此可取得各种形式的收入②。如在木材的采伐利用方面，将柴薪、建筑木材、棺椁木材分别定为三等租金，任何人缴付规定的租金即可入山采伐各种木材。其中对用作建筑和棺椁的木材，还按使用者的贫富条件实行一种差别租金，富家出重租，贫家出轻租。这种对同样的产品要求不同购买者支付不同价格的差别租金概念，实为《管子》的又一新颖见解。至于渔业，大概是捕鱼活动在当时技术条件下不适宜于国家进行垄断专卖的缘故，《管子》只主张划地立租，让从事此类行业的人民缴纳一定租金后即可进行生产。

总之，《管子》主张的经济收入，基本上都是通过贸易交换方式所取得的收入，很少来自国家直接参加生产活动所获取的利润。以此收入来代替强制的租税收入，具有强调国家财政中经济收入的理论意义。

第四节 其他公共收入思想

《管子》的整个经济思想体系是从国家角度出发，通过和利用市场机制的作用，以实现人们经济活动的顺利运行。国家进行此类活动的首要目的是治理好国家，而不是为了获取利润。但在这样做的同时，就像国家通过不断购进或抛售粮食以防止粮价的过高或过低一样，在这一过程中既实现了调节的目的，又附带地获得了一大笔利润，即

---

① 《管子·海王》。
② 《管子·轻重甲》。

所谓“视物之轻重而御之以准，故贵贱可调而君得其利”①。在《管子》中，采取此类政策的结果对增加国家收入所起的作用，不亚于国营盐铁所获得的经济收入，同时也是《管子》用以否定强求的租税的主要根据之一。

一、运用货币政策增加收入思想

《管子》从货币数量说出发，认为国家运用货币的收放即利用流通中货币量的变动以影响货币价值和商品价格，可使国家获得巨额财政收入。既然运用货币政策能使国家在谷物与万物价格的涨落中获致大量收入，故无须征收租税，即“无籍于民”。这样的具体事例在《管子》中的记载甚多。

它实行这一货币政策的精妙之处，在于国家不是一开始就以其货币来大量购进一般商品，而是先行预购谷物，然后通过对谷物与货币两者的控制来影响一般价格水平。国家掌握的谷物或货币，均可用来交换一般商品，大抵是在一般商品价高时以谷物去交换，这样可能使一些掌握一般物资的人少受损失；价低时则以货币来交换。而交换来的商品，主要是作为预购农民谷物之用，其次才是用来在它们涨价时出售。所以，国家购买或出售一般商品的意义与作用是次要的，主要是交互掌握货币与谷物。为了适应各地区的货币流通必要量，《管子》主张在各地区设置“环乘之币”或“公币”，即现代所谓准备金。公币之多寡，根据当地人口、田亩数量及谷物生产量来确定。此准备金还可作为预购农产品和对农民进行贷放之用，这也是增加国家收入的一种方式。

二、运用价格政策增加收入思想

在增加财政收入方面，《管子》的价格政策与它的货币政策相互配合，成为使用最频繁并被认为是最为有效的经济手段之一。它主张调节万物的价格，即所谓“准平”②，但并不要求商品价格的稳定。这是《管子》价格政策的基本要点之一，也是其很独特的价格概念。它认为任何商品价格的波动都像钟摆的运动一样，是自发的或人为的不断由重到轻（即由贵到贱）或由轻到重（即由贱到贵）的反复过程，决不能固定不动。此即所谓“衡者使物一高一下，不得常固”③。这主要是由于它看到“岁有四秋”，则农产品在各季中的价格天然的有高低之不同，故“物不得有常固”，不能使物价固定不变。

《管子》的价格政策以这个客观事实为依据，利用客观价格动态的一高一下来调节人民的经济活动，同时在这个基础上充实国家财政。如它肯定“粟重而万物轻，粟轻而

---

① 《管子·国蓄》。

② 《管子》中《国蓄》《山至数》《轻重丁》等篇有所谓“准”“准平”“平而准”之类用词，均系指平衡物价之意。

③ 《管子·轻重乙》。

万物重,两者不衡立”,故国家运用价格政策,可提高谷价以奖励农业生产,也可规定以稍低于市场商人的投机高价,来压低商人的投机暴利,把商人暴利的大部分夺取到统治者的手中,以充实财政收入。这样,国君利用谷物与万物“两者为敌”的“不平”情势,在谷物价高时抛售谷物收购其他商品;在谷物价低时抛售其他商品而收购谷物,如此即可使“万民无籍,而国利归于君”。[①] 在《管子》的时代,能对价格动态提出这样的认识并自觉地加以利用,确属很有见地。

《管子》不仅直接通过价格政策来达到预期的财政目的,而且在运用财政政策时,也很重视价格问题。如考虑到丰收地区与歉收地区的谷物价格存在着轻重不一状况,国家规定将人头税金额改以实物缴纳,则丰收地区因粟价低而以更多粟额始能完纳之税,在歉收地区因粟价高只须以少量粟即可缴纳。这样,国家就可用丰收地区所征收的谷物作接济歉收地区之用,从而做到“东西之相被,远近之准平”[②],同时仍能保证官府仓廪的充实。又如考虑到同一地区也有丰歉年份的不同,以致谷物价格急剧跌涨而直接影响人民的生产与生活,它认为统治者应进行干预,“善者委施于民之所不足,操事于民之所有余”。其财政措施是“民有余则轻之,故人君敛之以轻。民不足则重之,故人君散之以重”。这样在物价贵贱之时国家“敛积之以轻,散行之以重”,可以一举两得,一是贱买贵卖可以获取十倍之利,二是借此可以起平衡物价的作用。[③] 同时对社会商品的流通也有好处。总之,《管子》的基本观点主要是调节谷物或万物之多余与不足,以平衡两者的市场价格,并藉此以充实国家财政。这又是《管子》的思想体系中经常为后人所引证并产生极大影响的一个基本财政概念。

另外,在各种国营与垄断政策方面,《管子》用来扩大国家收入的盐、铁、矿业、森林、渔业等具体政策,系根据不同经济条件而采取不同形式,并非千篇一律地采取同一经营方式。例如,在盐业方面,采用的是由国家局部垄断的政策,即利用政治特权强迫私商在一定时期如农忙时停止产盐,以便国家的盐能控制市场从而保证有厚利收入。在铁矿方面,反对国家自行冶铁而主张民营铁矿,人民缴纳一定租金即允许开采,其赢利采取君与民三七分账的办法;而铁器价格似乎由国家规定,其制作仍由冶铁者自为之,其收入可能亦由国家与生产者三七分账,这属于铁制品专卖的类型。山林薮泽肯定是国有的,惟山泽产品既不是由国家垄断生产,也不是由国家专卖,一般是让私人缴纳一定租金即可加以利用。此外,粮食的生产和流通完全是私人活动,国家只是征集大量粮食以便在必要时控制市场粮价并借此获取厚利。可见,《管子》的经济政策均系根据各种商品的特性,采取各种不同的政策,不强求采用同一方式实为其特点。因此,

---

① 《管子·国蓄》。
② 《管子·轻重丁》。
③ 《管子·国蓄》。

国家从中获得收入的方式，也就各不相同。总的说来，《管子》在国家财政收入方面所涉及的问题是相当丰富的，而且有不少杰出或新颖的观点。

第五节 国用原则

《管子》在财政支出方面的基本主张是“有止”，即节制之意：“取于民有度，用之有止，国虽小必安。取于民无度，用之不止，国虽大必危。”① 这里的“取之有度”与“用之有止”，是相互配合的一对概念，其总精神无非要求国家财政收入与支出均应遵循一定的标准，不能任由统治者肆意挥霍。对于统治者个人享用的开支标准，它要求“不求其美”“不求其观”“不求其大”，但仍须“著贵贱”或“辨贵贱”，即能够区分贵与贱的差别②。可见，维护统治集团的尊严和社会等级地位，是《管子》财政开支标准的一个重要原则。

在区别贵贱的前提下，《管子》对财政支出一般也是赞成“俭”而不主张“侈”的。因为“国侈则用费，用费则民贫，民贫则奸智生，奸智生则邪巧作”，所以，它把“审度量，节衣服，俭财用，禁侈泰”看作为国者之急务，宣称不懂得此道理者，不可使其执掌国政。③ 它还在明君有六务中，把节用放在六务之首，即将节省国用放在首要地位。

在贯彻节用原则过程中，它又认为对于必要的财政开支，不能过于吝啬，即“用财不可以啬”。它告诫统治者应“审用财”，须考察国用开支的实际效果。如果用财吝啬，看似节省，实则不得人心而引起怨恨，结果与费财无异。④ 因此，它在谈到国家财政中一些经常性的重要支出项目时，很少发表节用之类的空洞说教，而是注重财政支出的效果评价。例如，对于外交经费的巨额支出，它首先考虑的不是如何节省开支，而是不惜“粟尽”“货散”，借以维护君主的名声，确立齐国的霸主地位。在军费开支上，它把“聚财”作为取得军事胜利的决定因素，自不会要求节省军费开支。在社会救济费用方面，它提倡老老、慈幼、恤孤、养疾、合独、问疾、通穷、振困、接绝等“九惠之教”，凡属老幼孤疾或因自然灾害缺乏生活保障者，国家除部分或全部减免其税收外，还从财政上予以接济。在俸禄开支方面，它主张“其积（指功绩）多者其食多，其积寡者其食寡，无积者不食”，即按照各人功绩大小颁发俸禄，这是用人“使民”的关键之所在，而不在于如何节用。⑤

---

① 《管子·权修》。
② 《管子·法法》。
③ 《管子·八观》。
④ 《管子·版法解》。
⑤ 《管子·权修》。

可见,《管子》对国家支出并不主张绝对的节用。在它看来,“强本节用”可以增多一个国家的财富,却不能保证一个国家的存在。因为财富增多而不能运用适当的价格政策加以保持,则其财富会“四流而归于天下”①。不仅如此,它还指出在一定的情况下,“国用相靡而足,相积而赡”。也就是说,通过国家支出,可以解决人民的不足问题。这是一个十分独特的财政支出观点。因此,它不仅知道“俭”在正常时期对于国家财政的重要性,还认为“侈靡”的财政支出在特定时期自有其特殊作用。这同许多古代思想家对侈靡持完全非议态度的状况,有着显著区别。这里的特定时期,指的是“岁凶旱水泆,民失其本”的社会生产不振场合,有必要由政府予以推动。推动的条件,只能在有财富积蓄的情况下,通过扩大国家财政支出中的君主消费部分,以此鼓励和调动整个统治集团乃至社会上私人富有者的侈靡消费,即所谓“上侈而下靡”,借此达到“富者靡之,贫者为之”的目的,即富者侈靡的消费会给贫者提供工作的机会。② 将侈靡之说应用于财政支出领域,足见《管子》有其独特的理论素养。

第六节　《管子》财政思想综述

在中国古代财政思想的发展上,以《管子》与《周礼》相对比,其贡献可以互为补充,相得益彰。《周礼》着重在财务行政管理、国家贡赋及会计稽核等方面作出了详尽和独具特点的论述,许多设想可能是闭门造车,却被后代儒者视为瑰宝,以致唐宋以后对推动轻视理财传统的变革起了不小的积极作用。而《管子》则主要以商品货币关系为其财政论述的核心,在国家的种种财政经济措施上力求采用商业的经营方法,故在其思想体系中,也以这部分的卓异观点或创见为最突出。大体说来,《管子》财政思想的独特之处可以归纳为以下几点:

一是站在国家立场上,对财政与经济的关系作了较为深入的分析。富国“必先富民”,而富民又以“富国”或“富上”为其归宿。同时,十分重视国家财政分配对于经济发展的反作用关系,通过财政分配等国家干预手段以“钧(通“均”)羡不足,分并财利”,避免富有者对贫困者的役使③。并且认为“天下不患无财,患无人以分之”④,而所谓“分”,包括利用财政手段来实现“富能夺,贫能予”,改变贫富过于悬殊的现象。这些观点综合起来看,已形成对经济与财政关系的较为丰富和深入的理解。这对于先秦思想

① 《管子·轻重乙》。

② 《管子》中《山权数》和《侈靡》二篇。

③ 《管子·国蓄》。

④ 《管子·牧民》。

家来说，尤为难能可贵。

二是反对强求的征籍，主张在财政上扩大经济收入以代替租税收入。这既是贯穿《管子》整个财政学说的一个极突出的基本原则，也是它的财政思想比当时及以后许多思想家较为卓越的显著标志之一。在赋税问题上，它的主要功绩在于第一次明确提出了强制租税的缺点，其中不乏鲜为先秦各家注意的独特见解。其次是从管仲的"相地而衰征"原则出发，对差别税率思想作了充分的阐述和运用，提出一套计算不同肥度或产量的土地税率的具体标准和办法，并始终贯彻轻税原则，其税率之低，也为先秦思想家中所罕见。关于财政收入的许多精彩议论，则大多出自扩大国家经济收入的论述之中。特别是在如何运用货币、价格、贸易等政策来增加国家收入的分析方面，它提出不少出乎一般人想像的卓异观点，在古代思想家中罕有其匹。

三是对财政支出问题作出了不同于流行观点的独到分析。它既把节用作为必须遵循的财政原则，又不拘泥于节用原则的严格局限，对财政支出问题作了多侧面多层次的考察。如须运用价格政策以防止本国财富的流失，主张各项财政支出均应考虑其经济效益，而不是一味强调节用。至于它坚持国家在社会经济不振时，应扩大财政支出，用大事兴修宫室台榭等办法来鼓励消费，增加人民的就业，这更是一个已超出传统财政概念范围的特殊创见。

总而言之，《管子》的一些财政观点均在不同程度上显示为天才的创见。尽管它们还夹杂着某些鄙俗的因素，毕竟对我国古代财政思想的发展作出了非常杰出的贡献，在世界财政学说史上也是一颗灿烂的明星。

思考题

1. 在先秦诸典籍中，《管子》作为强调理财问题的典型代表，它的财政方针，兼采加强政府干预与重视市场活动这两种方式，具有极为鲜明的特色。你是如何看待这一财政方针的？

2.《管子》对于租税的强制性质的分析意见，是其整个财政政策的一个立足点，请你指出这些分析意见。

3. 何谓强调经济收入的财政观点，试以《管子》一书的例证说明之。

4.《管子》在财政支出方面的若干观点，颇富创见，其中最有代表性的是哪些观点？

5. 与《周礼》相对照，《管子》财政思想具有哪些重要而且卓异的不同特征？

6. 举例说明如下这一评价：《管子》"对我国古代财政思想的发展作出了非常杰出的贡献，在世界财政学说史上也是一颗灿烂的明星"。

7. 在先秦财政思想领域内，呈现出"百家争鸣"的局面，尝试列举其中的主要代表人物，并对他们的重要财政观点进行比较。

第二编

封建地主经济前期的财政思想

第八章　秦汉财政思想

秦汉帝国的建立，标志着封建地主经济关系的确立，拉开了统一地主政权的序幕。自此以后，在唐末以前的封建地主经济前期里，封建财政体系日臻成熟，逐渐形成一套比较完备的财政制度；同时适应于封建经济的发展，又不得不对已有财政体制不断进行局部的更新、调整或改革，以解决经常面临的财政困难。由此引出的各种建议或意见，也蕴含着极为丰富而且独具特点的财政思想，需要认真加以整理和总结。

第一节　封建地主政权统一初期的财政思想

公元前221年秦国统一政权建立后，到汉初文景之治的80年间，国家财政的主要任务，一是排除分裂因素，建立一个直接隶属于中央政权的统一财政管理体系；二是形成一套符合于新时期要求的税收体制。这两项任务既是当时政治经济发展的客观要求，也体现了这一时期财政思想的特征。

一、秦汉之际财政权力的统一与集中思想

秦王朝的财政统一措施，直接继承了商鞅改革的先例，但随着统治区域的扩展，必然会产生不少新的财政问题。为此，秦王朝推行了一些新的财政创制。如设置主管国家财政的“治粟内史”一职，负责掌管全国租税收入和财政开支事务。这一职务此后虽在名称上有所不同，像汉代称为大司令或大司农等，但它作为总揽国家财政事务的中央专职官吏这一原则，却被历代封建政府沿袭下来。这比起《周礼》中由天官大宰和地官大司徒各管一大部分财务工作的设计，在财务行政机构的组织原则上无疑是一个进步。又如专门设立了“少府”这一中央机构，负责掌管供皇室私用的山海池泽收入及官府手工业，这样便在机构设置上开创了区别国家财政与皇室财政之先河。再如在地方

行政机构中,重视基层财务税收人员的配置,像在县以下的各乡设“啬夫”一职,负责掌管“听讼收赋税”,这也加强了中央财政机构的直接控制能力,使财务行政机构有一个比较完整的系统。此外,财务稽核职能的加强和发展,也是秦朝财政新建制的一个特征。这些都是财政权力统一与集中思想的体现。

但是,真正确立起统一全国财政的牢固观念,并非易事。残存的诸侯王在其封国内“皆令自致吏,得赋敛”,即自行决定官吏和赋税制度的各自独立财政状况,仍对中央集权的统一财政形成严重的威胁。西汉初年的中央政权与地方割据势力经过几十年的激烈斗争和反复较量,最后才以削弱分封的王侯势力,巩固统一的地主政权而告终。此后,诸侯臣属一律由中央任命,租税由中央政权派遣的官吏征收,“诸侯惟得衣食租税,不与政事”①。因此,取消诸侯封国的独立财政地位,是汉初财政体制的又一重要变化。可以说,秦朝创立的统一财政体制,经过汉初中央政权的长期斗争,才真正得到确立和巩固,并为此后两千年的封建财政体制,提供了一个基本上固定的模式。

二、汉初税制及其指导原则

汉初税制是秦制的延续,以秦制而论,其赋税体系具有以下几个特点:一是扩大田赋的征收范围;二是普遍开征人头税并大幅度提高其税率;三是创立代役税,凡自身不服役者均须按人头出钱由政府雇人代替,汉代称之为“更赋”。在此基础上,汉初统治者出于稳固地主经济同时又能获取较充裕财政收入的考虑,在税制上采取了一些新的重要措施。

首先是下令“轻田租”,先是将田赋减少为“什五而税一”,后又提出“民半出田租,三十而税一”。② 从此三十而税一的税制,大体上成为汉代征收田赋的固定税率,一直延续到汉末。这一田赋政策改变秦朝的重赋政策,无疑是为了巩固和发展地主经济。但同时它又会引起财政收入不足的另一问题,因为田赋收入历来在古代财政收入中占有极重要的地位,而大幅度减低田赋税率显然远不足以应付国家财政各项支出的需要,由此产生汉初的下一个赋税措施。

其次是把秦代征收的人头税项目加以修改和法制化。汉高帝四年(公元前 203 年)“初为算赋”。“算赋”一词作为我国古代人头税的专门用语,也渊源于此。与算赋相配合,汉初又建立起专对未成年人课征人头税的“口赋”制度,以及一种以“献费”名义征收的人头税,规定诸侯王和地方官吏在其管辖范围内,“各以其口数率,人岁六十三钱,以给献费”③。另外,汉代还有一种按户征收的“户赋”,每年缴纳二百钱,连同前

① 《汉书·诸侯王表》序。
② 《汉书·食货志》。
③ 《汉书·高帝纪》。

面提到过的作为代役金的更赋，都是一些变相的人头税。这些具体规定体现出汉初税制的一个重要特征，即各种新税的开征或旧税的整理，多以人身作为课税的对象。

汉初税制作为我国古代税制发展史上的一个重要阶段，反映出若干税收思想或原则。一是积极利用税收制度为巩固统一的地主政权服务。这方面的突出例证，就是提出“三十而税一”的轻田赋税率作为国家一项长期执行的政策。二是人头税思想的发展，改变了秦汉以前对人课税在国家财政中不占重要地位的局面，甚至成为汉代财政收入的主要来源。三是重视货币征课，即汉初赋税收入除田租外，其他如算赋、口赋、更赋、献赋等，均以征收货币为原则。

三、国家与皇室经费分立原则的确定

秦汉以前，国家公共经费与君主私人费用混为一体，甚至国家财政的许多职能，也往往以为君主个人服务的形式表现出来。秦统一中国后，随着国家财政职能的加强及其范围的扩大，在中央财务行政机构的设置上，也就产生了将国家公共经费与统治者私人费用加以区分的必要性。

公私经费的划分，其嚆矢是秦朝首次在中央机构中分设“治粟内史”与“少府”二职。前者“掌谷货”，专门掌理全国谷物、钱币之类的赋税收入及其开支；后者“掌山海池泽之税”，作为供养天子之需的主要来源。这样就从收入来源和组织体系上，将国家财政和皇室费用两者划分开来，形成两个不同的收支系统。在汉初，统治者进一步认识到把国家经费与天子封君的“私奉养”从收入来源上加以区别的必要性，因而规定国家财政以田租、算赋等征课为其来源，专门用于支付“吏禄”“官用”一类的公家开支，而皇室费用则主要取自山川、园地、市肆的租税收入，并且特别强调皇室财政不得挪用国家财政收入，即所谓“私奉养不领于天下之经费”①。这样就使秦朝创设的国家与皇室经费分立的制度，第一次从思想原则上得到了确认。此后，如何恰当地处理国家与皇室财政之间的关系，特别是如何防止统治者个人开支侵及国用以保持公赋的独立，一直是封建理财家们经常面临的棘手问题，而人们对它的关注与探讨，也成为我国古代财政思想的一个特色。

四、租税和会计稽核思想

汉初十分重视运用租税手段来贯彻统治者的各种政治经济意图。除上述通过轻征田赋和扩大人头税来劝农和巩固地主经济外，还采取了寓禁于征的重税商贾政策，

---

① 《汉书·食货志》。

如“令贾人不得衣丝乘车,重租税以困辱之”[①],将商人的算赋提高一倍等,以图限制商人势力的扩大对于统一地主政权的影响。另外还试图用租税政策来促进人口增殖,如规定未婚女子增加五倍的算赋以促使其出嫁而繁衍人口。

作为会计稽核思想发展的体现,秦朝将主持财计核算事务的职权进一步从《周礼》所说的总揽国家政务的冢宰手中独立出来,由掌理监察和执法的御史大夫主管。御史大夫位列三公之一,是仅次于丞相的中央最高长官。将会计审计职能纳入其掌管范围,意味着财务稽核职能与财务行政职能在组织系统上的完全独立。这一时期不仅重视提高中央财计部门的地位,还为会计稽核工作建立了一套法规。如秦律规定,会计核算因欠审慎而有出入者,将参照相应法律条文予以惩罚;掌管财计的官员如被劾有罪,要追究主管行政长官的责任;凡私用公家钱财或造假者,“皆与盗同法”;会计人员因核算差错或因账实不符以及超支和违章支出而造成经济损失者,须按照损失的不同程度分别予以斥责或惩罚等等。这些足以证明秦代的会计稽核思想已达到一个相当高的水平。

汉初在秦律的基础上,继续推进了会计稽核工作的法制化程式。如创立“户律”,将户籍的编制以法律形式确定下来,为会计机构审核各地缴纳的赋税,提供了法令依据。又如将上计程序载入法律条文,规定每年秋冬岁尽,各县应将户口、垦田、钱谷收入等编为计簿,呈送郡国,经郡国汇编后用副本上计于中央,中央政权据此“课较其功”,由此形成一套比较完备的制度。上计制度作为一年一度考核地方政府政绩的财计总核算,既是出于加强统一的中央集权本身的需要,也是本时期会计稽核思想有较显著发展的一个重要原因。

第二节　西汉前期的财政思想

汉初为建立统一和集中的封建财政体制,以及从保护地主经济的基础上满足国家财政需要,在财政思想方面涌现出一些代表人物。

一、贾谊与晁错的财政观点

贾谊(公元前200—前168)提出解决中央政权与封国间矛盾的办法,是“众建诸侯而少其力”[②],以此削弱地方势力对中央政权的威胁。晁错(约公元前205—前154)则

① 《史记·平准书》。
② 贾谊:《治安策》。

主张直接削减封国的领地以收归中央管辖。他们二人为巩固统一政权所进行的斗争，虽不是直接以统一财政作为其目标，实际上对封建财政的统一起了十分重要的作用。

贾、晁二人均把治理国家财政的重点，放在恢复和发展农业生产上。贾谊将国家积蓄、特别是储存谷物的重要性，提到关系国家安危的高度来考虑，宣称“积贮者，天下之大命也”。而积贮的方式，他认为当务之急是驱使一切生产者转归于农耕，通过发展农业生产来充实国家财政。晁错的“贵粟”政策，也是从保护和发展农业生产角度立论。同时他主张“民以粟为赏罚”，认为由此一举可达到“主用足”“民赋少”“劝农功”三个目的，甚至建议富人可以粟来“拜爵”或“除罪”。[①] 这在财政上看，主要是吸收商人和地主的游资或部分储备转移到政府手中。与前人相比，从充实国家财政、减轻租税负担以及刺激农业生产发展等各方面考虑以粟为赏罚者，实以晁错为第一人。

因为贵粟，晁错对国家的粮食积贮十分重视，建议入粟拜爵以充实塞下的粮食贮备，即在边境存足供五年需用的粮食之后，便贮存于内地各郡县，使其有足供一年以上需要的食粮，然后可不时免除农民的租税，促进农业生产力的发展。此外，为了解决边境长期大量驻军所引起的财政困难，他还建议移民实边，就地生产军粮，减少长途转运的费用，并对应召实边的自由民赐以低级官爵和免除其家人的劳役，等等。这一移民实边的军事财政政策，成为后代谈移民问题者的典范。

二、放任与干预的财政思想

西汉初期，在黄老思想的影响下，信奉以“清静无为”来治理天下，可以达到“无为乃无不为”的效果。[②] 这在财政思想上的意义，一是主张节制政府开支，减轻人民的赋役负担；二是主张减少政府干预，“从民之欲”，实行经济放任主义。这一“无为”思想在《淮南子》中表达得更为充分。以财政方面而论，一是强调国家财政须以“利民”为原则，劝告统治者“处静以修身，俭约以率下”，不能挥霍浪费，这样才会使生产的财富“取焉而不损，酌焉而不竭”。二是反对重税，认为“上求薄而民用给”，对农民的征税，应先估量其积蓄，“知饥馑有余不足之数”后再确定税额。三是主张国家粮食须有“九年之储”，放弃了《老子》中“多藏必厚亡”的古训。[③]

上述经济放任思想，与晁错以粟为赏罚，用入粟拜爵或除罪方式来充实国家财政的干预思想，是相对立的。这一对立观点，到西汉中期，在财政政策方面表现得更为鲜明，以致演变为面对面的公开争辩。坚持经济干涉政策的观点，以桑弘羊为代表，下面将专门论述他的财政思想。而坚持经济放任的思想，则以董仲舒与司马迁为代表。他

---

① 《汉书·食货志上》。
② 陆贾:《新语·无为》。
③ 《淮南子》中《主术训》《本经训》等篇。

们在财政政策上反对“与民争利”，即反对国家直接从事工商业的经营获取财政收入。董仲舒鉴于秦代征课繁重赋役的财政弊端，认为统治者凭借其地位与资力“以与民争利于天下”，违反了天理和“正其谊不谋其利”的义利观。因此，他主张“薄赋敛，省徭役，以宽民力”，特别是要求“盐铁皆归于民”，此即公开反对国家盐铁专卖政策的较早言论。[①] 司马迁反对国家从事工商业活动以与民争利，是认为“最下者与之争”，这是违反自然规律的最拙劣的富国之术，强调“贫富之道，莫之夺予”，应让其自由运行。[②] 反对与民争利的观点，经董仲舒与司马迁宣扬之后，便成为两千年来坚持放任财政政策者经常引证的箴言。

第三节　汉武帝时期的工商资产税思想

汉武帝即位后，为建立内外功业，一改汉初的薄赋轻徭方针，扩大租税收入以应付巨额的财政开支。为此，开创了征收“算缗钱”这一特殊方式的工商资产税，成为我国古代税收史上的一个突出事件，值得从财政思想史角度予以研究。

一、工商资产税思想的产生与沿革

在我国古代，对工商业征税由来已久。惟先秦之征商，一般系指对市场上出卖、储存或通过关卡的商品课税，不是直接以纳税人的财产或收入作为课征对象。汉初实行重租税以困辱商贾的政策，属于人头税范围，仍未涉及工商资产税。不过，汉景帝后元二年（公元前 142 年）开征的所谓“訾算”，已是古代财产税的专门用语。其特点是先对纳税人包括动产和不动产在内的全部财产进行估价，然后根据财产折价后的货币总额按一定税率标准征课。这样将现金及其他动产纳入财产税课征的范围，已为后来征收工商资产税开了先例。

征收工商资产税，肇端于武帝统治初期。它先规定商贾拥有车船者须缴纳车船税，后又对商贾积存的现钱课税。这就为统治者增加收入开辟了新的税源，而其他传统形式的工商税收入，或仍为皇室收入的来源之一，或已退居无关紧要的地位。

工商资产税的开征，经历了一个发展和变迁的过程。最初只是确定了“算轺车、贾人之缗钱皆有差”的征课原则，并未坚持实行。此后财政困难日益严重，遂推行缗钱令，鼓励富商大贾出钱资助政府。因无人响应政府号召，于是发生历史上著名的告缗

① 《汉书·董仲舒传》与《汉书·食货志上》。
② 《史记·货殖列传》。

事件，发动人们对隐瞒财产或申报财产不实的工商业者进行告发，行之数年，获得各种财物、奴婢、田亩、房宅无数，使“富贾中家以上大率破”。[①] 此后虽停止告缗，但工商资产税这一新税制却被保留下来，成为后世统治者征收工商税的一个重要内容。同时，在告缗过程中，算缗钱本身的内涵也在不断扩大。一是课税的范围由原先以现钱和车船为主，扩大到包括田宅、畜产、奴婢在内的一切财产，将全部财产均按一定价格折合成现钱后充作纳税的基数。二是课税对象由当初只针对“商贾居货者”，扩大到除商贾末作者外，“凡民有蓄积者”皆包括在内。这意味着算缗钱在执行过程中由单纯的工商资产税向一般财产税的转化。但算缗钱总是以课征工商业者的财产作为创立此税制的起因，而工商资产税也始终构成算缗钱收入的基本项目。

二、算缗钱思想的具体内容

从史书记载来看，算缗钱思想的具体内容包括：一是私营商人、手工业者、借贷取息者，以及没有市籍但从事囤积财物和经商取利活动者的财产，均作为征课对象。二是课税的标准，按商人和高利贷者的资本、手工业者的资产，以及商贾和非商贾的应纳税车船，分为三类，实行差别税率。三是为了防止商人将资产向土地财产转移，重申商贾及其家属不准占有土地的禁令，犯令者将其田产和僮仆没收归官。四是财产数额由纳税工商业者自行向官府据实申报，国家派遣掌管监察刑狱的官吏分赴各地监督申报核查和征收事宜，并鼓励人民对虚报财产的工商业者检举告发，以所隐匿或虚报的资产之半数作为告发者的报酬。如有隐匿不报或申报不实者，罚其到边地充军一年并没收其全部财物。五是算缗及告缗收入原则上属于皇室收入，其支出除了满足皇室需求外，可分拨一部分供国用。至于没收的田地和奴婢，则直接分配给皇室和国家各部门耕种或供驱使。

三、算缗钱思想的优劣及其影响

算缗钱作为一种以工商资产为主要征课对象的财产税，从税制本身看，具有一些长处。一是以纳税人所有的或属于其支配的财产作为课税对象，这比起口赋、算赋或更赋不论贫富差别，一律以人身作为课税对象，显然更适合于负担平均原则。二是将测度个人纳税能力的财产，由以往的土地房产等不动产，扩展到工商业者的一切动产或不动产，不仅堵塞了财产税制上的一个漏洞，而且可以减轻土地所有者的财产税负担。三是以往工商税的纳税人很容易通过提高价格等手段将商品流转税转嫁给一般消费者，而直接对工商业者的资产课税，一般在经济上较难转嫁。四是对不同的工商

---

① 《汉书·食货志》和《史记·平准书》。

资产实行差别税率，如将商人和高利贷者的资本与手工业者的资产区别开来，或对民间轺车的征税低于商贾轺车等，似乎已意识到商业和高利贷者的资金周转要快于一般生产事业的资金周转，以及对用于营利或非营利目的的轺车征税应有所区别。

但是，算缗钱在税收制度上也存在着一些明显的缺陷。第一，对工商资产的课税既然以现钱货物一类的动产为主，实际上是很难查实的，而且封建财政机构不可能承担此项任务。这样，只好由工商业者自行申报，如此又必然出现隐匿财产的弊端，故以重赏鼓励告发实为必不可少的补充规定。可见，告缗令的推行造成中等以上商贾大部分破产的后果，绝不能单纯归咎于一些酷吏的所作所为，实际上主要是由工商资产税本身的缺陷所造成的。第二，即使算缗钱规定本身无大缺陷，在封建时代，由官府出面为工商资产进行估价，也难免随意估断、徇私舞弊等弊端。第三，根据汉初划分国家和皇室财政的分立原则，工商资产税应归入皇室财政的收支系统。由此一则因算缗或告缗收入的大量增加，刺激统治者个人享用开支的急剧膨胀，引起财政上的浪费。二则或造成国用不足的偏瘫局面，或使国用仰给于皇室，因而既模糊了汉初建立的财政分立界限，又是财政制度上的轻重倒置。

此外，告缗所没收的田宅及奴婢交付国家与皇室各部门使用的处理方式，结果因大量田地由私有转为官营，须设置许多农官管理经营；而众多奴婢分到各宫苑和官府从事非生产性活动，又使国家徒增开支来供养这些纯消费者。所有这些，反而给国家财政背上一个沉重的包袱。

由上可见，算缗钱仅由其税制本身的缺陷，即足以产生很多的弊端。何况封建官吏在征收算缗钱的过程常是任意行事，更可能出现各种偏差。因此，古代思想家对告缗事件一般均持绝对否定的态度。然而从税收思想上考察，对资产课税毕竟是一种较为先进的税制。在二千年前的中国能产生此种税制的设想，不能完全算是一件坏事。

第四节　桑弘羊的财政政策与盐铁争议

一、桑弘羊的财政功绩及其历史作用

桑弘羊(公元前152—前80)是西汉时代的理财名家。他在公元前115年出任大农丞以后的29年中，直接掌管中央财政大权，为支持汉武帝的内治外功，成功地解决了十分沉重和紧迫的财政需要，取得了“民不益赋，而天下用饶”的财政业绩。

桑弘羊在实际掌握财政大权期间，推行了许多重要财政经济措施，在财政统一上可算尽了最大的能事。他将各郡国的铜币铸造权完全集中于中央，只准行使上林三官

所铸的五铢钱，结果统一了币制，解决了汉初以来一直存在的货币贬值问题。他还大力推行均输政策，将以往由各郡国经办的贡物运输集中由中央办理；又进一步扩大中央财政组织及职权，统一了全国的粮食、盐铁等财政行政，并实行酒专卖。到武帝统治后期，盐、铁、均输已成为国家财政收入的最大来源。

对于桑弘羊这样一位了不起的财政家，汉代史学家的有关记载不过寥寥数语，如不是以反对他为目的的《盐铁论》将其财政思想留传下来，这就和他被诬谋反的历史悲剧一样，将成为极大的憾事。

二、国家专卖政策

桑弘羊所推行的财政政策，主要是将类似《管子》所强调的国家财政中经济收入部分的设想，具体化为国家财政政策，坚决地加以贯彻执行。他出任财政职务后，面对国家财政濒于绝境的状况，改变原来强制的租税政策，转而扩大专卖制度，开始办理均输。这标志着当时财政政策的一个重要转变，也是武帝支持桑弘羊推行国家专卖政策的历史背景。

他的国家专卖政策，从自然资源应由国家垄断，不能向私人开放的认识出发，将山泽之征改为盐铁专卖，具体可分为盐、铁、酒的专卖等三个方面。

第一，盐专卖政策。盐业以往主要是由私人经营，官府有时也经营盐业，但不是垄断性质。《管子》的经济政策中曾提到盐专卖，但只作理论阐述，未见诸实行。一般地说，那时对盐业采取放任政策，只是由国家抽取盐税。后来有人建议实行盐专卖，其办法是由产盐区人民小规模地自由经营，而作为主要生产工具的“牢盆”即煮盐用的大铁锅，由政府负责供应；全部生产品须按规定价格出售给国家专卖机构；如果产盐户私自出售其产品，除没收其器物外，还处以重罪。此法自桑弘羊接管盐铁事务后，才产生很大成效。他扩大各郡县盐官的设置，当时盐官遍天下，遂使盐专卖成为成绩显著的财政政策之一。

第二，铁专卖政策。铁的出现比盐迟得多，在战国时代才被广泛使用。但铁工业一开始就是以较大规模的垄断事业的姿态出现。冶铁业最早也是由私人经营的，至秦代已有铁官主管冶铁工业的收税事宜。铁专卖是与盐专卖同时开始的，因为煮盐的“牢盆”由铁制成，故控制铁生产等于间接控制了盐的生产。但铁专卖的性质与盐专卖不同，铁的生产和流通同时由国家实行垄断，任何人如私自从事铁的冶炼，将处以刑罚并没收其器物。铁专卖也是到桑弘羊自己直接兼管盐铁事务后，才有很大的发展。

他积极扩充冶铁工业的规模，是基于对大规模生产的好处已有相当的认识。在他看来，由县官主办的大铁厂，有雄厚的资金、完备的生产工具、统一的制造规格、划一而低廉的价格，以及有利于技术改进，比起小规模生产的功效要高得多。这恐怕是历史上有关大规模生产优越于小生产的最早理论阐述，也是基本上正确的。铁工业的生产与销售经垄断后，铁官遍于全国，比盐官的设置更为普遍。铁专卖政策给国家带来明显的利益，同时也给人民购买和使用铁制品，带来难以避免的不便和损害。

第三，酒专卖政策。桑弘羊任大司农时实行“酒榷”，禁止民间私自酿酒，由官府自行酿造。酒专卖的具体办法不可考，大致是由官府垄断其生产，而销售仍可由私商办理。以后酒专卖时兴时废，不是一个经常实行的政策。而取代酒专卖的酒税，则成为后世的重要财政收入来源之一。

以上桑弘羊推行的三种专卖措施，在垄断方式上各有其特点。对于盐侧重在控制其流通过程，对于铁是生产与流通同时加以控制，而对于酒则专门控制其生产。这些区别应是对被垄断商品的性质及其生产和流通条件有相当深入的认识，才能藉以决定何种商品采取何种垄断方式为适当。特别是以酿酒业作为垄断对象，更显示了创始者对于专卖商品品种的选择已有较深刻的认识，故桑弘羊实行酒专卖可算是一个不太容易的创举。

三、均输与平准政策

在桑弘羊所采取的一系列重要财政措施中，均输与平准的创设最有成效也最为独特。

（一）均输政策

桑弘羊早期创行均输法，先是试办，后又与盐铁专卖及平准一起大力推行，并成为他所推行的各种财政政策中收效最大的一种。

举办均输的原因，源于汉代向人民征税以外，各诸侯及地方长官仍负有贡献当地土特产的义务。于是出现了一些问题。如贡品的输送常强征民户代办，这是各地人民的一种沉重负担；一般贡品在运输过程中难免损坏变质，即使未损坏变质，其价格可能不足以抵偿运费；各地贡献的优良产品，运抵京师后与其他地方的同类贡品比较，可能变为次品或下品，既不足以供皇室的享用，出卖也不一定受人欢迎，而在京师大量保存或储藏此类贡品亦非易事等等。

面对这些问题，桑弘羊创建了均输制度。其内容大致是：各郡国应缴纳的贡品，除确有价值又为京师所需用者可照旧直接运京外，其他不必再送京师，而是按照当地市价，折合为当地商人一向所贩运出境的丰饶而廉价的土产品，缴纳给均输官。再由均输官将这些廉价土产品运往附近价高地区出售。如果当地贡品因某种原因不能缴纳或均输官认为不必要再以原贡品缴纳，即可按贡品的当地价格改缴现金，由均输官另购其他廉价商品运往就近价高地区出售或者运到京师（如果京师市场需要的话）。这样，既可免除各郡国输送贡物入京的烦难，又可避免贡物到京师后得不偿失。同时，官府不费一文资本即可从事官营商业而获得巨大利润。

均输办法行之既久，也出现了一些不利于人民的弊病。但它比起旧的贡物运输办法来说，即使未减轻对人民的损害，毕竟是给国家财政带来了巨大的收入，从而也有利于不再加重人民的负担，故其优越性是可以肯定的。

（二）平准政策

桑弘羊在大力推行均输的同时，又设立平准机构于京师，其任务是稳定京师的物价。为了能有效地稳定物价，平准机构掌握了大量的商品、运输手段和人力。当某种商品价格上涨时，即以较低的市场价格抛售同类商品；反之，如某种商品价格过低时，即进行收购。这是通过“贵即卖之，贱则买之”的调节市场供求手段来平衡物价，使“万物不得腾踊”，同时也使“富商大贾无所牟大利”。①

创设平准制度既是为了稳定物价，也与均输业务扩大后必然有大量外地物资运进京师，须由官府自行出售有关。所以，平准机构无异是各郡国均输官在京师的总经销处。均输制如继续进行，平准就成为它的必要补充机构。不过，平准措施在京师市场上的贱买贵卖，与均输官在各郡国贱买贵卖的意义与作用是不相同的。前者以平定价格为主不必以获利为目的，后者则是以获利为主要目的。同时由于平准机构的存在，更利于郡国均输官将当地廉价商品运送京师出售，以扩大均输的获利机会，当然也增强了平准的物资保证力量。所以，平准与均输在当时条件下虽各具有不同的目的，却又是相辅相成的两种活动。

平准实行的结果同均输一样，免不了发生许多弊端。但从理论渊源上考察，桑弘羊的平准政策是把《管子》的价格思想加以综合运用并有所发展。它的特点是利用市场的自发运动，把商品价格稳定在一定的水平上。其更为巧妙之处，在于将平准与均输结合起来，以保证其稳定价格所必要的物资来源。所以，他的平准措施在理论上比以前的思想家更为成熟，而在实践上，他是第一个把前人的这种思想加以发展并具体推行，同时又获取巨大成功的人。

除了以上各项政策之外，桑弘羊还推行了其他一些重要财政措施。例如，他扩大了中央财政机构的权力，将大司令改为大司农，扩大其组织，并将郡国的诸仓、都水等六十五官长丞均收归大司农直接管辖。这对封建财政的扩大与统一具有不小的作用。又如，他为统一发行五铢钱这一措施进行理论辩护，自此以后，继起的封建王朝均将币制的统一与集中视为指导原则。另外，他非常重视边区屯垦，在执掌财权后，扩展移民屯垦，所提出的大规模的轮台屯垦计划，亦在他死后逐步实现。

总之，桑弘羊的所有财政措施，都达到了他原来设想的目的，不仅在历史上是首

① 《史记·平准书》。

创,而且被后代各封建王朝的理财大臣们看作是成功的财政典型。当然,后代思想家中也有不少人把他看作是进行财政搜括的始作俑者,但更多的理财家常是在实质上仿行他的措施而在表面上避免用他所用过的名词。

四、盐铁会议上儒家反对派的财政观点

盐铁会议召开于汉武帝死后不久的昭帝始元六年(公元前 81 年),名义上是检查武帝以来所实行的经济政策,实际上是对桑弘羊的财政政策进行攻击。会议的参加者除官方代表外,还有一批由各郡国选派的代表即"贤良"和"文学",他们都是儒家。因此,这也是我国历史上第一次召开的检查现行政治经济政策的较大规模的会议。

在会议上,桑弘羊及一些政府官员为现实政策辩护,相反,儒生们则全面予以攻击。辩论过程中,贤良、文学们的财政观点并未对先秦儒家所提出的财政思想有什么新的发展,但他们却将早期儒家那些不完全明确、枝节而无系统的财政观点,第一次直接、明确而又系统地加以表述。同时,他们也将先秦其他学派的一些财政思想,披上儒家的外衣提了出来。这些观点后来均成了儒家的传统财政教条。下面是他们的主要财政观点。

第一,讳言财利的基本财政观点。贤良、文学们坚持孔孟耻言财利传统观点,对"食禄之君子违于义而竞于财"的做法嗤之以鼻,大谈"天子不言多少,诸侯不言利害,大夫不言得丧",认为"示民以利则民俗薄"。因此,他们把盐铁、酒榷、均输等都看作是"与民争利"的贪鄙行径,并指责盐铁专卖政策是造成"富者愈富,贫者愈贫"的直接原因。①

第二,以重农轻工商作为财政指导原则。他们从以农为本、以工商为末以及重本抑末的财富观念出发,认为工商业发展足以妨碍农业,即"工商盛而本业荒",由此得出"愿罢盐铁、酒榷、均输,所以进本退末"的结论。②

第三,反对经济干涉。他们认为安民富国之道,在于"顺天之理,因地之利",不加人为干涉可使"百姓各得其便,而上无事焉"。③ 而桑弘羊的盐铁专卖、均输、平准等措施,在他们看来,正是违反了这一原理。这也是先秦以来并行存在的干涉与放任的观点,在盐铁会议上作为两种对立观点所形成的正面交锋。

第四,租税概念。他们的基本观点是"畜民者先厚其业而后求其赡",故要求"王者不畜聚,下藏于民",并指责桑弘羊是为王者"畜聚"。他们认为赋税只应限于农产品及农家副业所生产的布帛,坚持什一之税,反对超出什一的赋敛。他们的什一税是建立

---

① 《盐铁论》中《错币》《本议》《轻重》等篇。
② 《盐铁论》中《本议》《力耕》《通有》《散不足》《忧边》《水旱》等篇。
③ 《盐铁论·本议》。

在“借民之力”而丰歉“与民共之”的劳役地租基础上，因此反对现行“以顷亩出税”即以土地面积为课税标准的田赋三十而税一制度。[①] 看来在租税方面，他们继承了孟子的观点。

由上可见，儒生们的每一观点，都和桑弘羊的财政观点相对立。他们面对着自秦汉统一以来经济生活中所产生的许多新事物和新问题，仍死抱着早期儒家的财政说教去观察现实社会，自然显得迂腐而又格格不入。惟在盐铁会议上，贤良、文学们的议论不仅系统地表述了先秦以来儒家的财政观点，还可以说这是宋朝以前几百年中一般儒生的代表财政观点。其中有的在宋以后产生了新的变化，而大多数却到 19 世纪中叶仍是儒家的传统财政教条。相比之下，桑弘羊在盐铁会议的理论斗争上虽不曾失败，却终于被诬谋反而遭杀害。但桑弘羊所创设的一系列重要财政措施及其所体现出来的各种财政观点，终究为我国古代财政思想发展的历史画卷，添写了极为灿烂夺目的一笔。

第五节　西汉后期的财政思想

汉武帝之后，西汉财政出现由盛而衰的变化趋势，愈到后期愈加明显。这一时期统治者的穷奢极欲、庞大官僚机构的巨大开支、封国食邑的增多等等，又使国家财政遭遇到极大的危机。在这一状况下，其财政思想从总体上看，也由富于创新进取转向消极保守，只有一些零星的观点尚值得一提。

一、赵充国的金城屯田议

屯田是封建政府为取得军队给养而利用兵士和农民垦种荒闲田地的一种农业生产组织形式，自始就与国家财政有着十分密切的联系。汉初有关移民实边屯垦的主张是屯田制度的滥觞，而“屯田”一词则创自桑弘羊。不过桑弘羊的屯田方式与前述晁错的移民实边又有所不同。晁氏以广大人民为招募对象，而桑氏屯田则以戍繇制“屯田卒”为主，属于军屯性质，军屯一年后如有粮食积蓄，再募民徙居，发展边地农业生产。

在汉初以来屯田思想不断发展的基础上，产生了赵充国（公元前 137—前 52）著名的金城屯田论，论证了屯田的军事与经济意义，并有效地加以推行。[②] 他在奉命赴金城（今兰州）平定零羌的反叛事件过程中，看到一味实行军事可能带来的沉重财政负

---

① 《盐铁论》中《禁耕》与《未通》二篇。

② 《汉书·赵充国传》。

担，故在第一次的奏议中建议省兵屯田，以逸待劳。这样，一是可以大规模裁减边境驻军兵员，因而减省向边地供应粮、盐等军需品的巨额负担；二是利用留存兵士就地屯田，可以获取屯田粮食收入又接济边境驻军的需要，由此实现"益积蓄，省大费"的双重财政目的。这一屯田主张在理论上是对晁错与桑弘羊之说的综合继承与发展。

第一次屯田建议未获批准，他又上第二次奏议进一步阐述"罢兵""留田"有十二便。其内容始终将财政经济理由作为决定战争胜负的要素之一，贯穿于其军事形势的分析中。如论证罢兵屯田对于减轻财政负担、发展农业生产、凭借经济实力以取得军事优势的好处；说明丧失土地从而缺乏稳定粮草供应的羌敌势力，势必因财源枯竭而自行瓦解；分析罢兵屯田后可以减少自身伤亡，又使敌人无隙可乘等等，均系运用财政经济方式以创造有利的军事条件。

第二次屯田建议仍未获批准，他又第三次上奏，坚持屯田一方面可以在节省财政开支的条件下始终保持充足的军粮供应，另一方面有精兵万人屯垦仍能保持军事上的威慑力量。否则，放弃屯田而动辄出兵，只能靠重新征发徭役以运输军粮，事久转运烦费，又倾我不虞之用专对羌人，无从顾及更为强大的匈奴等外族的威胁。此奏终获采纳。

赵充国三上屯田奏议，在当时是用作平定羌乱的一种权宜之策，并未持久实行。但奏议本身所体现的思想，却一直为后世谈论屯田问题者所推崇，成为历代封建财政采行屯田制的重要指导原则。

二、耿寿昌的常平仓思想

耿寿昌在汉宣帝时任大司农中丞，曾为国家财政建议两事。一是建议在京师附近各郡购谷物运京备用，可以省去漕卒一半。这是将远郡田赋收入中的应解中央部分由实物缴纳改为货币缴纳，然后由中央向附近郡县收购低价粮食以备用。这种办法一直到西汉王朝崩溃时都未改变。从中国封建赋税史上看，这标志着一种由实物税向货币税过渡的变化的开端。耿寿昌的建议，不论有意还是无意，总是反映了这一转变。二是建议渔业官营，为此而使此项财政收入增加三倍。

最令人感兴趣的，还是他建议在西北各郡设立常平仓，"以谷贱时增其贾而籴以利农，谷贵时减贾而粜"[①]，即由政府出面买卖谷物以稳定谷物市场价格，后世多简称之为"常平"。创设常平仓的基本概念，在理论上未超出先秦思想家所论及的范围。耿寿昌的贡献，在于他将前人的平籴思想具体化为常平仓制度，成为极重要的一项封建财政经济措施。常平仓思想主要是稳定粮食价格及粮食的供应，而不以营利为目的，同时也为了保证北方边郡谷物的供应，避免由内地运粮接济的繁琐。所以，他不只是将先秦的此类

---

① 《汉书》中《宣帝纪》与《食货志》二篇。

思想加以具体的运用，而且含英咀华，综合成与以往各说都有所不同的新制度。

常平仓创设后，历代封建王朝对此制度虽时有兴废，但它始终成为中国封建时期的重要财政措施之一。不过，此制度后来往往与其创设者的善良意图相违背，甚至演变成统治集团手中一个新的榨取手段。

三、贡禹的财政观点

西汉末年封建财政面临严重困难，不得不靠加重赋役负担、卖官赎罪和发行减重铜币度日。故那一时期思想家的财政议论，多为劝说统治者崇尚节俭，节省浩费以减轻人民负担。其中以元帝时的贡禹(公元前124—前44)最有代表性。

他以美化了的古代王室或国家财政理想为模式，针对当时一些财政问题，提出了以下批评和建议：

第一，减少宫廷费用。他将削减财政开支的重点，放在宫廷费用上。目睹当时令人触目惊心的皇室奢侈消费，他提出大幅度减少皇室开支的一系列具体办法，总的说来无非是减少宫女，节约器用与鸟兽等玩好，其较进步的主张是释放官奴婢为庶人、将一部分官田分与贫农等。

第二，反对重赋。他反对重赋的矛头，主要指向人头税制度。然而他并未对这一制度本身予以否定，只是主张口钱的起征点从原来的3岁改为7岁，同时将口钱课征的年龄上限从原来的14岁增长至19岁，也就是成年人的算赋起征点由原来的15岁推迟到20岁。推迟口钱起征点的建议为元帝所采纳，从此成为汉代征收口钱的定制。在西汉前150多年间，除少数人对秦代征收人头税之苛重有过指摘外，几乎不曾有人就西汉时期极为重要的口、算赋制度发表过意见，贡禹可以说是专门讨论这一问题的第一人。同时，他主张提高口钱和算赋的起征点，也体现了他反对重赋而提倡轻征的租税思想。再考虑到他主张减少大半宫廷卫士一类的徭役负担，那么他建议节省财政支出的各项措施，都与减轻人民的赋役负担联系起来，这也正是他的财政思想中值得肯定之处。

第三，反对赎罪与卖官。自汉初晁错提议以粟“拜爵”或“除罪”以来，卖官鬻爵与赎罪遂成为封建财政收入的一个特殊项目。这种财政收入，随着时间的推移，日益蜕变成统治集团弥补财政亏欠和营私肥己的便利手段，产生了极为恶劣的后果。对此，曾有人以传统义利观念为依据，反对以粟赎罪。贡禹对于赎罪和卖官的看法，基本上是因袭以前反对派的观点又有所发挥。他揭露赎罪卖官是造成政治统治危机和社会风俗败坏的根源，因此主张整肃吏治，“除赎罪之法”，以正俗廉政作为治理天下的基本方针。这些揭露，可谓切中时弊。但对于推行赎罪与卖官所企图解决的财政困难问题，他除了高唱节俭外，未提出任何富于建设性的意见。在他看来，似乎任何扩大财政收入的主张，都会刺激奢侈欲望的滋长，又意味着伦理道德的败坏。至于他一再强调以“贱贾人”作为对策，表明到贡禹的时代，轻商思想与重义轻利及黜奢崇俭等观念已融为一体，变成封建财政思想中勿庸置疑的支配性观念，并以他为这一观念的代表人物。

第四，在财政收支上主张废钱用谷帛。贡禹认为“奸邪不可禁，其原皆起于钱”，因此主张“宜罢采珠玉金银铸钱之官，亡复以为币”。这意味着取消赋算口钱等货币征课，即“除其租铢之律”，而“租税禄赐，皆以布帛及谷”，也就是一切租税收入及官禄赏赐等财政支出，均直接使用布帛或谷物来代替。[①] 这些主张废除货币的理由都是肤浅之见，但在我国财政思想史上却非稍事论列不可。因为这不仅是贡禹的个人意见，而且代表了此后数百年间绝大多数儒家对待这一问题的基本态度。自贡禹首次提出废钱用谷帛的倒退主张之后，不少儒者经常引用《诗经》里“抱布贸丝”等辞句作为处理财政收支的理想方式，直到 19 世纪末期犹复如此。这些儒生们不理解“抱布贸丝”中的所谓“布”在古代也可能是一种货币的名称。此外，在财政方面废除货币缴纳的落后观点一再重复的出现，也是货币在城镇周围已有相当程度的发展，而广大农村一直到本世纪之初仍维持着自然经济状态这一经济发展不平衡现象的反映。

四、西汉后期的其他财政思想

贡禹之后，提倡节俭、反对重赋已成为西汉末年谈论财政问题者的共同议题，并把它提到关系政权统治能否巩固的高度去认识。如成帝时的谷永曾多次上书，反复指陈统治者及其后宫的荒淫奢侈生活，呼吁节制消费和减轻赋役。他将财政议论的重点放在皇室开支上，是由于那时皇室开支在整个国家财政支出中占着十分突出的比重。在他看来，王者的产生是适应于治民的需要而非为天子本身，此即“天下乃天下之天下，非一人之天下”，故严刑重赋的结果，会招致百姓愁怨，最终将引起政权的“更命”换代；而帝王的统治又以人民的财产为其基础，“王者以民为基，民以财为本，财竭则下畔(通“叛”)，下畔则上亡”，故苛重的赋敛同样会使人民财产涸竭从而导致“上亡”。为此，他呼吁“务省徭役，毋夺民时，薄收赋税，毋殚民财”，实际上是从统治者极尽奢侈的所作所为中，已经看到了西汉统治的“危亡之征兆”。[②]

西汉末年的财政思想除了以反对重赋、提倡节俭为其主要特征外，还有两个财政观点值得一提。

一是反对国家专卖。扬雄(公元前 53－18)在其名著《法言》中，曾对桑弘羊推行

---

① 《汉书・贡禹传》。
② 《汉书・谷永传》。

国家专卖政策取得“国用足”成效的说法，提出了颇为新颖的反对意见。他认为，国家实行专卖犹如父子之间进行交易，纵使其父通过专卖而获利，其子作为交易的另一方又将怎么样呢？这里实际上已接触到一个重要的理论问题，即流通过程不能创造财富。这意味着国家专卖只是变更现有财富的分配状况，不能增大社会财富的总量。或者说，国家虽可以通过专卖来增加财政收入，但这是以他人财富的减少作为代价。这一反对观点不同于从道德伦理规范角度去立论的传统做法，而是从经济角度去剖析这一政策的实质，颇具识见。

二是坚持公私分立的财政观。汉武帝时，为解决国家财用不足的矛盾，曾将原来属于少府的盐铁收入，以国营专卖的形式改归大司农掌管以充国用。后来皇室生活奢侈无度，当皇室收入不敷开支时，竟转而挪用国库收入。于是国家与皇室财政分立之说，又被重新提出。哀帝时曾私自以国库兵器赠送宠臣，毋将隆认为这是“以天下公用给其私门”，违背了国家与皇室财政分立的原则。他指出，大司农收入系专门支付“天下公用”，而皇室私人的供养与赐予，则全部由少府收入负担。两者一个是“本”，一个是“末”，决不能以国家的财力和人力来供养皇室私人的浮费开支，这才是“别公私”的“正路”。[①] 毋将隆的这番议论，不止是重申了汉初关于“私奉养不领于天下之经费”的传统，更重要的是强调了必须保持国家公共收入的独立性，并以此为两者分立的原则公开进行辩护。财政上的公私分立本来是一个浅显的道理，但在封建社会的财政实践和理论中，却又是经常出现而又不可能解决的难题之一，故在以后的分析中还将不时遇到类似的争论。

思考题

1. 秦王朝建立以后，财政思想的发展呈现出若干新的特点，这些特点延续到汉初，又产生某些新的变化尤其是在税制思想方面。请你指出本时期财政思想领域这些新的特点或变化。

2. 如何评价汉武帝时期的算缗钱思想？

3. 桑弘羊的财政思想，从理论上看，可以说保留了先秦《管子》思想之余绪，从具体政策上看，则创立了一系列对于后代具有示范作用的有效财政措施。这些财政措施，特别是其中的均输和平准政策，体现了什么样的指导原则？

4. 从财政思想角度观察，盐铁会议上双方争论的焦点是些什么问题？其中贤良文学一方的财政观点，作为春秋末年以来儒家财政思想的系统化表述，对后代将会产生怎样的影响？

5. 西汉后期的屯田、常平仓、财政收支上的废钱用谷帛等思想，均系针对现实问题而发，并曾在后代产生过不同程度的影响。请你对这些财政思想的要点作一简述。

---

① 《汉书·毋将隆传》。

第九章　新朝与东汉时代的财政思想

第一节　王莽的财政政策

王莽(公元前45—23)是中国古代又一个被长期否定的历史人物,他在仅维持了16年的新王朝统治期间,进行了极为纷繁的改革,其中较多而又较重要的大多属于财政方面的改革措施。尽管这一改革本身存在不少荒谬之处,最后以失败而告终,但它也留下一些相当独特的财政思想,值得整理和总结。

一、王莽改制的财政目的

王莽政权为了解决所面临的财政危机,在最初的短短几年内,先后公布改革土地的王田制,禁止私奴婢买卖,进行多次货币改制,实行六管政策。这些经济改革措施,均直接或间接地与解决财政问题有关。其中尤以六管政策最富于财政意义,这将留待后面专门讨论。其他王莽所推行的经济改革措施的财政目的如下:①

"王田制"的主要内容,一是土地收归国有,称为"王田",禁止私人买卖土地;二是一家男丁不过八口而占有土地超过一"井"(即九百亩)者,应将超额土地按一夫一妇百亩标准分与宗族乡邻;三是无地农民由国家按前述标准授予土地。其实质,是以一夫一妇分田百亩为基础实行"什一而税"的赋税制度。在这里,他不仅批评秦朝"厚赋税以自供养,罢民力以极欲"的"无道",而且第一次公开对"汉氏减轻田租"即西汉的田赋轻征政策提出非议。应当说,他能透过三十而税一的表面现象,认识到西汉在轻征田赋的名义下给农民带来的实际租税负担之沉重,其观察是相当深刻的。

与推行王田制相配合,他又规定将"奴婢"的称谓改为"私属",并宣布不得自由买卖,如有违犯者,除将其奴婢收归政府所有外,连其本人也被罚为官奴。同时,又令蓄

---

① 《汉书·王莽传》。

奴婢之家为每一奴婢纳口钱三千六百文，即将奴婢口钱增加15倍。

他在六七年内，曾进行四次币制改革，每次改制都是以小易大，以轻易重。如此大规模而频繁的币制改制，如不是表明他对货币名义价值与实际价值的意义一窍不通，便是有意识地利用这两者之间的区别来加强对人民的搜括。他的财政意图由此可见一斑。

除以上各点外，他还经常采取一些临时措施以资财政之补苴。如临时征调资产税、以卖官鬻爵作为筹资手段、或以军屯方式应付边地军需等等。总之，他在处理各种经济问题上，不论鼓吹仿古还是改制，增加财政收入总是作为一个基本目标，贯穿于他所推行的一系列经济政策之中。

二、六管政策

六管是指国家分别对盐、铁和酒的垄断专卖，币制改制，对山泽资源的管制，以及官府从事贷放和其他经济业务。从王莽阐述实行六管的理由来看，应予管制的都是些具有垄断性质的商品或经济活动，“此六者，非编户齐民所能家作，必仰于市，虽贵数倍，不得不买”，因为“豪民富贾”常借此以盘剥贫弱人民，故非加以管制不可。[①] 这种对实施经济管制政策的必要性的认识，比起较早提倡经济管制的思想家如《管子》作者与桑弘羊，讲得还要透彻。

六管是从王莽即位第二年起先后公布的一系列财政经济措施的总称，其中各项措施或系创行，或系因循旧制，或系采取旧例而有所增损。其推行顺序是货币改制在先，五均赊贷次之，盐、铁及山泽资源的管制又次之，最后为酒专卖，这也是王莽的财政经济政策中实行最久的一种。六管是在全国范围内推行的政策，但它集中体现在几个特别设置的都市的经济政策上。这些都市称之为“五均市”，系由京师长安和代表东南西北中地区的洛阳、邯郸、临菑、宛及成都五个都市组成。在这些都市实行广泛的经济管制措施，可谓我国历史上的一个创举。故研究王莽的六管，首先要研究他在五均市施行的经济政策。

（一）五均市的经济职能

王莽自称设立五均市的目的是“齐众庶，抑并兼”，具体表现在官府对物价、借贷和工商经济活动的控制与管理上。

一是评定物价。他称之为“市平”，即政府对某些重要商品所规定的平价。其具体办法是由各市以一年四季的“中月”即二、五、八、冬月的市场价格作为基础，按各种重要商品的质量定为上、中、下三种平价作为标准价格即“市平”。这种从市场的客观过

---

① 《汉书·食货志》。

程中去寻找标准价格的根据，既有一定时期的稳定性又能按期自动调整的“市平”，恐怕是世界历史上发现最早而又初具体系的平价规定。

二是平准业务。当某种重要商品如“五谷布帛丝棉”等的市场价格上涨超过平价时，有关市政府即将同种类商品按照其平价向市场抛售；反之，如市场价格低于平价时，则听其自由买卖。这一措施与桑弘羊的平准和耿寿昌的常平政策要求价格在上下剧烈波动时予以稳定的思想不同，它只防止物价上涨，而欢迎物价跌到市平以下浮动。因为它要解决的问题是使久已高涨的重要商品的物价水平逐渐下跌，并不限制次要商品的自由跌涨。

三是收购滞销的重要商品。对五谷布帛丝棉等重要商品的买卖，如发现滞销，即由市政府按该商品的成本即“本贾(价)”予以收购，“毋令折钱”即不使亏本。

四是政府赊贷。王莽常将“赊贷”一词与“五均”连在一起，称之为“五均赊贷”。“赊”是借钱给市民作非生产性的“祭祀丧纪”之用，不收利息，其期限“祭祀无过旬日，丧纪无过三月”即须归还。至于给“治产业者”的生产性贷款，其归还期限则较长，并须按“除其费，计其所得受息，毋过岁什一”的原则支付利息，即其利率不超过贷款人年利润总额的1/10。[①] 这已经认识到利息是来源于利润，而此后若干世纪的思想家们还常将利息与利润搅混在一起。

此外，征税也是五均市的重要职能之一，其中最重要的是对大小工商业者的课税，而对城市中不种树或不种菜的住宅以及“浮游无事”之人征税，则意在鼓励生产。

(二)名山大泽的征课

这是各郡县都担负的任务，但以五均市最为典型。这类征课大致可以分为两个方面。

一是工商业者从事开采金银铜锡，以及能“登龟”或“取贝”者，可向市钱府申报，其产品由钱府定期予以收购。因为这些产品均为当时的重要币材，故必须由政府加以管制，各从业者不能自由在市场上出售，只能卖给政府或政府所许可的商人。

二是凡在山泽从事生产或经营鸟兽、鱼鳖、百虫、畜牧及其他产品者，家庭妇女从事蚕桑、织纴、纺绩及补缝者，从事工匠、医巫、卜祝及其他方技者，从事商贩及开设旅店者，均须向所在地官府申报。各项活动，除其成本外，计其利润的1/10以为“贡”，实际就是捐税。这颇类似于近代的所得税，可谓中国财政史上的另一创举。如经营以上工商业而不向政府申报，或申报不实而有隐瞒者，没收其商品并罚作一年的劳役。

(三)酒专卖

王莽时代恢复酒专卖的目的是为了增加财政收入，其特点在于它的经营管理方法

---

① 《汉书·食货志》。

相当周密细致，为我国历史上所少有。如以“二千五百石为一均”作为一个地区专卖的标准额，各地区内每个酒店的供销量为“五十酿”。酒的价格核算，每一“酿”以主要生产原料二斛粗米及一斛曲为成本所酿成的六斛六升酒，按上述主要原料在当地每月初一合计的总价格以三除之，即为酒一斛的标准价格。依此扣除成本后的余额，30%用作支付工人工资，另外70%即为一“酿”的纯利润上缴国家。这种核算方式使酒产量的多寡与工资收入之间保持直接的联系，因而有利于刺激生产和提高劳动生产率。而酒的价格形成与其主要原材料价格之间保持一定的比例，并随后者市场价格的变动而变动，由此也可以保证酒专卖收入的稳定增长，成为国家财政的可靠收入来源。

三、财政支出

如果说王莽旨在扩大财政收入的一系列经济政策中，还体现出若干新颖而合理的观点，那么，他在财政支出方面可谓一无是处。如大兴土木，修建宗庙；妄开边衅，乱用军费等。特别是他的官俸政策，尤为荒诞不经。

西汉后期随着封建官僚机构的日益庞大，官俸开支在全部财政支出中所占的比重也大为增加。如何缓和巨额官俸支出给国家财政带来的沉重压力，也是王莽政权所面临的财政课题。但他制定官俸政策的主旨，就是尽量减少由国家直接负担的俸禄支出。他上台后，先是将大批享有丰厚俸禄的刘氏贵族革削为民，省去一大笔支出。继而对新封的王氏新贵，只给予低微的薪俸，以致“诸侯皆困乏，至有庸作者”。这些尚且是出于政治上的需要，而他正式颁发的吏禄制度，则将俸禄规定直接与年成丰歉相挂钩。如天下幸无灾害，官吏俸禄按全数支付；如有灾害，则按十分制比例“损其禄”。随年时受灾的程度以紧缩俸禄开支的设想，自先秦墨翟首先提出后，尚未有人将此法实际运用于现行官俸制度，王莽可谓是第一人。通过这一灵活规定，为减少官俸大开了方便之门。因为官俸标准只是官吏领取俸禄的一个参考依据，并非实际的发放标准，同时还须考虑各级官吏名义上受封地区的灾害程度来确定。其结果，官吏们既无稳定可靠的俸禄收入作为保障，便促使他们“各因官职为奸，受取赇赂以自共给”，导致贪污受贿之风的盛行。后来他又重申授土制禄政策，并拟从国库存钱中拨款以补充俸禄的发放，最终仍流为空言。

新莽王朝的官俸制度本来就无定制，加之相继提出的各项规定又屡屡不能兑现，更使其制形同虚设。封建官吏既不能从国家财政的正常渠道内领取俸禄，实际上等于放纵官吏们凭借其权势获取收入以备用，以致出现“天下吏以不得奉禄，并为奸利，郡尹县宰家累千金”的局面。对此，他从未考虑从官俸制度本身寻找其根源，而是采取强制手段，下令以告发的检举方式来考核贪饕之官吏。可是“冀以禁奸，奸愈甚”，在现行官俸制度下，这也是必然的结局。[1] 总之，他的官俸政策虽几经变化，不外是刻意压缩国家的俸禄支出或者利用种种托辞根本不予支付。这一官俸政策在中国财政史上开了一个十分恶劣的先例。

最后附带指出，王莽政权的财政收支系统，从表面上看，仍恪守汉初以来一直坚持的国家与皇室财政分立的原则。但事实上，他却沿袭和扩展了西汉末年所发生的以国库收入充作皇室费用的财政体制演变过程。在新朝，不止是挪用公共收入以供皇室私用，甚至干脆由宫廷内官来掌理国家财政。在这样的财政体制下，名义上由国库支配的收入实为皇帝的私囊之物，因而出现一面国家无从按正常标准向官吏发放俸禄，一面皇室挥霍无度，私人赏赐动辄上千万钱的怪事。这一前车之鉴，促使继起的东汉王朝在光武帝刘秀登基不久，即将一向由少府独立管理的皇室收入，改属司农即国家财政统一掌管，由此形成封建财政体制的又一重要变革。

四、结束语

王莽夺取政权后，为消除前朝影响，曾尽可能地改变汉代制度，在财政制度方面也不例外。如对财政官职的名称，将大司农改名羲和，后又改为纳言，少府改名共工，水衡都尉改名予虞等，这都是些毫无意义而又徒滋纷扰的举动。但他所推行的许多改革措施，从财政思想的角度观察，至少可以说对下面一些问题已有一定的认识。

一是认识到土地兼并盛行不利于农业税的征课，而土地私有制和土地商品化又是土地兼并产生的根源。只有实行土地国有，才能遏止兼并从而建立起稳定的赋税制度。

二是认识到具有垄断性质的商品由政府严加管制的必要，在这一点上他的体会比前人都深刻，并由此形成他坚持国营专卖、开征山泽之税等财政政策的主要理论依据。

三是认识到标准价格的重要作用，所谓“市平”的创行，实际上是继承以往的平准措施而有所发展，这一价格管理制度在世界范围内也是极为罕见的。

四是重视成本问题更是他在推行许多财政措施时所特加考虑的重要因素之一，这也是他的前辈不曾理解到或至少未能充分理解到的经济问题。专就其对成本核算的精审程度来说，在他以后的一千七八百年中能达到这样水平的思想家也不算多。

五是对近代所得税制的基本特征已有所认识，故能创设按赢利额的 1/10 纳税的征课制度。

六是在设立官府赊贷以增加国家收入的措施中，既能按贷款的生产性与非生产性加以区别，又意识到利息来源于利润，这也是他以前的思想家从未接触过的问题。

---

① 《汉书·王莽传》。

由上可见，王莽在财政方面的独特观点是比较多的，在他以前的思想家中除《周礼》和《管子》作者以及桑弘羊之外，还没有人曾提出过这样多的独特财政观点。但是，令人很难理解的是，他虽然在不少财政经济问题上具有一定敏锐程度的观察力，并已体现为不少极有意义的观点，而在另一些财政经济问题上，其具体措施和观点的幼稚荒诞程度，也是古今少有的，如他的货币改制、官禄制度等即为其荒唐的代表例证。只是我们在评价王莽的财政思想时，不应基于他的荒诞部分，而抹煞他的合理部分。

第二节　东汉财政思想

刘秀在取得政权后，采取了一系列缓和矛盾的政策，从财政经济角度看，有以下几个方面。首先是解放奴婢，将王莽时代被没收为官奴婢者一律释放，同时恢复被掠卖为私奴婢者的自由。其次是减轻田赋，恢复西汉三十而税一的旧制，山林池泽听任贫民开采，不收捐税。再次是紧缩官僚机构，曾裁并四百余县，裁减地方官吏十分之九，中央机构包括财政收入系统也大为紧缩。特别是令秦汉以来一直归属少府掌管的山泽陂池之税，改属司农，由国家统一征收一切租税，故少府的职掌只是单纯管理皇室支出。最后是记取新莽时代的教训，对货币问题采取稳健政策。

东汉最初数十年贯彻这些财政经济政策，取得了"百姓殷富，粟斛三十，牛马被野"[①]的赞誉。但不久以后，所潜伏的土地兼并重新滋长。从公元 2 世纪起，西汉后期存在过的旧问题如物价波动、货币贬值及财政困窘等经济矛盾，又重新出现并日趋严重。这些矛盾势必成为当时思想家们谈论的主要问题。

一、东汉初年的财政观点

首先是桓谭(公元前 33—39)在王莽时代提出类似后代的"以工代赈"思想。他主张将官府赈济"浮食无产业之民"事务与治河工程结合起来，通过政府举办公共工程的方式，使"浮食"的无业之民转变为自食其力的雇佣工人。其理由是，无产业之人不论无所事事的"空居"还是作为力役的承担者，同样有衣食之需，故由县官供给衣食，使其参加治河工程，可谓公私"两便"。[②] 这一认识开了后代"以工代赈"思想之先河。

其次是刘般(19—78)对常平仓制度的批评。他指出，常平仓制度"外有利民之名，内实侵刻百姓，豪右因缘为奸，小民不得其平"[③]。这是对这一制度的第一次公开

---

① 《后汉书・明帝纪》。

② 《后汉书・沟洫志》。

③ 《汉书・刘般传》。

否定。

最后是有关国家专卖政策的争论。章帝时的尚书张林为解决财政困难，主张恢复盐专卖，以及利用边远郡国每年缴纳税赋的官吏到洛阳之便，实行局部均输。这一主张遭到朱晖(6－89)的强烈反对。其理由无非是根据“天子不言有无，诸侯不言多少”以及“食禄者不与百姓争利”的所谓“王制”，指责均输之法“与贾贩无异”，以布帛为租“则吏多奸”，官自卖盐是“与下争利”。这些论点不过是延续了西汉盐铁会议的争论内容。

二、东汉中期的财政思想

这一时期的财政议论，在以下几个问题上颇具特色：

（一）富国概念

王符(约106－168)曾将富国与富家严格区分开来，抨击了游业末事“虽于私家有富，然公计愈贫”，巧伪之工“虽于奸工有利，而国计愈病”，无用之商“虽于淫商有得，然国计愈失”现象，认为此三者“外虽有勤力富家之私名，然内有损民贫国之公实”，不符合“民富而国平”的追求目标。从财政思想角度考察，这正好是当时国家财政困窘而私人财产殷富的客观条件的反映。对此，他强调，一是减轻赋役以珍惜人民的劳动时间即所谓“日力”，要求为政者“务省役而为民爱日”；二是坚决反对奢侈，这也表达了那一时期许多思想家对贵族统治集团奢侈荒淫生活的强烈反对态度。①

（二）俸禄观点

崔寔(？－约170)对官俸的菲薄所引起的官吏贪污弊害，第一次作了尽情的揭露。在他看来，贪污之盛行乃俸禄菲薄之所致。他曾以“百里长吏”的俸禄为例，说明当时官俸的不合理。百里长吏一月所得只足供二人一马之用，这样即便“欲崇约”，由于生活“不足以相赡”，于是便有“卖官鬻狱，盗贼主守之奸生”。② 百里长吏已是地位较高的官职，其官俸标准尚且如此之低，其他低级官吏的待遇更不难想见。

稍后，荀悦(148－209)也对官禄太薄表示不满。他认为，“禄必称位”，官职与俸禄必须相称，如果不相称致使官禄过低，那么，“公禄贬则私利生，私利生则廉者匮而贪者丰”，由此势必带来“丰贪生私，匮廉贬公”的祸乱。因此他呼吁统治者必须重视官禄问题，不可掉以轻心。仲长统(179－220)同样把“薄吏禄”视为“危国乱家”的原因，但他认为吏禄低是由于统治者将大量财政经费用到军事开支方面去了，即“薄吏禄以丰军用”。③ 这些均表明东汉末年的思想家对官吏俸禄之薄，具有同感。低官俸的财政支

① 王符：《潜夫论》中《务本第二》及《爱日第十八》。

② 《群书治要》节录。

③ 荀悦：《申鉴·时事第二》；以及仲长统：《昌言·损益篇》。

出指导思想，贯穿整个中国封建时期无大改变。这种一直未引起注意的不合理的财政观念，也是封建贪污现象长期流行的源头之一。

（三）反对私藏

东汉末年的宦官吕强，反对帝室“多蓄私藏”。针对当时各地郡国向灵帝贡献天下珍奇，并须先向主办官吏输纳“导行费”的做法，他上疏指斥说，天下之财，若归之陛下，那“岂有公私”？[①] 意谓天下之财应属于天下所有，皇帝陛下既代表天下，则不应再搜刮私财。他以一个宦官而反对皇室私藏，实属不易。

与吕强同时的有名学者荀悦，反对皇室财政私藏的言论更为鲜明。他指出，“人主有公赋无私求，有公用无私费，有公役而无私使，有公赐而无私惠”，若有“私求”“私费”“私使”“私惠”，便是“伤情”“伤制”“伤义”“伤正”之举，这样就完全否定了“人主“拥有私藏的合理性。财政收入全部归于国家的观点，在封建体制下是不可能实现的偏激之论，但对于揭露当时的财政现实状况，确有其积极意义。

（四）租税观点

东汉末出现一种与以往主张”薄赋敛”不同的反对减轻土地税的观点，强调土地什一税为“中正”之制。如荀悦公开把矛头指向世人称颂的“文景之治”，认为汉代减轻土地税，实际对农民并无好处。因为在“豪强人占田逾侈，输其赋大半”的情况下，官府虽欲减轻田赋以加惠农民，但“上惠不通”，难以为农民所享受，事实上都是豪强地主身受其惠，所以说“文帝不正其本，而务除租税，适足以资豪强”。他还把国家与人民之间的关系，说成像市场上的交换关系一样。其最理想的状态是“上下相与”，“上以功惠绥民，下以财力奉上”。如果国家不给人民以“功惠”而采用“巧诈”方式从人民那里取得“财”与“力”，那就是对人民的“偷窃”行为；如采用“暴迫”方式而取之，那就是对人民进行“掠夺”，这将引起人民的斗争而形成“祸乱”。荀悦的这种租税观点，现在看起来似乎有些奇特，但在古代世界却不是中国所独有，欧洲中世纪后期的新兴市民阶级，就是以向封建领主纳税作为筹码，来换取封建领主给予他们的城市以自由权利。

仲长统对汉代三十而税一的田赋制度，也持有异议。他坚持什一税，反对轻于1/10的土地税率，但主张在 1/10 的田赋外，仍然维持汉代的更赋制度，即所谓“租税什一，更赋如旧”。他反对三十而税一，主要是看到当时的军费浩繁而俸禄微薄，以致形成贪污舞弊的“危国乱家”局面。而对于什一税政策，他根据自己的主观估计，曾为田赋收入设想了一幅仅以一年的收入，即可“有数年之储”，甚至“兴非法之役，恣奢侈之欲，广爱幸之赐”也用不完的美好图景。显然，这一设想全是书生之见，倒是从另一个侧面反映了东汉末期的财政状况之腐败。

---

① 《后汉书·吕强传》。

思考题

1. 王莽的财政政策一直受到人们的非议，但这并不妨碍他在制定这些政策时，也包含一些具有独创见解的新颖财政观点。为了使这些财政观点不致被湮没，请你将已经发掘出来的若干观点作一整理和分析。

2. 东汉的财政思想除了少数例外，多为平凡之论。其中有一些言论主要反映了封建财政自身的若干特征，如对汉初轻赋政策的批评、分析官俸菲薄的弊害、反对君主私藏等。请你指出这些言论的要点是什么。

第十章　魏晋南北朝的财政思想

第一节　魏晋时期的财政思想

一、公元三四世纪赋税思想的演变

东汉以后，中国封建社会陷入将近四百年历史上最长的混乱时期。从魏晋时期的二百年看，除西晋的短期安定外，大多处于争夺统治权的战争时期。在这种长期混战局面下，国家财政及其财政思想，必然呈现出一些与前代不同的特点，其中赋税制度与思想的演变，尤其令人瞩目。

汉初的口算赋制度与三十而税一的田赋政策，经过三百余年的持续推行，到东汉末年已是弊端百出，引起不少思想家的公开批评。此后，一方面，战乱造成大量人员死亡和流徙的不稳定状况，使汉代田赋制度丧失其意义与作用。另一方面，混乱中的各个割据势力为了保持自己的政治与军事实力，又必须解决财政供应问题。先是曹操(155－220)采纳枣祗等人的建议，开始在许下募民屯田，取得显著成效。后来吴、蜀两国也相继采行军队屯田方式，均取得显明效果。屯田制在汉代主要是解决边地驻军的给养或税粮问题，从整个国家财政收入看，至多只能作为一个辅助或补充来源。至曹魏时则不然，屯田是关系到国家全局的财政政策，其收入已成为国家财政的主要支柱。曹魏时国家掌握大量官公田地，大多实行“募民屯田”的民屯制，其财政征课一般高达百分之五十至六十的比率，与汉代三十而税一的田赋制度大相径庭。三国鼎立时重视屯田收入的思想之普遍流行，尽管在当时是适应军事需要这一特殊历史条件下的产物，但它毕竟形成了这一时期财政思想发展的极显著特征，并由此结束了汉末一直持续的对于传统轻征田赋制度的非议和争论。自此以后，三十税一制度虽仍为历代谈论田赋者所奉诵，却已是可望而不可及。从这个意义上说，三国时特重屯田收入思想的盛行，在两汉的传统税制向魏晋以后的新税制转变的过程中，起到了某种过渡作用。

这是本时期赋税思想演变的一个重要趋势。

魏晋时赋税思想演变的另一趋势，是户调原则的确立。汉初曾有按户征课的户赋捐税，但不甚重要。建安九年(204年)曹操以打击豪强兼并相标榜，正式颁布了征收租调的法令。其中规定收取“田租亩四升”，显示了田赋征收方式的一个重要转变，即放弃以往什一税或三十税一的比例税制，转而采取每亩征收四升的定额税制。同时规定“户出绢二匹、绵二斤”，表明户调制已正式取代以往相沿近四百年的口算赋制度。这是中国赋税史上的又一重大变革。户调比起口算赋，前者按户征税，以家庭手工业产品作为征纳物；后者按人头征税，以货币缴纳。从财政思想上考察，曹魏租调之法的主旨，是“无令强民有所隐藏而弱民兼赋”，强调均平租税负担。[①] 也就是说，最初制定租调之法的主要目的，不是谋求增加财政收入，而是运用财政手段来抑制豪强势力，因为当时的军政开支已由屯田收入作为基本保证。然而，在曹魏后期，屯田逐渐瓦解，到晋王朝统一中国后，内地屯田更无存在的必要。这样，统治者自然会把财政收入的重点从屯田制转移到租调上来，晋武帝平吴后颁布的占田法首先规定了“户调之式”，即反映了这一趋势。随着屯田制的废除，原来仅为辅助性质的租调收入，上升为国家财政收入的主要来源，这标志着封建赋税思想的演变开始进入一个新的历史阶段。

二、傅玄的财政思想

傅玄(217—278)的财政思想涉及范围较为广泛，其中最值得称述的，是他的租税思想。

第一，租税三原则。他认为赋役的轻重应根据客观需要来决定，治平无事之世宜役减而赋轻，如有非常事故则不妨役繁而赋重。从这个基本财政观点出发，他提出了三条租税原则。一是“至平”。他认为，赋役要“计民丰约而平均之”，这样，人民即可劳而不怨。这一“至平”概念的提出，作为财政上的一个理论原则，不仅用于通常的轻赋薄敛情况，也适用于赋役繁重的情况。二是“积俭而趣公”。“趣公”指劳役和租税须为国家的公利而征课，不是为统治者的个人私利。“税俭”指赋役征课须从俭约的角度考虑，做到“俭而有节”，这同样是为天下之公利而非为个人私利。三是“有常”。指赋税的征课须有规定的制度，力求做到“上不兴非常之赋，下不进非常之贡，上下同心，以奉常教”，这样，“民虽输力致财，而莫怨其上者，所务公而制有常也”；否则，如果“役赋无常，横求相仍”，会使民危而国亦不安。[②]

傅玄提出的这三个原则，如分别孤立地予以考察，每一条都不是什么了不起的创

---

① 《三国志·魏志·武帝纪》。

② 《傅子》中《平赋役篇》和《安民篇》二篇。

见，但将它们结合起来看，在中国财政思想史上，却是一套很不平凡的租税原则。在租税方面，他还提到另一个实际加重了农民负担的税收问题。先秦以来，一向把“贡土所宜”或“任土所宜”奉为经典的财政原则，但随着封建经济的发展，却出现了政府所征课的实物常常不是农民之所产的情况，亦即傅玄所说的“所调非所生”之弊。其结果，所征课的既非农民所生产的实物，农民势必贱卖其产品而另以高价向商贾购买官府所征课的实物，无疑对农民是沉重的负担。贡土所宜这一古老财政原则，开始时确系为了纳税人的便利而提出的，后来才演变成为纳税人的沉重负担，而傅玄至少是对这一古老财政原则最先提出异议的思想家。

第二，财政支出观点。他坚决主张节用而反对奢侈，认为“用有尽之力，逞无穷之欲”是非常有害的。他把君主的“上息欲”，看作是节省国家财政支出的最根本办法。其具体措施是使冗散的官吏改业，如“使冗散之官为农，而收其租税，家得其实，而天下之谷可以无乏矣”。此说可谓想入非非，但他能突破封建等级身份的尊严，提出让冗散官僚参加农业生产的观点，应该是值得称述的。裁减官吏自然可以减少财政开支并保持官吏队伍的精干，可是他又认为，节省财政支出却不能降低官吏俸禄。因为“吏禄不重”会产生“荣不足以庇宗人，禄不足以济家室，骨肉怨于内，交党离于外，仁孝之道亏，名誉之利损，能守志而不移者鲜”等等弊端。[①] 可见，官禄太薄问题，尽管东汉思想家已甚重视，但到西晋时仍未能解决。

第三，关于屯田问题。西晋在太康以前因袭曹魏旧制，政府的军政开支主要仰给于屯田收入。为了增加收入，常是扩大屯田的耕种面积。傅玄认为，要增加屯田的收获量，“不务多其顷亩，但务修其功力”。就是说，与其扩大屯田耕种的土地面积，不如在现有的屯田面积上多投入劳动和改进其生产方法，更能增加生产。在公元3世纪，出现这样的类似集约耕作优越于粗放耕作的农业生产管理思想，从世界范围看都是难得一觏的。

另外，他认为当时将屯田的征课比率提高，打击了屯田兵士的生产积极性。他主张维持以往办法，用官牛者四六分成，用自有耕牛者对半分成。这一征课比率和汉代农民耕种地主土地须缴纳50%地租的比率没有什么不同。所以，他并不是要减轻统治者对其屯田上的农民的征课比率，而是认为过重的征课率不仅使“人失其所，必不欢乐”，反足以造成减产，“有损弃之忧”。[②] 他能认识到沉重的征课比率是使农业生产减产的重要因素，又是一个很难得的租税观点。

---

① 《傅子》中《检商贾篇》与《重爵禄篇》，以及《晋书·傅玄传》。

② 《晋书·傅玄传》。

三、西晋占田制中的财政思想

占田制是西晋王朝统一中国后，于太康元年（280 年）颁布的土地制度，其较为突出的历史意义，从它有关财政税收方面的规定中可见一斑。

占田制的主要内容，一是对贵族与官吏占田及其荫附劳动力的限制，以及所属佃客衣食客不负担课役的规定，体现了对他们既加以限制又不得不稍事优待的两面政策。二是关于户调的规定，即将“户调之式”以法律形式加以肯定，成为固定的财政制度。同时规定户调的纳税标准，除按每户劳动力之强弱及距离京城的远近而有区别外，还须实行“九品相通”的计税方式，即先按每户各自拥有资产的多寡分为九个等级，然后再根据资产等级将当地统一的户赋标准具体落实或摊派到各户人家，作为实际征收的直接依据。这种计资而税的户调制度，后来在西晋南北朝时期流行达二百年之久，直到北魏后期和萧梁之初才分别放弃了这一原则。三是一般人民的占田课田规定，这是占田制的最主要部分，也是当时确立国家赋税制度的核心内容。其中：占田男子七十亩、女子三十亩，这是法律容许人民占有土地的最高限额，不一定是实授的土地数量；课田则是占田中应以课税形式缴纳地租的那部分土地，即丁男占田七十亩必须课田五十亩，丁女占田三十亩必须课田二十亩，课田面积一经确定，即使不耕种也得缴税，这是通过课税方式来督促农民从事耕种；按照年龄和性别的不同，区分为正丁男女和次丁男女，以上标准分别为正丁男女的占田和课田数额，次丁男课田减半为十五亩，次丁女则有占田而无课税。

从上述占田制的赋税规定中，可以看到它的创设人已具有下面一些财政概念，作为规划这一经济制度的指导思想。

第一，西晋统治者显然意识到屯田收入的权宜性质，故在平吴之后，立即公布了以租调之式为重要内容的占田法，重新建立起正常的赋税制度。另外，占田法也不是简单地恢复两汉税法的旧制，而是将曹魏时才初具轮廓的租调之制扩展为全国范围内实行的赋税制度，取消汉代三十税一的比例田赋和以人身为课征对象的货币税制，代之以定额田租尤其是户调征实。这是将封建财政收入的稳定性，寄托在土地小私有经济的基础之上。

第二，运用租税手段调动农民扩种土地的积极性。占田制的一个重要特点，不仅在于规定了占有田地的最高限额，还在于规定了最小耕种面积和免征土地待遇以鼓励农业生产。课田实际上就是必须耕种的土地的最小限额。课田数量按一户劳动力的具体情况而定，这就保证了农业生产的正常发展。占田与课田的土地差额是免税的土地。耕种占田的亩数愈多，则免税土地无论在绝对量或相对量上都愈大。这是通过递增的免税规定以调动农民垦田的积极性，刺激农业生产的增长，为租税收入奠定坚实的基础。

第三,以一户的劳动力条件作为租税负担的基础。占田制在财政征课上按劳动力强弱来规定租税负担的思想非常鲜明,而且是占田制创设人的首创思想。劳动力不仅有正丁和次丁之别,正次丁还有男女之别,相应负担比率不同的田租。以劳动力为基础而实现租税负担平均的原则,在这里得到极充分的表现。这种办法,比以往计亩而税或计丁而税的原则,在财政思想上又是一个进步,也是很值得称述的创见。

占田制的产生,在封建财政制度从而在社会经济的恢复和发展上所起的积极作用,是显而易见的。它在全国范围内以法律形式规定户调改征实物,对人民未必有利,却为此后数百年的封建财政创立了一个先例。

同时,占田制也存在不少重要缺陷。仅从财政制度角度看,这一制度旨在阻止享有免赋免役特权的世族大地主们的土地兼并趋势,却又未提到当他们所拥有的土地超过最高限额时应如何处理的问题,其结果势必与国家利益发生矛盾,影响其财政收入。而且,占田制只有取得土地的规定,无归还土地的规定,这也是不合理的。此外,一个人的成长从幼年到未成年次丁,到成年正丁,再到超龄次丁,最后成为老人,这意味着他们在一生中对国家所负担的土地租税义务,须经过数次变动,为此须经常核定全国每个劳动力的应纳赋税数额。如此繁重任务,占田制中却无一言提及。

看来,占田制所要解决的,是官公荒地缺乏劳动力耕种因而官公荒地无人负担租税的现实矛盾。所以,在全部占田规定中,对农民占田本身的规定比较疏略,而对农业劳动力的分类及财政征课的规定反而比较具体和详细。在当时大量存在官公荒地的条件下,国家所要解决的问题,首先是借助于给无地农民少量土地的方式,将一部分由世族大地主荫附的劳动力吸引出来,以适应政府所控制的公荒土地对劳动力的需要,从而为国家直接提供和增加财政收入。这就是占田思想的经济实质。

四、鲍敬言否定赋税征课的观点

东晋初年的长年战乱和统治者的腐化贪暴,给广大人民带来极其沉重的赋税负担,因而在针砭时弊的各种议论中,异峰突起地产生了鲍敬言公开否定赋税制度的激进观点。他从"古者无君"的基本前提出发,勾画出一幅无君无臣即不必存在任何赋税征课的理想社会图景,由此形成他的独特财政观点。

他驳斥"天生烝民而树之君"的传统儒家观点,指出君主制度乃起源于人类社会的以强凌弱、以智诈愚,为了迫使弱者或愚者服务于强者或智者并供其任意驱使,才产生了居于统治地位的"君臣之道"和作为被统治者的"力寡之民"这一社会对立。因此,君主统治的存在,并非出自人民的意愿,而是强制征服或欺诈的结果。既然存在君臣之制,必会出现"有司设则百姓困,奉上厚则下民贫"的现象,而且"谷帛积,则民有饥寒之俭；百官备，则坐靡供养之费”。在这一情况下，百姓养“游手之人”已是“民乏衣食，自给已剧”，再加上重课赋敛和苦役，更是使“下不堪命，且冻且饥”，由此产生“冒法斯滥，于是乎在”的结果。很显然，他把财政征课看作君臣即国家出现后的必然产物。但他同前代思想家的一个重要区别，就在于同样从人民赋役负担繁重的现实出发，却得出了根本否定财政征课制度的结论。如以官禄而论，他抨击“厚禄”的目的，不是要求减少官禄，而是认为官禄本身就无存在的必要。又如对一向歌颂的武王“散鹿台之金，发巨桥之粟”，他却批评本来就不该聚敛人民的金与粟。更有甚者，他把历来传为美谈的君臣节俭行为，斥之为“盗跖分财，取少为让”，即无异于把少分抢劫之财物称为谦让。这一绝妙而辛辣的讽刺，对封建统治集团所谓节俭本质的揭露，真可谓鞭辟入里。

鲍敬言幻想着往古之世曾有过“无君无臣”不存在任何赋税压榨的理想社会。但同时，在他的心目中，君主“聚玉如林，不足以极其变；积金成山，不足以赡其费”的无厌追求，使财政征课有增无已，是不可避免的社会弊端，故要消除财政制度所造成的弊端，必须以“无君”思想的实现作为前提。这也是他从财政角度批判君主制产生的内在逻辑。须指出的是，他特别强调不能将统治者进行财政搜括的罪恶，归咎于统治者的个人品质，而是把矛头直接指向君主专制制度。他曾以古代桀、纣二暴君为例，指出他们如系普通人，无论个人生性如何“凶奢”，也无从“屠割天下”，而其所以能“肆酷恣欲”，正由于他们处于“君”的地位。这一见解是相当深刻的，追溯到造成财政弊害的君主专制制度这一总根源。因此，在他幻想的社会中，摆脱了君主统治的人民，首先获得的幸福就是免除赋税和徭役负担，“身无在公之役，家无输调之费，安土乐业”①。这种乌托邦式的社会理想，表达了他向往废除一切赋税征课的善良愿望。从财政思想史角度考察，他似乎认识到财政属于一个历史范畴，伴随着君主制国家的出现而产生，只是人类社会发展到一定历史阶段的产物，这样也就否定了伴随君主制而产生的国家财政制度存在的必要性。无论这一否定的论断多么不切实际，它总是反映了封建时代人民反对沉重赋税负担的呼声这一进步因素。

第二节　南朝财政思想

东晋南渡使封建生产方式在东南地区得到较广泛的扩展，这样就使南朝政权在统治区域业已缩小的情况下，仍有可能取得颇为可观的财政收入。但是，偏安江左一隅毕竟给国家财政造成了极大困难。再加上统治集团的骄奢游惰生活并未因迁徙江左

① 葛洪：《抱朴子》外篇，《诘鲍》。

而有所改变,相反在挥霍民财方面更加肆无忌惮。同时,封建国家与南方土著或北方南迁大地主在争夺农业劳动力方面,形成尖锐的矛盾,大量农民为逃避政府繁重的赋役,纷纷托庇于大地主,这样更加重了南朝财政的困难。

以税制本身而言,南朝租税制度的一个显著特征,是课税项目的繁多。这种复杂的税制,还反映了田租由按亩征收改为按口征收,户调亦由计资而税向按丁征收的演变。到南朝后期,租调均以人丁为标准来规定各户的负担额,已成特点。另外,由于争夺农业劳动力的影响,农业税收入不那么充足和稳定,这就使南朝税制在加强农业税征收的同时,越来越仰赖于农业税以外的其他税源,其中尤以商税的征课引人注目。东晋南朝时不仅继承或恢复了前代曾有的商税项目,如盐税、酒税、渔税及其他关市之税等,还创设出一些新的税目或征课方式,如所谓"估税"、买卖奴婢收入、打着和市或和籴名义的变相赋税、以借债形式向富家的摊派等等。总之,这一时期封建政府为了弥补其财政收入的不足,巧立名目,随意征课,而且"无恒法定令",以致沉重的赋敛引起天下骚动。在这种情况下,南朝的财政思想缺乏独创意义的新观点,一般是对现实财政措施及其弊端的批评。

一、租税思想

南朝较突出的租税思想,表现在反对计资而税和反对以货币缴纳各种捐税这两方面,当然也有人要求减轻赋税。

第一,反对计资而税。以往封建赋税大抵不外按人、按亩或按户抽收等几种征课方式,南朝则正式推行按个人拥有的实物价值大小征课捐税,这对一般人民是极沉重的负担。周朗(425—460)首先提出反对此税制的意见,认为这是有害农业生产的课税方式,致使桑树、田亩、房屋等资产一有所增长,动辄纳税,"皆责资实",必然会给人民带来极大的灾祸。后来,又有萧子良(460—494)抨击"围桑品屋,以准资课"的做法,是地方官吏"务在裒尅"的聚敛行为,指责他们"斩树发瓦,以充重赋,破民财产,要利一时"。[①] 这一揭露,把产生弊害的责任完全归咎于地方官吏,反不如周朗的观察之透彻。但周朗建议以"人"为课税单位,使富者不致负担过多,贫者也不能免于纳税的说法,却不知"计人为输"是比"计资而税"更为落后的课税制度。

第二,缴纳货币税问题。这里所谓货币税问题,主要是指租调一类的实物赋税改用货币缴纳,也就是通常所说的"折变"。根据萧子良的观察,这一课征方式存在着几种弊端:一是因租调实物改以货币缴纳,导致"钱贵物贱";二是在"物价转贱"的趋势下,必然使课征对象的农产品市场价格,日益低于原来以货币折算的标准,官府如仍按

---

① 《宋书·周朗传》。

原标准征收货币捐税，无异是提高了人民的纳税实际负担；三是当时“钱多剪凿，鲜复完者”，在流通中的铜钱多被破损的情况下，官府所征之钱却要求必须完整而无剪凿，无疑也加重了纳税者的负担。据此，萧子良的对策是不限钱之大小一律征收，并实行以布折钱的征课方式。若为军国所需要的生产品，应准许缴纳实物以抵充货币捐税，其实物估价随市价而定。这只是对征收过程中的弊端有所纠正，而对租调制本身及其折钱数额是否适当，则未加考虑。另外，他也反对劳役折钱，认为此钱无异于“租赋之外，更生之调”，等于是附加税，而且折钱缴纳后将不再用于水利修浚工程，因此“害民损政，实此为剧”。

第三，商税问题。萧子良并不反对商税本身，只是对当时征收商税的方式表示非议。这是针对当时政府将征收商税的司市一职，标重价出售给私人承包，即“条其重资，许以贾衒”，而中标的私人承包商，必会变本加厉地通过“前人增估为侠，后人加税请代”的方式，盘剥一般商民，除抵充所承包的商税额外，还谋取更高的利润。商税承包思想，由此看来创始于南齐，给中国财政思想开了一个先例。

第四，“减赋”概念。减税是萧子良财政思想的核心。他主张“减赋”的理论依据，仍不外是在人民富足的基础上充实国家财政，反对“不务先富民而唯言益国”，认定“民贫于下而国富于上”的情况是不可能的。因此，他主张减轻赋税，不过是希图国家暂时舍弃些“目前小利”，以此换取将来的“长久大益”。这里所谓的“减赋”，更多的是针对征税过程中发生的各种弊病而言，不是要求对已有的赋税定额予以减免。这也是南朝的“减赋”与以往的“薄赋敛”内涵不尽相同之处。①

二、紧缩财政支出观点

这是贺琛(480—549)的倡议。他是萧梁时代公开揭露国家财政腐败现象较突出的人。他曾于梁武帝末年上书四事，指责当时各级官府惟以“应赴征敛”为能事，致使“百姓不能堪命”而流徙，造成了“户口空虚”状况。他分析官吏们“皆尚贪残，罕有廉白者”的原因，在于侈靡成风，由此引起财政搜括上的恶性循环，使广大人民处于水深火热之中。为此，他提出了一套紧缩财政开支的具体措施。其总的原则是提倡节俭，要求裁撤不必要的政府机构，即使有必要存在，也应减省其职掌；检查各类支出项目的经费使用情况，有的“在昔应多，在今宜少”，有的“虽于后应多，即事未须，皆悉应减省”；对于政府现时所进行的各种活动，凡需动用财政储备或须对人民实行征课者，即便事关国计，亦应区别轻重缓急，一律以“息费休民”为准则。这是指国家困难时奉行紧缩开支的方针。一旦“国丰民阜”，又可以“聚财”“聚力”，最终仍是为了“大用”其财，“大

① 以上有关南朝租税思想的引文，除另注外，均见《南齐书》中《竟陵王子良传》及《王敬则传》。

役”其民。因此，他所反对的只是在“国弊民疲”情况下仍无止息地以“小事”或“小役”去扰民耗财，结果陷于“弊不息而其民不可使”的绝境而不能自拔。[①] 像贺琛这样赤裸裸地暴露其主张紧缩开支的真实意图的观点，在古代鼓吹财政节俭论者中还是不多见的。南朝除上述财政思想外，还有人主张以工代赈。如周朗对于因饥馑而流散的农民如何安置的问题，曾建议用政府“兴役”的以工代赈方式来代替直接的财政接济，并用赏爵的方式鼓励富民供应饥民之食。

综观南朝财政思想，说不上有什么理论原则上的贡献，在不少涉及财政问题的议论中，多为就事论事，处理一些具体财政问题的设想。尽管如此，其中如资产税、商税承包、和市、以工代赈之类，虽非完备的财政设施，却常为后来封建王朝所沿用。

第三节　北朝财政思想

公元 439 年拓跋魏统一北方后，不仅恢复了中国北部地区的封建经济，而且继承魏晋以来赋税制度的变化趋势并使之渐趋完善，其财政成就是南朝所不能比拟的。北朝的财政思想贡献虽不算多，却出现了一些对后世较有影响力的思想。

一、北魏均田思想的财政意义

均田思想经李安世(442－493)倡导，北魏政权予以采用，于太和九年(485 年)公布均田制。均田制有受田和还田的规定，显然与租税缴纳与否有着密切关系。其中：凡达到一定年龄者可分配种植谷类作物的露田，男夫四十亩，妇女二十亩，拥有奴婢及牛者亦可按其数目递增受田；在产麻地区另受麻田男丁十亩，丁女五亩；受田者超过规定年龄或未到年龄而死亡，应将露田与麻田归还国家，而每户所有的奴婢及牛的数目改变，亦须“随有无以还受”；适于种树的桑(榆)田一经分配，“皆为世业，终身不还”，尚可将其超过规定部分自行出卖。[②]

均田思想与西晋占田制比较，在财政征课方面包含以下一些新的或更为发展的概念：

一是以土地的还受作为缴纳租税的基础或前提。农民取得小块土地的同时须承担纳税的义务，课税的年龄就是受田的年龄，还田也就不再缴纳租税，除非是优待的对象如寡妇守志者，方可受田而“免课”。均田思想将纳税的义务同土地的还受完全结合

① 《梁书·贺琛传》。
② 《魏书·食货志》。

起来，义务与权利很明确，这也是为什么均田制度曾在以后持续推行约达三百年之久的主要原因之一。

二是均田思想既企图解决国家财政收入问题，又给地主以各种优遇。地主的奴婢与牛也可以受田，而其纳税标准又低于一般农民。这恐怕是为了减少地主们的反抗。

三是按劳动力强弱来规定租税负担的思想进一步发展。如按劳动生产能力的高低分配田亩并承担相应的纳税义务方面，男多女少；使用牛耕者多，非牛耕者少；役使奴婢多者多，役使少者少等等，而且均须以劳动生产能力的存在与否作为还受土地和纳税的依据。又如对地主占有土地和纳税的规定，也不像西晋占田制那样笼统地以官爵高低为标准，而是按实际拥有奴婢劳动力的人数来分配。

四是以土地归国家所有作为确定和调整租税负担的前提条件。这里将土地国有与租税征课联系在一起，如在取得土地的规定之外，又提出还田的规定，即为了便于及时收回丧失劳动能力者所占有的土地而转授其他符合条件者，藉以保证租税收入不致减少。又如规定桑榆田为世业，但在一定限度内才准许其自由买卖，而将作为主要土地分配对象的露田和麻田规定为必须还受之田，这样在土地国有条件下，可以对无力负担租税者的土地作经常和及时的调整，使土地始终保持在有劳动能力的纳税者手中。

至于其他的土地分配原则，如“先贫后富”；考虑到自然距离的远近，“进丁受田恒从其近”；鼓励农民由人口稠密地区迁往人口稀疏地区，并阻止其向相反方向移动等等。其目的，或者是藉此维持封建秩序以便获得长期和稳定的收入，或者是调整土地分配的定额标准，通过使农业劳动人口得到较适当的分布，从而使土地宽狭地区均能提供大量的财政收入。

但是，以土地国有为前提的均田制，面对封建经济恢复繁荣使人口增殖达到一定程度时，必然会出现土地不敷分配的情况，而各种世业田的不断增多，又会使土地不足分配的情况更加严重。这些都使均田制通过调整土地分配方式来调节租税负担的作用，无法长期维持，并导致均田思想最后趋于幻灭。

二、三长制的财政意义

北魏有名的三长制是李冲(450—498)创行的，它与均田法相配合，其作用是为了“课有常准，赋有恒分，苞荫之户可出，侥幸之人可止”。三长制按照五家为邻、五邻为里、五里为党的编组办法，将宗主督护制下的苞荫农业劳动力解脱出来，变为由国家直接控制的负有纳税义务的“编户”。担任邻、里、或党长的人由官府选派，其待遇为免除一人、二人或三人的徭役，而所免除的这些徭役还可以转移到一般农民身上以为弥补，于国家并无损失。建立三长制后，封建政权对人民的统治，可收“以大督小，从近及远，如身之使手,干之总条”之效。其中自然包括便于财政监督或代催捐税等方面的作用。

从财政思想上看,三长制的劳动编组,一是减轻了自由农民的租调。其中规定按个体家庭或按丁征收一夫一妇帛一匹、粟二石的税率,其他依此递减,不但降低了曾被苞荫的农户的实际负担,而且税率明确。这样示惠于农民,既有利于与宗主督护制争夺苞荫户,又便于消除隐瞒的户籍以增加租调收入,可谓一举两得。二是给予地主们租税上少于一般农户的优惠待遇,以减低其反抗情绪。三是在具体推行过程中,先让农民知道均赋税的实际利益,这样“既识其事,又得其利,因民之欲,为之易行”。尽管三长制是为着统治者的利益与豪强大户争夺劳动力和赋税收入,但李冲能运用所谓“均赋省税”的经济斗争方式以实现其政治目的,在当时条件下,总是难得的。[①]

三、北魏中后期的官俸和租税观点

这里主要包括以下几个问题。

第一,官禄问题。自东汉以来,除鲍敬言外,官俸太薄始终是困扰封建思想家的重要财政问题之一。北魏建立之初,由于刚刚统一的特殊情况,以致“百官无禄”。在孝文帝推行均田法和三长制的同时,曾围绕着是否规定官吏的俸禄等级,展开过一次讨论。当时少数贵族如淮南王藉口军费浩繁,不同意班禄。对此,高闾给予反驳,认为俸禄之制自古有之,惟汉末因中原战乱使民户耗减,国用不足,俸禄遂废,但这是“事出临时之计,良非久长之道”。因此,俸禄制度仍应恢复,并以此来保持“清者”的廉洁和防止“贪者”的奸情。[②] 这一理由,了无新意。但它对无禄制下官吏中盛行贪污现象的指责,无疑是点出当时财政制度的一个重要弊端。而他对班禄制的辩护,则对建立官俸制度起到了扫清思想障碍的作用。北魏时正式颁布俸禄制度,规定人民每户每年增课调帛三匹,谷三石九斗,以供支付官禄之用,并规定了班禄后若有官吏贪赃满一匹者处以死刑的严厉惩罚。这也结束了北魏政权建立以来一百年间长期无俸禄制度的历史。

第二,宣武帝时的商税之争。北魏时谈论商税者不乏其人。甄琛(453—524)曾请开盐池之禁,不赞成官府在盐池设立盐司以收税利的传统做法,同时主张国家在征收粟帛一类农业税以外,不必再征收其他租税,特别是不必征收关市之税。他建议弛盐禁,绝非以征税制代替国家专卖,而是听任人民自由取给,官府只须加以“监导”而已。此后,元澄建议“利国济民”十条,请免“工商世业之户”的租调,这更是要求免除商人租税负担的表现。

对此,有些人提出了与甄琛的建议完全不同的观点。他们指出,征课商税可以增

---

① 《魏书·李冲传》和《魏书·食货志》。

② 《魏书·高闾传》。

辟新的税源，减轻农民的租税负担，不一定是为了统治者的私人利益，故商税与农业税一样应是征课的对象。在这里，他们还为“税”的涵义下了一个定义，即“税之本意，事有可求，因以希济生民，非为富贿藏货”。这无非是说，当国家需要征税时，应考虑全体人民的利益，不应使富裕工商业者独得隐匿其财货，以此来证明课征商税的必要性。[①]

以上争论最后以甄琛的弛盐禁建议得到采纳而暂告一段落。但围绕征课商税问题而出现的这场争论本身，足以说明北魏后期商业的发展，已是不容争辩的客观事实。只不过对于这同一客观事实，反对征课商税者主张减轻或取消商税的束缚以奖励商业的发展，而赞成课征商税者则认为必须开辟这一新税源罢了。双方都以承认商业的发展作为既定前提，这也就为北魏租税思想增添了一个新的内容。

第三，苏绰的财政观点。苏绰(498—546)在财务行政制度方面，创立“计帐、户籍之法”，旨在建立一套以乡为单位记载户口、土地和赋役状况的簿册，作为控制赋役的基本依据。这样就将赋役的计量与核算直接与户籍的编制联系在一起，解决了国家财务行政管理上的一个重要问题。以后继起的隋唐王朝即沿用此法，并进一步发展成为各乡县“每岁一造计帐，三年一造户籍”的定制。这一财务创置连同他为西魏统治者所拟定的包括“均赋役”在内的六条建议，在当时极受重视，据称周太祖宇文泰常以此为座右铭，规定地方官吏“非通六条及计帐者，不得居官”。[②]

在“均赋役”方面，苏绰似乎很注意农业生产劳动的时间因素。他将“先时而备，至时而输”看作是既可保证赋税供应、又使下民无困的必要条件。如果在财政征课过程中，不掌握生产的劳动时间，而是临时取办于目前，势必对人民造成损害而给富商大贾趁时射利以可乘之机，以致“输税之民，于是弊矣”。“不违农时”固然是古代儒家的老生常谈，但像苏绰这样将掌握劳动生产时间作为财政征课的原则，则不多见。至于他认为税收与农时脱节所造成的弊害，主要指农民家庭应缴纳的手工纺织品尚未完成即催迫缴纳，农民势必转向商贾，用高价或举债方式购买官府所征课之物，实际是加重了农民的负担。这与西晋傅玄指责“所调非所生”给农民增加的负担，是从不同角度揭露了在商品经济有一定程度发展的条件下，实物征课制度的弊病。

苏绰还将租税的平均负担原则贯彻到贫富各阶层里去，指出：“夫平均者，不舍豪强而征贫弱，不纵奸巧而困愚拙，此之谓均也。”[③] 租税和差徭都不应使富豪得到便利，才是真正的“平均”。这也将以往主要指土地之肥瘠与远近、劳役负担之轻重及税率之统一的平均负担原则，又向前推进了一步。

---

① 《魏书》中《甄琛传》和《任城王澄传》二篇。

② 《旧唐书·食货志》。

③ 《魏书·苏绰传》。

思考题

1. 汉代流行已久的赋税思想与政策，经过魏晋南北朝时期的变革和发展，几乎被一套新的截然不同的思想与政策所取代。请你指出这一赋税思想与政策的演变过程。

2. 傅玄的租税三原则有什么意义？

3. 试从财政思想角度来分析比较西晋的占田制与北魏的均田制之异同。

4. 为什么说北朝在财政思想上的贡献要超过南朝？请你分析南朝和北朝在财政思想方面的各自重点与特征。

第十一章　隋唐财政思想

公元589年隋朝的建立，统一了长期南北分裂的局面，其王朝本身存在的时间虽不长，但从它所推行的一系列财政措施来看，起到了承先启后的重要作用。继起的唐朝在财政制度上日臻成熟，财政思想的发展也开始进入一个新的时期，涌现出许多杰出的理财家，使封建财政理论和实践出现了极为重要的变化。

第一节　隋代财政思想

隋初以"轻赋役"作为财政征课的支配原则，推迟成丁的赋役起征年龄，取消酒和盐的国家专卖制度，对一定年龄以上的百姓实行以庸代役的办法等等，从而带来了所谓开皇之富。另外有以下几项财政措施的指导思想，值得注意。

一、输籍法

豪强地主荫庇户口以逃避政府赋役的现象，在南北朝时始终存在，到隋初仍未见缓和。于是，隋朝实行大规模搜检人口。在此基础上，高颎(？ —607)提出了"输籍法"。其基本精神是根据每家财产多寡评定户等和应纳税额。其具体做法是，先将统一的输籍标准即"定样"发至全国各州，再定于每年正月初五，由县令巡查一次当地户口，就近以五党或三党的社会编组为一团，根据既定的标准划分户等并确定各户的纳税定额。这样编成户籍定簿，既可将豪强地主隐匿的民户转为国家的编户，防止逃税和地方官吏的营私舞弊，又能为政府的赋役征课提供可靠和确实的依据，有利于财政收入的稳定增长。这确是隋初一项十分重要的财政措施。

古代史学家曾给予高颎的"输籍法"以很高评价，称赞他"设轻税之法，浮客悉自归于编户”,因而“隋代之盛,实由于此”[①]。这里用“轻税之法”来解释“输籍法”,表明高颎很善于利用减轻赋税的经济手段来吸引那些托庇于豪强地主的农户,而不是单纯诉诸政治强制方式。这种处理逃税隐户的措施,在维护国家财政利益方面,直接继承了北周苏绰的“计帐、户籍之法”,也为唐代的“团貌”乃至明朝的“黄册”制度,提供了足资参考的先例。

二、义仓制度

隋代统治者一直十分重视仓储问题,在各地设置了各种粮仓,募民运粮,转相灌注,以解决京师食粮的供应问题。同时在已有的官仓之外,又创设一种民间自置粮仓,其储粮系自愿性质,专门供作当地备荒赈恤之用。这就是由长孙平的建议而建立的“义仓”。

东汉时有“义谷”一词来表示民间赈贷活动,北齐时又有所谓“义租”,以“义”来标榜租税的性质,可能为创立义仓提供了某种借鉴。不过,将义仓作为一种固定的制度,却为长孙平所始创。他建议的义仓,由各州军民共同设置;出粟方式为“劝课”,具有自愿性质;所出粟麦品种“随其所得”,没有固定要求;仓窖造于当地村社;委托社司实行管理;所储仓谷用于饥荒赈给。除以上各点外,出粟标准平均每户一石以下,按“贫富差等”法缴纳。[②] 这就是我国古代义仓的最初“定式”。义仓思想的产生,继承以往官私赈济思想,同时也表明长孙平对保障农民生活的重要性有了进一步的认识,故能另辟蹊径,利用各地基层村社组织,创行一套与传统官府赈济形式不同的民间自助自救的义仓制。

义仓又称社仓,它的出现,也为官府搜括民财提供了一个新的手段。起初是非法侵吞或合法地将义仓存谷挪作官用。到唐初仿隋制设义仓,亩纳二升,开始带有强制性质,稍后,改为按户缴纳,无田商户亦按等征收,变成一种固定的捐税,完全改变了隋初设义仓的初衷。但无论如何,义仓制度经长孙平创立后,已构成隋唐时期财政系统的组成部分之一。

三、“公廨钱”问题

隋初,曾拨给京中及诸州官府一部分经费,其所得利息专供补贴官费或官俸之不足,“回易生利,以给公用”,称之为“公廨钱”。若干年后,工部尚书苏孝慈对此提出非议,认为这是“唯利是求,烦扰百姓,败损风俗,莫斯之甚”,故建议罢“公廨钱”,改用“给

---

① 杜佑:《通典·食货七》,《丁中》。

② 《隋书·食货志》。

地以营农"方式来代替。①

所谓"给地以营农",一方面是给予各级官府公廨田,以代替原来公廨钱的放债收入。公廨田是分配给各官署用其地租收入充办公经费的公田,此制度一直为继起的唐王朝所沿用。另一方面是按官职品级授予各级官吏相应的职分田以作俸禄之用。此法虽系因袭北魏和南朝以来的禄田制,但它对于划一隋代的官俸制度,仍起到一定作用。经苏孝慈的提议,取消公廨钱,按一定标准分给各级官吏职分田,让他们收取地租以充俸禄,再加上实行公廨田,以防止因官吏经商放债所产生的弊端。这些都体现了隋代财政支出制度及其思想的一个鲜明特点。

第二节　唐初的财政思想

中国古代财政制度发展到唐代,进入一个重要阶段,在财政思想方面也有较大的发展。

一、租庸调制所体现的财政思想

租庸调是唐代曾取得一定成绩的税制,它由三种征课形式组成。"租"是农民以课税形式向国家缴纳的实物地租,亦即田赋;"调"是对农村家庭手工业生产物的征课,随乡所出以绢或布缴纳;"庸"是人民对国家应服的劳役,不服劳役者折收绢布。所谓租庸调制,仅是唐初财政的基本税制,不是其全部。此外有杂徭又称色徭,是向政府直接提供的劳役;还有杂征包括户税和义租或地税等等。租、庸或调在唐朝以前就已实行,唐初的特点是在租调之外,将力役也规定为一项固定的财政收入,与租调合并在一起缴纳。

以租庸调为基础的唐初租税制度,首先强调将几种税综合起来由国家以法令规定的形式统一征收,这样可使纳税人的负担比较确定。此外,它还反映了下面一些财政思想:

一是把赋税收入的稳定性寄托在实物征收上。主要租税除按资产分为九等的户税一项仍征收货币外,其余大多是征收实物。魏晋以来,由于社会的长期不安定,特别是在汉末货币减重的沉重教训下,统治者总趋向于征课实物,以保持财政收入的稳定性。唐初继承了这一观念,并在租庸调制上得到充分的体现。

二是在经济繁荣的基础上,继续以农业生产为国家财政的主要税源。这一点从租

① 《隋书》中《食货志》及《苏孝慈传》。

庸调制上看,谷物地租不必谈,调是以农户家庭手工业品布帛缴纳,至于庸亦以缴纳布帛代替劳役。可见租庸调三者均以农业生产物作为征课对象。正因为唐初理财家坚持以农业为财政的主要税源,故盐铁杂征直到唐代中期才由国家逐渐收管或创办。如开元元年(713 年),刘彤曾建议实行盐铁专卖,后又建议木材专卖,其目的是根据"取山泽则公利厚而入归于农,取贫人则公利薄而人去其业"的思想,借此解决"今用少而财不足"的矛盾,以减轻农民负担和刺激农业生产①,惟因其与流行的专靠农业为税源的财政观点相对立,故未被采纳。这一建议,到四十多年后才见诸实行。

三是对徭役劳动在认识上的变化。隋唐以前,农民对国家所负担的徭役,多采取直接提供力役的方式。汉代的更赋以缴纳现金代替力役,仍用这种劳役代金作为付给实际代赴劳役者的报酬,并不缴给国家充作财政收入。唐初租庸调制的特点之一,就是将劳役征课方式改变为实物征课,以实物形式直接充实国家财政收入。租庸调制的出现,说明在当时理财家的思想中,已意识到劳役制的落后性,因而才可能在财政上出现征课代役税这种制度。财政思想上的这一转变,反映出封建经济的发展已达到可以逐渐否定劳役征课的程度,尽管这还只是一个较长期过程的开端。

总之,租庸调是以往数百年财政实践经验的综合,代表了一种比较成熟的封建租税形式,所以它曾被中国古代的不少思想家认为是一种很理想的租税制度。然而事物发展的成熟阶段,正是它进入衰落阶段的萌芽,所以此制推行了一百多年即被废止。

二、财务行政概念的周密化

这在唐初体现在以下三个方面:

第一,财务行政的集中与统一。唐代的中央政权愈益趋于集中化,而财务行政的愈趋集中实为其不可缺少的步骤。全部财政的收入与支出,均由国家统一掌握。地方财政开支统由中央在租税征收项下留拨一部分供地方支用,并无特定的地方税专供地方开支之用。即便后来唐代租税分为"供京"(即解送中央的)、"留使"(即留交节度使支用的)与"留州"(即留作本州的)三项,其中留使与留州都是中央留供地方使用的经费,在收支系统上仍归中央统一掌握。

第二,财政收支的原则规定。开元二年(736 年),李林甫建议颁发"长行旨条"五卷,将各项财政收支作了原则性的规定。唐初中央各部门及各军、州、县的财政收支实数,应于每年年初编造表册报请金部、度支、仓部等主管部门会同审查。由于缺乏原则性的规定,名目繁多,易滋奸伪,难于审查,且甚烦劳。"长行旨条"颁布后,各军、州、县即以此为准,可省去编造时的烦难且易于审查。这是我国历史上最早的有关年度财政

① 《旧唐书·食货志上》。

收支的长期指导原则，也是国家预算制度的发轫。

第三，审计制度的建立。唐初已认识到国家财政稽核的职能须从财务行政系统中划分出来，另由其他机构执行。那时，财务稽核的职权由比部掌管，比部隶属于刑部。它的职权是，"周知内外之经费而总勾之"，所有中央或地方各级政府机构的各项财务收支，均须送比部"勾复之"，即审核批准。① 各级财务支用单位向比部呈送账目以供审核的期限，亦有明确规定。京中各机关的开支须于一月内报请审核；在外各机关，二千里以内一季一报，二千里以外者两季一报，五千里以外者一年一报。由此可见，唐代的财务稽核行政已相当的周密。审计独立的思想，以及前述国家预算的初步设想，在世界范围内都是较晚出现的财政概念。我国在八九世纪就出现了这些财务行政制度和思想，是由于唐代的政治统治已经相当的集中和严密，故在财务行政的实践与理论上，也反映出较高的水平。

三、唐初的其他财政思想

唐代前期的财政制度除了以上一些重要变革，还有以下若干财政观点值得一提：

第一，反对"捉钱令史"的设置。这一观点是褚遂良(596－658)提出的，实际上是隋代苏孝慈罢"公廨钱"的建议在唐初的继续。唐朝建立之初，沿用隋法拨给各官署"公廨本钱"，从事经营商业和贷放取利，以其收入充作官署公费和官吏俸禄或津贴。以后此公廨本钱改由各司令史主管，号称"捉钱令史"。对此，褚遂良表示反对。他不止是反对官府利用公廨本钱"进行市肆贩易"的经营活动，更重要的是担忧官府任用精于经商之人为"捉钱令史"会影响吏治，为违法乱纪现象种下祸根。这在思想原则上是继承了汉代不让商人子孙"仕宦为吏"的传统，而在实践上却反映了唐初商人的政治地位较之前代已有明显提高。这也表明，终唐一世，始终以"捉钱"的贩易取利方式作为补给官吏俸禄的重要手段之一，绝非偶然的现象。

第二，和籴思想。和籴制度始于后魏，南齐时也曾用和籴方式收购米谷丝棉。唐初在京师设有许多和籴专官，这和"捉钱令史"的设置几乎同时。所谓和籴，是政府对所需用的物品在市场上按照流行价格予以采购。尽管在封建社会中由于胥吏的违法舞弊，从来不曾真正按照市价进行和籴，但封建政权推行和籴制度的指导思想，至少是认识到强制征发不如和籴的效果好。这在财政思想的发展上无疑是向前跨进了一步，也反映了唐代由强制的征发转变为利用市场商业活动的财政变革趋势。

第三，关市税问题。崔融(653－706)对征收商税提出六条意见，反映了他对商税的认识和态度。一是因袭传统观点，把征商看成是抑商的重要手段，然后就离开这一

① 《旧唐书·职官志》。

教条谈了其他各点看法。二是强调农业和工商业都是历久传习的职业，不可加以动摇，故对征税扰乱工商业表示异议。三是认为朝廷如单纯为了国用的目的而开征或提高关市之税，触犯了富商大贾的利益，势将遭致他们的抗争或骚动，结果使国家财政受到更大的损害。这一观点显然是要求政府放宽对关市之税的征课以迁就大商人的势力。这种对待商税的态度是破天荒的。四是在描绘当时国内外水路商业的繁盛景况时，指出设置关卡对大小船只征税，常造成商船的拥滞现象，以致“一朝失利则万商废业，万商废业则人不聊生”。如此明确地认识到关税对商业兴废和人民生存的重大影响，这是他的商税思想的又一独特之处。五是说明“税市则人散，税关则暴兴”，担忧在关市征商会动摇天下人心。这种不赞成征商的观点，在此之前尚无所闻。六是主张“商贾”与“农夫”“平人”一样应平时积累，急时应征，也是发前人之所未发的新见解。[①] 这标志着古代商税思想的演变，在唐代工商业繁盛的条件下，已开始将征商的立足点，由抑商转到保护工商业发展从而为国家财政培养商税税源上来，尽管这一转变过程在封建时代仍是极其缓慢而漫长的。

第四，漕运改革。租庸调实物的运输既是封建财政活动的一项重要政务，也是历来压在人民身上的沉重负担。裴耀卿(681－743)建议沿漕路建立濒河仓廪，“使江南之舟不入黄河，黄河之舟不入洛口”，实行“节级转运，水通则舟行，水浅则寓于仓以待”，如此则“舟无停留，而物不耗失”，比起旷年远途运输，可获利一倍有余。这个建议的要点，是第一次用“官自雇船载运”的雇佣办法，来代替以往对民力的强制征发。[②] 这是古代漕运指导思想的一个重要转变，而封建政府设置江南转运使一职专管漕运事务，即由此始。

第三节　刘晏的财政思想

刘晏(718－780)是中国封建时代杰出的理财家，也是历代理财家中使农民受损害较少的一人。他主持财政在安史之乱后，却出奇地恢复了经济的繁荣，因此受到后代思想家们的赞扬。他的财政措施大多表现在财务行政范围，无划时代的创举。但他的一系列财政措施，却为公元780年两税法的实行，准备了必要的条件，应视为8世纪中叶以后封建财政改革全过程的一个部分。而且他所推行的各项财政措施，多能暗合于某些近代财政原则，更值得称述。

---

① 崔融：《谏税关市疏》，引自《唐文粹》卷二十七。

② 新旧唐书《食货志》及《裴耀卿传》。

一、财政措施

刘晏的财政措施主要表现在转运、盐法、税制与常平等四个方面。

第一，以雇佣劳动代替强迫劳役的转运事务。刘晏改革转运的办法，基本上沿用裴耀卿的意见而予以进一步发展。他改陆运为水运，并根据江、河水力的不同，各随方便造船，分段运送。由此多次装卸易增加损耗和装卸费用，他又倡议“囊米而载以舟”，既可免去损耗又便于装卸，自会减低运送成本。

他在转运方面的最大改革是坚持政府自办运输。以往由江南运往关中的粮食，须沿途人民提供劳役运送，称为“租庸脚士”。而他自造船只及运输工具，并雇用船工水手自行督运，所需经费以榷盐所得赢利为挹注。这一措施的重要意义，在于放弃了强制的无偿劳役，采取付工资的雇佣劳动方式，所以，他能“不发丁男，不劳郡县”而完成巨大的转运任务，并大为缩短了运送时间，“人以为神”。在他看来，这一转运改革，除供应军事政治的需要外，还可产生减少京师三辅百姓的徭赋、恢复或增加沿途因战乱而残毁的村落、“震耀夷夏”以及繁荣经济等作用。①

第二，采取自由经营方式的盐法改革。刘晏兼任盐铁使，对盐法作了进一步的改变，放弃官产官销政策。在盐的生产方面，主要依靠亭户即煮盐民户自行生产，在盐官的监督下出售给盐商。其中包括向盐户宣导生产技术以提高其劳动生产率，以及提供牢盆这一煮盐生产工具来招致商贾为新增盐户。另有某些盐场可能仍由政府自行生产，招商运销。在运销方面，一是严禁私盐的运销以保护贩卖官盐者的利益；二是禁止各道对商盐船舟过境及使用堰埭加征盐捐，使盐在离开盐场后即通行无阻，不再缴纳捐税；三是在距离盐乡较远的地区设置常平盐，在商绝盐贵时，减价出售，官收厚利；四是盐商如纳绢以代盐价者，每绢价一千提高二百以鼓励商人购运，并借以筹办将士春服所需的材料，这也是一举两得的办法。

与桑弘羊主要靠均输业务增加财政收入的办法不同，刘晏在增加财政收入上的最大成绩主要来自于他的盐法改革。此所谓“天下之赋，盐利居半，宫闱服御军饷，百官禄俸，皆仰给焉”②。

第三，刺激工商发展的租税措施。刘晏整理财政的注意力集中在转运、盐法及常平等方面，对租庸调及杂征似乎并不十分重视，故他在这方面的改革也不甚显著。但他在大历年间对户税、地税的整顿，改变税率，把纳税时间分为夏秋两季，这一切都为杨炎的两税法奠定了基础。仅就户税整理来说，其中关于“邸店行铺及炉冶”等户，旧

---

① 《新唐书》中《食货志》及《刘晏传》。

② 《新唐书·食货志》。

例须加二等征收户税，此时取消了加等征收的规定，一律按本户等缴纳，其用意完全在于鼓励工商，繁荣经济。

第四，扩大常平设施的经营范围。刘晏所经办的常平业务，已超出传统的常平制度范围。他所收售的物品不限于谷物，而是“制万货之低昂”；其经营方针也不仅在调剂粮食丰歉和稳定粮食价格，而是要使“朝廷获美利，而天下无甚贵甚贱之忧”[①]。事实上这就是桑弘羊的均输。所不同的是，桑弘羊的均输主要为免除各郡输送实物贡赋之劳，而刘晏的常平则主要为稳定物价，尤其是粮价。至于在达到主要任务之外还能为国家财政获取厚利一点，他们二人都是相同的。但刘晏并未将常平制度完全变作赢利组织。他通过自己设置的知院了解各地区的谷物丰歉情况后，发现某地某时须加以救助，常不待州县官吏的请求，就主动地及时采取措施予以解决。对于食盐，他建立常平盐制度，也可见他不是将营利当作常平的唯一目的。把常平制度的作用加以充分利用和扩大，既收到稳定物价、保证市场供应的效果，又能增加财政收入，这可算是刘晏在财政措施上的一个创举。

二、改革措施所体现的财政思想

刘晏推行各种财政改革措施能获得成效，必然有较为妥适的财政思想为之指导，主要表现在以下几个方面：

一是以一般商业经营原则处理财政问题。他的基本观念，是尽量运用商业经营原则而尽少借助于封建法权的威力以充实国家财政。因此，他将增大财政收入的重点放在盐利及常平业务上，并不专靠整理土地税作为增大收入的来源。这里，他不仅继承了《管子》作者和桑弘羊的扩大经济收入和相对地缩减强制租税的财政原则，而且在获取经济收入时亦以商业的自由经营方式为主要手段，不采取专卖政策。在财政支出方面，他也贯彻了这种精神，将一向以人民的直接劳役为基础的转运组织，改变为按照商业经营原则来管理的业务机构。这是刘晏的财政思想的特点，也是他的财政措施对人民的干扰较小的原因。

刘晏将他的重要财政措施如转运、常平、盐法等都采取商业经营方式，这是他重视商业的主要表现。他认识到发展交通，使“商贾往来”，就能促进社会经济的繁荣。至于他积极鼓励商业的措施，如减低邸店行铺的户税负担；在盐法上“广牢盆以来商贾”，开放食盐流通，让人民经销食盐和撤销食盐的通行税；以及提高组价来鼓励商人等等，都是重视商业的具体表现。特别是他非常重视商情动态。为了能充分掌握各重要城市的商情及物价动态，以便及时予以处理，他在各道巡院创设类似于近代所谓的商业

---

① 《新唐书·刘晏传赞》及《旧唐书·刘晏传》。

情报网，不惜重价“募驶足，置驿相望，四方货殖低昂及它利害，虽甚远不数日而知”。由于他经常掌握着广泛而迅速的市场信息，所以既能稳定物价，“使天下无甚贵甚贱之忧”，又能“权万货之轻重”以获美利。[①] 在中国古代历史上，刘晏是第一个也是唯一创设商业情报以搜集市场信息的理财家。

二是推行雇佣劳动。刘晏对雇佣劳动优于无偿强制劳役的认识是非常明确和坚定的。他不仅将转运事务由“发男丁”“劳郡县”进行义务运送的旧例，改变为出资雇用船工水手运送，连官炉铸钱所使用的劳役也改用雇佣工匠。总之，凡刘晏所管辖的事务，大多改以雇佣劳动来进行，如不是他对无偿的强迫劳役的落后性质有充分的认识，不可能大量采用雇佣劳动形式。

三是两条租税原则。他的租税征课体现了两个原则：其一是“知所以取人不怨”[②]。如常平盐制度要做到“官收厚利而民不知贵”，这就是“取人不怨”。其二是“因民之所急而税”[③]，也就是财政征课应选择广大人民所迫切需要的日用商品为征课对象。因为这种商品的需要量很大而又缺乏弹性，可使租税的税源既丰富而又稳定。这恐怕是他特别重视盐利收入的原因。

四是反对财政赈济。刘晏的故臣陈谏对此点的说明，最能代表刘晏的观点。陈谏认为，“王者爱人，不在赐与”，而在于能使人从事生产，所以说“善治病者不使至危惫，善救灾者勿使至赈给”。因为赈济有两害：一则赈少不足以活人，赈多则国家耗费多势必加重对人民的征取；二则赈济近于侥幸，可能是强者得之多，弱者得之少。相反，如对荒歉地区不予赈济而采取贱价抛售谷物的方式，便有两个优点：一则能解决人民困难而“国计不乏”。因为荒歉地区所缺乏的是粮食，其他生产品并未损失，官府廉价出售食粮，同时收购其他的生产品以转售于他处，或留作官用，均可不使国家财政蒙受损失。二则大量的粮食出售，转运交易，散入村间，可使一部分贫苦人民获得劳动收入，辗转相因，又可维持不少人的生活。这是主张使人人均能从事生产，根本不需要赈济；一旦发生荒歉的迹象，也应事先加以防止，而防止的对策，是使当地人民通过种种方式获得经济收入以谋自给。

总的来讲，刘晏作为中国历史上最有名的理财家之一，他的财政思想的最大优点，是对财政与经济的关系有较明确的认识，认为应以发展经济来解决财政困难。在这一点上，他比历代封建王朝的理财家都表现得突出。

---

① 新旧唐书《刘晏传》。

② 《新唐书·刘晏传赞》。

③ 《新唐书·刘晏传》。

第四节　杨炎与两税法

杨炎(727—781)当政虽极为短暂,但他所倡导的财政改革尤其是创行两税法,在财政史上却具有较深远的意义。

一、杨炎的财政思想

从财政思想上看,杨炎除了划分公赋与天子私藏一点外,最为突出的就是倡议两税法,并使古代国家财政产生了深刻的变化。

第一,保证公赋的独立。唐初,国家公赋交左藏库,由太府掌管,比部稽核,而天子私人经费均解大盈内库以中官主之。安史之乱起,第五琦(729—799)初掌财政,为避免京师豪将的逼索,便将国家公赋收入全部解交大盈内库,从此"天下公赋为人君私藏",主管财政的人反而不能过问者近 20 年。杨炎为相,首先要求将公赋仍交还左藏库主管。他虽不是划分国家公赋与君主个人私藏的创始者,但他在当时的历史条件下,坚持恢复公赋收入系统的独立,也说明他对国家财政的根本大计有较正确的认识。

第二,量出为入原则的提出。从西周以来,传统的财政思想一向奉行量入为出的原则。当然,早在汉初曾"量吏禄,度官用,以赋于民",或记载"国用不足,奏请一切增赋税",[①] 即事实上国家财政已是量出为入,但从未上升到理论原则的高度。杨炎在公元 8 世纪后期的两税法改革建议中,第一次公开提出"量出以制入"的财政原则:"凡百役之费,一钱之敛,先度其数而赋于人,量出以制入。"[②] 这一原则的提出,可能是为了迁就现实,但其果敢创造精神也是不可多得的。纵使杨炎别无其他足资称述的财政观点,只量出制入这一见解的提出,即可使他在世界财政思想史上占一席之地。

第三,要求税制的简化。杨炎的两税法有一个古今学者公认的特点,就是将当时存在的许多苛捐杂税统一加以征收,使税制简单化。在两税法公布以前,唐代的租税有租、庸、调、户税、地税、青苗钱等等,其他杂征尚不在内。各项税种的征收时间、征课客体、征收次数,均有不同。官府不断催收,人民不断缴纳,双方均不胜其烦。两税法将各种赋税统一征收,即使人民的负担并未因此减轻,却可省去许多催索的纷扰。杨炎能大胆抛弃行之数百年的复杂旧税制,特别是仍在顺利实施并为世人所称颂的租庸调制,充分表明他对租税征课的方便和经济原则已有清晰的理解,然后能提出简化的

① 《史记·平准传》。
② 《旧唐书·杨炎传》。

新税制。

第四，强调负担能力。杨炎坚持按贫富资力而定差别的征课，反对以人丁为征课标准，即所谓“人无丁中，以贫富为差”①。以每户的财富多寡为纳税标准，比按年龄计算人丁标准所代表的租税负担能力，要更为精密。按各户贫富等级纳税或“计资而税”的制度，在南北朝时代的桑园及住宅征税方面已经采用，唐初的户税也是按贫富等级进行不同税额的征课。杨炎则是明确将此标准作为两税法实施的基本原则，在全国范围内普遍地加以推行。这不能不说他对租税负担能力的认识，已由劳动力的不同跨到财产额的不同上来。

第五，以货币定税额。在两税法改革以前，有不少的捐税是用货币缴纳，惟主要部分如租庸调等仍以实物缴纳。杨炎的两税法以货币定税额，虽曾遭到人们的反对，但以货币征课代替实物征课本身，总是一种进步的思想，只是在封建经济条件下难以长期贯彻执行。

二、两税法

两税法于大历十四年（779 年）经杨炎倡议后，于建中元年（780 年）初公布实行。对于这一新税制所体现的财政思想，可从以下几方面进行分析：

（一）两税法的内容

它可概括为以下几点：

一是将以往分别征收的租庸调、户税、地税（即义仓）及其他杂征统一征收。另有青苗钱一项系专供官吏俸钱之用，也按“青苗顷亩”分两季随两税缴纳，除了这个独立项目，此外不得巧立名目，另有征课。

二是以往纳税人以主户为主，客户可不纳税。两税法规定不分主户或客户，一律以现定居地为依据，缴纳“居人之税”，连行商也纳三十分之一的税。

三是以往租庸调制以“丁”为纳税的计算基础，两税法规定以大历十四年垦田总数所应缴纳的钱谷总额为标准，分摊到各州县，按各民户贫富等级缴纳。

四是地税按亩缴粟二升，王公以下每一个有土地的农户都须缴纳。这一部分在两税法实行后，与原来租庸调中的谷米部分，统称为田亩之税，均以大历十四年应缴总额分摊到各州，按各户贫富等级缴纳。至于商户应缴的地税，不在垦田总数以内部分，可能折合现金缴纳。

五是纳税时间分为夏、秋两季，夏税无过六月，秋税无过十一月，这也是两税名称的由来。

---

① 《旧唐书·杨炎传》。

六是除田赋仍以谷物缴纳外，其他各税均以现金缴纳。以往按实物现改按货币缴纳的各税，均照大历十四年价格折合，并作为以后货币税额的标准。

（二）两税法的利弊

从租税制度本身来看，两税法的优点，一是将各种复杂的租税统一征收，大大地简化了征收手续，这无论对征收机关或纳税人都是有利的；二是租税按各户的贫富等级征收，较以往按丁征课的办法更符合于各户的负担能力；三是对以往不负担租税的客户一律征课，会在不增加其他人民租税负担的情况下大大增多财政收入，而纳税户的增多也可能在税收总额不变的情况下减低每户的平均负担；四是以货币定税额至少在两税法推行之初，是对纳税人较为便利的课税方式。

但是，两税法实行后不久的确产生了很多弊端。最主要的弊端可概括为两点：

一是开摊派之端。两税法实行以前，每户或每丁应缴纳的税额有明确的规定，不论户税、地税或租庸调等均系如此。两税法规定各州县应缴税额按一定总额为标准，层层分摊到每一农户时，事实上等于给地方政府乃至下级收税官吏以自由摊派的权力。因为中央摊派到各州县的总额虽有一定，但各地人户数及每户贫富等级常有变动，这就必须每年调整各户应缴纳的税额。这样，统一而明确的税率被破坏，纳税人不知应纳税额，只好由征课税吏说了算。至于各州的税率由此不齐，或将本州税额移配他州他县负担，以及逃户的税款由邻户分摊等等，更是无法避免的弊端。

二是币值变动的影响。两税法公布之初的情况是钱轻物重，即物价水平较高，嗣后物价水平逐渐降低，以货币所定税额仍无变动，无疑大大增加了纳税人的实际负担。因此，物价的长期跌落，突出地造成了两税法的缺点。

（三）两税法的社会经济意义

尽管构成两税法的一些基本要素都有其历史渊源，但杨炎总结以往经验，综合地予以发展并作了大胆的推行，这不能不说是一种创造性的财政改革。更重要的还在于两税法的出现，反映了当时社会经济的深刻变革。到唐中期，已开始了从实物地租逐渐向货币地租转化的趋势，由此形成了从隋唐初期的间或以现金代替劳役，到杨炎的否定“以丁身为本”的租税思想，以及采用货币缴纳的“以贫富为差”的税制。虽然体现在税制上的货币征收方式，在唐代还是不稳定的，在后代仍经历了各种曲折，但它毕竟说明了由实物地租向货币地租的缓慢转化，以及与这一转化相适应的实物征课向货币征课的缓慢转化，已是不容忽视的一个历史趋势。杨炎的财政思想之所以卓越，在于他能在封建全盛时期发现了封建经济发展中新的萌芽因素，并因此而抛弃了尚在流行的传统租税教条，这就使他的财政观点，特别是其租税部分，在近代史以前是无与比拟的。

第五节　陆贽与两税法反对派

这里主要涉及8世纪末到9世纪其他一些代表人物的财政言论。

一、陆贽的财政思想

陆贽(754—805)在财政思想方面并无特殊的创见,但他从财政角度联系到财富、价格、货币等问题的论著,约达八千言之多,不仅李唐一代很少见,即便秦汉以后也是很少见的。

陆贽为了解决财政危机的迫切矛盾,公开将名与利两者都作为"诱人之国",并主张虚名实利相辅而行,不可偏废,这表明他在财利问题上已开始跨出了儒家思想体系的传统范围。从这样的观念出发,他虽认为"三代立制,山泽不禁,天地材利,与人共之",最好开放山泽由人们经营,不必由国家垄断;可是又认为如果"兴榷管之法,以佐兵赋,以宽地征",那也未尝不可。[①] 他的下述财政思想,也表现出他作为一位儒家学者,不完全墨守传统经济教条的特征。

第一,反对君主私藏。陆贽不仅主张君主私藏与国家财政应有所区别,还进一步否定"天子的私藏"。他说,开元以来"税赋当委有司以给经用,贡献宜归天子以奉私求"的说法是没有根据的,天子"降至尊以代有司之守,辱万乘以效匹夫之藏"是不合理的,建议纳贡须归财政机构掌管。[②] 不过,这一反对君主私藏的观点,希图将财政收入全部划归国家财政机构支配的主张,在封建政权下是很难实现的。

第二,量入为出原则。他认为《王制》中冢宰制国用"量入以为出"是不可动摇的财政原则,因为"地力之生物有大数,人力之成物有大限,取之有度,用之有节,则常足,用之无节,则常不足"。因此,他的结论是:"圣王量入以为出,无量出以为入。"[③] 他显然是杨炎提出"量出以制入"原则的反对派。

第三,租税概念。陆贽的主张:一是任土所宜,坚持"非力之所出则不征,非土之所宜则不贡",故反对"以钱为赋",强调"惟布麻缯纩与百谷"才是应征的对象。二是轻近重远,意在示小惠于京畿的人民,借以巩固根本,一旦有事,无论征兵敛财,都很方便,可以"一朝而聚"。这完全是从巩固封建政权,镇压反对势力的角度来谈问题,与赋税的负担平均原则无关。三是反对以资产为课税的基础。他坚持税制应以"丁夫为本",

① 《陆宣公奏议全集》卷二,《又论进瓜果人拟官状》;以及《陆宣公制诰续集》卷四,《议减盐价诏》。
② 《陆宣公奏议全集》卷一,《奉天请罢琼林大盈二库状》。
③ 《陆宣公奏议全集》卷四,《均节赋税恤百姓第二条》,《请两税以布帛为额不计钱数》。

即按人丁及地亩数量征课。在他看来，按资产的多少定税额，缺点是资产的多寡不易测定，以及生产性资财与消费性资财的价值不易衡量。能认识两种资财的区别，倒是他以前不曾出现过的经济观点，而数落按资产课税的缺点，则再次表明了他的反对派立场。此外，他还从国家“官税”与“私家收租”两者的对比上，分析了造成农民贫困的原因。他指出，“官取其一，私取其十”，豪强地主对于租地农民的地租榨取，远甚于国家的财政赋税。[①] 这又是他以前的思想家很少提到过的正确观点。在他的时代，租佃关系已广泛流行，封建地租所引起的矛盾已开始暴露，他的分析正好反映了这一客观过程。

第四，其他财政观点。他和当时的许多其他思想家一样，极力坚持和市政策。他主张将国家所需要的许多物资按照市场价格收购，连所需用的劳动力也采用雇佣劳动方式即所谓“和雇”。并强调“交易往来，一依市利，勿令官吏催遣，道路遮邀”，举凡军事运输、边镇储粮、收购草料、供应军粮、调节民食等措施，他都主张斟酌市价，进行和市。他还提出在市场价格以上，甚至不惜用“加倍之价”收购官府所需物资，藉以刺激生产。此外，他曾建议以茶税收入充作各道和籴的资本，丰收时以优价收购不使谷价下跌，凶年则由政府赈给周济，或由政府办理贷放，以打击民间高利贷资本。

关于漕运问题，他的原则是“食不足而财有余，则弛于积财而务实仓廪；食有余而财不足，则缓于积食而啬用货泉”。特别是在国家财力丰富、人口众多而又无力役时，应大事进行漕运，虽然成本很高，却可以通过漕运以增加劳动人民的生计，纵使“用一斗钱运一斗米”也在所不惜。[②] 这和刘晏利用转运事业以恢复残破的社会经济的见解，基本上是相仿佛的。

他对于政府会计事务也提出一点意见，认为太府进行出纳时，均应凭藉度支颁发的“文符”即支付命令以为依据，太府依符以奉行，度支凭案以勘察，“互相关键，用绝奸欺”。他还主张太府应将出纳之数每旬申报一次，结存数额则按月奏闻。由此表现出他对财务稽核职能的重视。

陆贽的财政思想，一般地说，比较陈旧保守，但也有几个值得提及的观点，这是他能成为较开明思想家的主要原因。

二、两税法的反对派

两税改革经过若干年的推行之后，曾暴露出不少弊端，于是反对两税法的人也日

---

① 《陆宣公奏议全集》卷四，《均节赋税恤百姓第二条》，《请两税以布帛为额不计钱数》；卷一，《论关中事宜状》；卷四，《均节赋税恤百姓第一条》，《论两税之弊须有厘革》；以及卷四，《均节赋税恤百姓第六条》，《论兼并之家私敛重于公税》。

② 《陆宣公奏议全集》卷三，《请减京东水运收脚价于缘边州镇储蓄军粮事宜状》。

渐增多。

第一,陆贽反对两税法的论点。陆贽是反对两税法最早的代表人物,其论点常为此后反对两税者所引证。他曾举出两税法实行以后发生了七个弊端,其实大多为封建租税制的通病,不是两税法所特有的弊病。其中的基本论点,事实上只有两个。一是反对两税以货币为税额来缴纳。他认为人民不能铸钱,却要他们以货币缴纳,于理不通。而在物价下跌时,人民"供税之所出渐多,多则人力不给";反之,在物价上涨时,政府"收税之所入渐少,少则国用不充"。特别是以实物折合现金缴纳时尤其如此,"所征非所业,所业非所征,遂或增价以买其所无,减价以卖其所有,一增一减,耗损已多"。这也是他主张任土所宜原则的主要理由。二是反对两税以资产多寡来定税额,理由是对资产本身的多寡与其价值的大小很难作出正确的估计,因而容易"失平长伪"。在他看来,租庸调制"有田则有租,有家则有调,有身则有庸",这才是最理想的税制,至于其缺点,乃一时之弊,而非立法本身的缺点。[①] 其实,列举的两税法之弊端,又何尝不是一时之弊而非两税法本身的缺点。

第二,齐抗的观点。齐抗(739—804)先是肯定两税法的成绩,但又认为随着当初的钱轻货重转为现今的钱重货轻,就应恢复以实物纳税。其理由都是陆贽已经提到的。所不同的是,齐抗并不主张恢复租庸调制,只是要求将以钱定税额的制度改为以实物定税额。他认为这样做"其利有六":吏绝其奸;人用不扰;静而获利;用不乏钱;不劳而易知;农桑自劝。可见他反对两税法,着重在以钱定税额而又以布帛缴纳一点。他主张税额要固定、明确、简单、便利,而又能产生刺激农业生产的作用。在两税法的反对派中,齐抗的反对论点是比较持平的。

第二,其他反对两税法的论点。杨於陵(753—830)反对两税,同样因钱重货轻问题而发,这也是唐代长期存在的问题,实则反对两税征收货币与钱重货轻在当时属于同一个性质。

元稹(779—831)基本上同意两税改征实物,但提出几点修正意见:一是如普遍以布帛丝棉缴纳,则不生产此等产品的人户必感困难,须准许其以当地重要产品折纳;二是贫户所缴两税甚少者,许其以现金缴纳;三是除盐利仍收现金外,酒利可并入两税缴纳。可见,他在两税法的争论中是一个折衷派,既认为两税不纳现钱于百姓颇为方便,但也不赞成全部以实物缴纳。因为他认为赋税之外的盘剥过多,不能简单归咎于两税之征收现钱。

元和初,独孤郁又指出两税法实行后产生的另一弊端,即资产丧失而户税犹存。

---

① 《陆宣公奏议全集》卷四,《均节赋税恤百姓第二条》,《请两税以布帛为额不计钱数》;以及《均节赋税恤百姓第一条》,《论两种之弊须有厘革》。

在他看来，人们拥有资产的情况经常发生变动，如资产丧失后，缴纳的两税却不曾作相应的变动，官府仍照原来的税额催逼督责，会使纳税人被逼致死或辗转奔逃。而官府又将死逃户的赋税摊派给现存户，“是以赋日益重而人日益贫，不均之甚”。为了使纳税人的“财赋均一”，他提出的对策是，通过核查各户资产的变动情况，重新确定各户等级，以使各户的户税负担与其户等相适应。[①] 当时觉察两税法存在这一弊端者不只独孤郁一人，连统治者也认识到两税法实行既久，不免会发生户税负担与户等脱离的弊病，故一再敕令要使两税按照“资产差率”征课。由此可知，两税法实行到元和年间，户税与户等不符的矛盾已发展到十分严重的程度，不能不引起思想家们的普遍重视。

第六节　唐中叶以后的其他财政思想

一、《通典》作者杜佑

杜佑(735—812)的财政思想主要表现在他的《通典·食货典》十二卷中。他的基本财政观点虽然多祖述儒家，却极为重视财利问题。在《食货典》十二卷中，除第八、第九两卷专论钱币问题外，其他各卷均与财政有直接或间接关系，足见他对财政问题的重视。《通典》将食货列为第一部门，真正地体现了“洪范八政，食货为先”的精神。《史记》八记中，《平准书》还居于末位，《汉书》十志中，《食货志》也位列第四。刘秩的《政典》内容不详，但它既系“取周礼六官所职”分门撰述，似乎不可能将食货问题列为卷首。杜佑在《通典》中，第一次将食货列为政治经济诸制度的首篇，为以后马端临的《文献通考》建立了足资遵循的先例。数百年来，续《通典》《通考》者颇不乏人，使这一类阐述古代政治经济体制变迁的政书成为极有系统的宝贵巨著，这不能不归功于杜佑的创制。如果说司马迁作《平准书》与《货殖列传》，是为后世历史学者指出了重视经济问题的方向，则杜佑是给以后研究政治制度的学者，指出了首先研究财政经济体制的重要意义与示范。所以，杜佑的财政思想本身不必深究，仅将食货列为《通典》九门之首这一创见，就是很值得称赞的。

他反对“直取之于人”的对人课税，主张仅收土地什一税及山泽征课。他主张对工商业征课，不完全以财政收入为目的，而是抑损工商使之归农。他并不坚决反对盐铁、榷酒、算缗、杂税等征课，主张根据具体情况来决定盐铁杂税等是否有征课的必要。他又根据食盐消费量推算，认为办好户籍即可在赋税总额不变的情况下，通过隐匿户口

---

① 《全唐文》卷六三，独孤郁：《对才识兼茂明于体用策》。

的具实登记而减轻原纳税户的赋税。其中已理解到在总人口中各户有其平均人数，并在一千多年前就提出了以食盐消费量为基础来推算人口数量的方法，这是很可贵的。

杜佑曾一度负责推行过两税法，是两税法的拥护者。他说两税法实行后，不仅赋税收入增加一倍有余，而且使得“赋有常规，人知定制，贪冒之吏莫得生奸，狡猾之甿皆被其籍，诚适时之令典，拯弊之良图”。两税法虽未必如他所说的这样好，但增加了财政收入，却是事实。他还认为单凭增加赋税收入仍不足以解决当时财政困难，故提出“救弊莫若省用，省用则省官”的建议，要求精简机构，减少浮费。①

总之，杜佑的财政观点大多因袭旧说，无所创见。但不能因此而贬低他在《通典》一书中，首列以财政言论及体制为主的《食货门》在财政思想史上的重要意义。

二、赵赞的租税创议

赵赞与杜佑约略同时，又先后主持过国家财政事务。赵赞把理财的重点主要放在农业以外的其他方面，如商业和富商身上，并采取了以下几项办法：

一是实行借商。唐代在安史之乱时，为了弥补国用不足，曾向豪商富户借钱即所谓“率贷”，实际是对商户的临时征课。循此旧例，赵赞主持了对富商的余钱“官借以给军，冀得五百万贯”，约定将来“以公钱还”的借商举措。这次借商搜括甚严，后来又扩展到“以僦柜纳质积钱货贮粟麦等，一切借四分之一”，以致引起商人罢市，“市民相率遮邀宰相哭诉”的强烈反抗，② 因而成为中国财政史上的一个著名事件。

二是扩大常平仓的作用。赵赞认为常平旧制“能行轻重之法”，主张将常平仓的作用由以往单纯储存谷物的功能“推而广之”，兼储布帛，以备时需。他建议在长安、洛阳以及其他重要州府各置常平，由中央以商税拨给其常平“轻重本钱”，用来购买和贮存米粟及布帛丝麻等物，“候物贵则下价出卖，物贱则加价收籴，权其轻重，以利疲人”。③这一建议，正是唐代商品经济不断发展的客观现实在财政思想中的反映。

三是增辟新税源。他提出了一系列新的租税创议。首先是创设茶税，主张在诸道津要都会之所设置官吏，稽核往来商人财货并折价征税，“天下所出竹、木、茶、漆，皆十一税之”，其收入充作常平本钱。我国古代茶之有税，即肇始于此。此后茶税所得日益增多，遂成为财政收入的大宗，直到近代而未衰。其次是创议间架税，即近代所谓房产税。它以房屋为征税对象，规定所有房屋两架为一间，按贵贱分为三等价格征税，“上价出钱二千，中价一千，下价五百”，对隐匿者鼓励告发，“人不胜其苦”。实行间架税所产生的恶劣后果是显而易见的。最后是在建议间架税的同时，创行算除陌钱。此法规

---

① 杜佑：《通典·食货七》，《丁中》。

② 《旧唐书·卢杞传》及《新唐书·食货志》。

③ 《旧唐书·食货志下》及《新唐书·食货志》。

定：凡公私支付和交易，每贯征税约百分之五；如物物交换，则折钱征税，由官给牙商印纸，使其随时按买卖交易额登记，翌日汇总收税；不经牙商的直接交易，另给私簿报税，而无私簿者则自行报缴。偷逃税款者鼓励检举并予以重罚，以致"怨讟之声，嚣然满于天下"。[①]

以上新辟的三种租税，除茶税后来发展成为重要的财政收入项目外，间架和除陌两税均在实行过程中产生诸多弊端，不久即被同时废除。从财政思想角度考察，茶税的开征，系意识到茶商品增加的需求量对扩大财政收入的重要性，故能首创以茶作为课税对象。关于间架税，不止强调房屋的间架数量，还注意到以房屋的价值贵贱作为课税的基础。至于除陌钱，就其税制本身而言，颇类于近代交易税的性质，在当时商品交换关系颇为发达的条件下应具有负担普遍、税源充裕可靠、征收方便及时等特点。它的缺陷主要是税负易于转嫁，商税负担的大部分或全部最后仍将落在广大消费者的身上。此外，除陌钱一律按百分之五的税率课征，也显得过重，特别对经营日用必需品者来说更是如此。但无论如何，关于课征除陌钱的建议，仍能表明建议者对于商业经营的复杂性以及征收交易税的各种必要环节，均有颇为周详和细致的了解。总之，赵赞的财政措施虽在事实上成为苛民之政，但其中也蕴含着一些合理因素。尤其是他的租税创议，更为后人开辟了若干新的课税领域。而他在理财过程中将主要注意力放在增加商税收入上，也适应了唐代财政演变的一个新的趋向。

三、韩愈的租税言论

韩愈(768—824)明确肯定国家捐税是一种合理合法的强制负担。如果"民不出粟米麻丝，作器皿，通财货以事其上，则诛"[②]。这虽是主要针对僧道之徒而言，仍可以反映他对租税的强制作用的认识。同时，这也反映他所理解的租税来源已相当的扩大，将农出粟米麻丝，工出器皿，商通货财都看作是租税来源。这是从理论上肯定农工商业同为国家租税的负担者，而不仅是农民。

韩愈主张租税征收实物，认为出现物轻钱重的情况，是两税法实行所造成的后果。其实都是些书生之见或皮相之论，未超出当时反对两税法的学者的普遍看法。他在财政上的另一主张是反对食盐专卖。他对"坐受厚利"的盐商，不但无丝毫非议之意，而且认为实行盐的国家专卖是剥夺了盐商之业，使他们"不知何罪，一朝穷蹙之"。[③] 这是秦汉以来的思想家们尤其是所谓儒者中极罕有的态度。以继承儒家道统自居的韩愈，对商业及商人采取这样的态度，在财政思想的发展中，是一个颇为值得注意的趋

① 《旧唐书・食货志下》；以及杜佑：《通典・食货十一》，《杂税》。

② 《韩昌黎集》卷十一，《原道》。

③ 《韩昌黎集》卷四十一，《论变盐法事宜状》。

势。这种趋势到两宋及以后各时期愈益明显,虽然轻商或抑商的观点仍在不时出现。

四、李翱的平赋书

李翱(约776—约843)的财政思想与韩愈的观点基本相似,但又各具特点。李翱反对两税完全从“货轻钱重”观点出发。他所看到的两税法实行40年后的物贱钱重情况,比陆贽所看到的还要严重。此时物价较建中元年下跌了80%,按照市场绢价计算,租税负担增加了4倍,即使按“虚估”价格计算也增加了3倍,故必须改变税法。可见李翱反对两税法的论点仍未超出陆贽的范围,惟其将“豪家大商”看作“多积钱以逐轻重”,从而使“农人日困,末业日增”的根源[①],这一态度与韩愈为大盐商辩护的观点,有明显的不同。

前述反对两税法的代表人物如陆贽、齐抗等人,虽与李翱一样都主张以实物缴纳,而对怎样以实物缴纳却各有不同的意见。陆贽建议一种折衷办法,将当初定两税时的布绢价格与后来提建议时的市场价格加以平均,以此货币数额折合为应纳布帛之数,然后即按此定数各随乡土所出以实物缴纳。齐抗的建议较为简单,即以当时实际缴纳的布帛数作为此后纳税的实物定额,不再以货币计算。而李翱却另有一套办法,主要表现在他的《平赋书》中。他认为井田古法已不可恢复,但可采其能行于当时者行之,这就是什一之税。他以百里之州为例,估计耕地面积约占全部土地面积的64%,依此种粟和植桑所得,即按什一税征收。由此推广到全国,则所征粟帛的数量,“以贡于天子,以给州县凡执事者之禄,以供宾客,以输四方,以御水旱之灾,皆足于是矣”。这幅美妙的财政收入图画,纯系闭门造车之见。其错误在于将可耕地的百分比估计过大,再加上不断的自然灾害和土地荒芜,每亩耕地的平均收获量要小得多。这还没有考虑地主逃税隐匿和官僚贪墨侵蚀这些减少财政收入的重要因素。因此,他以为什一税就可以完全满足财政支出需要的说法,完全是一种没有科学依据的幻想。

他在《平赋书》的序言里,曾提出一个值得称述的租税概念。他说,“人皆知重敛之可以得财,而不知轻敛之得财愈多”。因为“重敛则人贫”,促使农民脱离土地而产生流徙,以致耕地空荒而“地力有所遗”。而“轻敛则人乐其生”,鼓励农民固着在土地上尽力耕作,因而“地有余利,人日益富”。这是劝说统治者将其租税政策结合劳动者的生产积极性来考虑,只要生产增多了,即使税率低一点也可获得较多的财政收入;反之,如果人民的生产积极性低落,生产大量减少,即使征课重税,未必能取得较多的财政成果。从劳动者的生产积极性出发来考虑财政税率问题,在古代思想家中是很少有的见解。

---

① 李翱:《改税法疏》,《全唐文》卷六三四,《论事疏表》。

五、白居易的财政思想

在唐代思想家中，除陆贽之外，白居易(772—846)的财政言论所接触的面算是比较广泛的，其中虽无特别杰出的意见，也还有些发人之所未发的议论。

第一，对待财利的基本态度。对于讳言财利的儒家传统教条，从唐中叶起，陆贽首先主张虚名实利相辅而行，这是摆脱此教条束缚的最初尝试。白居易进一步扩大这一尝试，明确地将自利心的作用提高到指导社会分工的水平。据此，他虽然同意"王者不殖货利，不言有无"，却又认为"圣人非不好利也，利在于利万人；非不好富也，富在于富天下"。[①]"圣人"既可以好利，自不会讳言理财问题。

他对于理财问题的基本观点，是从"知地之数"和"知人之数"这两个因素出发，主张征课对象的确定和赋役的均平，由此实现真正的国家富有；否则，"不均不平，则地虽广，人虽多，徒有贵之名而无富之实"。[②]这是以"赋役平均"作为理财的宗旨，也是传统财利或理财观念的一个重要转变。虽然出现了这种转变，但被道德伦理规范所笼罩的财利观念，在当时及以后一个很长时期内，仍然是封建社会的支配思想。

第二，租税与节用。白居易和当时一般反对两税法的人一样，以为钱重物轻是两税法执行的结果。他不仅主张恢复租庸调制，征收实物，不征现钱，并反对盐铁杂征。他希望"除关市之征，弃山海之饶，散盐铁之利"，但也深知盐利甚厚，不能让盐利"尽入于私室"。如果山海盐铁之利既不归于人民，也未归于国家，仅让盐商坐享其利，这是他最反对的。[③]在租税问题上，他只是因袭儒家旧有概念，别无新颖见解。

他所谓的节用，包括宫室、车马、仆御、器服、饮食、宾婚、祠葬等，都应"节之以数，用之以伦"。以往讲节用者，大多把统治者个人的荒淫奢侈作为民穷财困的原因，白居易认为这一论断还未接触问题的焦点。他说，"天下之亿兆也，君者一而已矣"，以亿兆之人"奉其一君"，即便君主穷极奢侈，因"以至多奉至少"，也未必"伤于人伤于物"。这一论证的确可以纠正一千年来在这一问题上的流行观点。但他决不是为统治者的奢侈挥霍辩护，而是分析统治者的纵欲，一是通过各级官吏层层向下索取，"君取其一，而臣已取其百矣，所谓上开一源，下生百端者"；二是上行下效，"上盖其侈，下成其私"，造成社会的奢侈浪费风气。[④]这些才是招致民穷财困的真正原因。这也是白居易比以往思想家的深入之处。

他在财政开支方面的另一建议是省官厚禄。他认为"官省则事简，事简则人安；禄

---

① 《白香山集》卷四十六，《策林》二，第二十二。

② 《白香山集》卷四十七，《策林》三，第五十二。

③ 《白香山集》卷四十六，《策林》二，第二十二及二十三。

④ 《白香山集》卷四十六，《策林》二，第二十五。

厚则吏清,吏清则俗阜"。如果只知道要求官吏的清廉而不知道厚其俸禄,则官吏不可能真正的清廉。如果只增加官吏俸禄而不省减官吏人数,则会因财政支出增多而感觉国用不足。[①] 这是将东汉以来所习见的俸禄观点,作了更为清晰的说明。

第三,反对官府贷放取息。官府贷放取息是中国历史上早已存在的财政措施。白居易反对官府高利贷的理由,是"举之者无非贫户,征之者率是远年,故私财竭于倍利,官课积于逋债,至使公食有阙,人力不堪",成为放贷者和负债者的沉重负担。在他看来,与其以高利贷取息方式筹集部分经费,不如以征收人头税来代替更好些。因为高利贷是"取之于寡",而人头税是"取之于众",可由万民分摊,如此则"贫户无倍息之弊",而官府收入又比较可靠。[②] 他只看到部分贫穷债务人的不幸,宁愿让全体人民来共同负担,建议改官府高利贷为"食征",随两税来分摊,而没有认识到一旦过时的人头税得以恢复,将带来更严重的后果。

第四,反对和籴制度。白居易把和籴看作是勒索摊派,其订立时限,严加征催,以致对人民的强制程度,"甚于税赋";而官府用来支付和籴的价钱,又是折价较高的布帛。于是百姓受到双重损失:一方面不生产和籴物品的人须用高价购进以向政府缴纳,另一方面所得价款布帛又须大大折价方能出售。因此,他建议恢复"官出钱,人出谷,两和商量,然后交易"的和籴之初衷,最好由政府按较市价为高的价格现金收购,"利之诱人,人必情愿"。必不得已才实行"折籴",让百姓将应缴纳的青苗钱改用谷物缴纳,使青苗税钱与和籴合而为一,由此既可少受一次追索之苦,又不致受到作和籴价款的布帛折价出售的赔累。这就是他所谓的"配户不如开场,和籴不如折籴"。[③] 白居易也和当时的一些思想家如刘晏等人一样,肯定通过市场活动远比政治上的强制为好。

六、皇甫湜反对君主私藏的观点

皇甫湜的反对论点,比起前人,别具一格。他首先根据天下土地以及自然所造就的万物均"莫非王财"的传统观念,得出君主应"推至公以示无外"的命题,这样就从根本上否定了有必要保留君主私藏的依据。在他看来,"今国家既有公府,又有私藏,使州郡贡赋之外,进奉相及,恐非以天下为家,示天下无私之道",接着,他又从征课角度,相比公赋,分析了君主私藏之弊。公赋收入系"任土作贡,生产有常,履亩之税,等籍既定,人识所出,吏难为奸",即有一定的征课标准可资依循,官吏无缘营私舞弊。相反,私藏收入靠各地进奉而获得,"既无度程,莫知纪极,恣横征发,因缘赃私"。这是从缺

---

① 《白香山集》卷四十七,《策林》三,第三十九及第四十。
② 《白香山集》卷四十七,《策林》三,第四十一。
③ 《白香山集》卷四十一,《论和籴状》。

乏统一而确定的奉献标准角度去否定君主的私藏收入。但这不意味着如有正常的奉献标准，即可承认私藏的存在。他认为山泽之利的收入，由皇室掌管终不如由国家财政部门掌管，可防止君主萌发奢侈之欲，因而反对设立管理私藏的内府。根据以上分析，他建议君主“罢内藏归之公府，约进奉之礼，征敛有常”。认为如此即可做到“财用无亏”并断绝一切奸伪和损公的根源。因君主私藏是来自地方进奉，故又要求对地方官府上缴国家规定赋税后留存的余额加以清查，将其一并划入国家公赋收入的范围以防隐患。①

皇甫湜反对君主私藏的观点，已不像前人那样是从君主本人的伦理道德出发，而是着重从租税制度上去论证君主私藏存在的不合理性。尽管他对租税制度的理解仅限于“征敛有常”之一端，但他毕竟摆脱了单纯的伦理局限，第一次给予否定君主私藏的观点以理论上的论证。

七、李珏论增税对价格的影响

李珏(785—853)关于租税与价格之间关系的见解，可以从他反对增加茶税一疏表现出来。他的意见是：②

第一，茶和米盐等食品一样，是人们不可缺少的商品。“今增税既重，时估必增，流弊于民，先及贫弱”，意谓对人民急需的商品茶征收重税，由于租税转嫁关系，将使商品价格大大上涨，而后先受其影响的即是贫弱人民。这说明他对必需品的重税与高价所给予基层人民的影响，已有明确的认识。

第二，按照商品数量定税额(即近代所谓从量税)的目的，是想增加财政收入；但税重则价高，“价高则市者稀，价贱则市者广”。故重税未必能增多收入，而轻税未必就减少收入。在这里，他明确提出为增大财政收入而提高课税品的税率，不一定能达到增加收入的目的。由此又接触到一个重要经济规律，即价格高低与销售量的反比关系，也就是供求规律的基本内容。

李珏在租税问题上的见解虽仅以上寥寥数语，但都是正确的，而且涉及不少财政经济的理论问题，如对必需品课税的经济影响，租税转嫁，从量税的缺点、价格与销售量的关系等等。在中国古代财政思想史上，像他这样简单明了而正确的见解，并不多见，而它们出现在一千多年以前，也是难得的。

---

① 皇甫湜：《论进奉书》，见《古今图书集成·食货典》第一百九十四卷，《贡献部》。

② 《旧唐书·李珏传》。

思考题

1. 隋代作为一个短暂的朝代，在财政思想方面却为继起的唐代提供了某些先行思想资料。请你指出这些思想发展线索。

2. 唐初财政思想的发展具有哪些特征？

3. 为什么说刘晏所推行的各项财政措施，“多能暗合于某些近代财政原则”？举例说明这些“近代财政原则”包括的内容。

4. 杨炎在中国古代财政思想史上的贡献，主要表现在哪些方面？

5. 唐代从租庸调制向两税法的转变，也是税制思想上的一个重大转变。试比较这两种税制在思想原则上的差异。

6. 请你归纳一下两税法反对派的主要理由。

7. 唐代后期围绕着租税问题有过不少议论，也产生了一些比较新颖的观点，请举例予以说明。

8. 从秦汉到唐末的封建地主经济前期，其财政思想的发展，主要表现为将先秦时代提出的各种理论原则，或者作进一步的阐发和补充，或者具体化为可供推行的实际政策和措施，或者逐步僵化为不能越雷池一步的传统教条。试举例说明这一时期财政思想发展的上述特征。

第三编

封建地主经济后期的财政思想

第十二章　两宋财政思想

从宋代起，中国封建经济由盛而衰，开始走下坡路。与此相适应，封建地主经济后期财政思想发展的一些主要趋势，如对先秦以来若干儒家传统财政观点的怀疑和批判，商业观念渗进财政趋势的日益增强，国家以雇役制度代替强制劳役的普遍推行，关于各种具体财政措施的阐述或争论的层出不穷和丰富多采等等，也都在宋代显露其端倪或得到进一步充实与发展。这些思想发展趋势，尽管未提出什么新的财政理论原则，却在批判陈旧教条的基础上，为未来财政思想的发展准备了新的条件。

第一节　北宋前期的财政思想

一、宋初的财政问题

北宋初年，统治者所面临的财政问题，以及围绕这些问题而展开的财政议论，主要有以下内容：

第一，财政权力的统一问题。唐代的财政收入与支出，在管理体系上是由国家统一掌握的。但到唐末尤其是五代时，地方割据势力截留国家赋税挪作私用的现象，已经十分严重。宋初承五代之弊，仍难免“节镇太重，君弱臣强”现象。对此，赵普(922—992)首先建议“稍夺其权，制其钱谷”，把财政权力集中到中央，藉以削减藩镇势力。后来，他又主持制定并积极推行了一系列集中财权的具体措施。一方面，取消租税由藩镇留州之法，“粟帛钱币，咸聚王畿”；另一方面，“聚兵京师，外州无留财，天下支用，悉出三司”，最终实现了“外权始削，利归公上”的目的。[1]

---

[1] 《宋史·食货志》。

宋初以数年时间,即基本上解决了历经唐末及五代达一百余年而未能解决的国家财权集中问题,这是其值得肯定之处。但在同时,它却未能形成真正统一的中央财务领导机构。宋初统治者削弱宰相的权限,改变唐代以宰相兼度支的成例,将财权划归统管租赋、财政收支和盐铁专卖事务的三司使,并规定宰相不得参与财政事务,结果缺乏统一的领导机构来协调中央各部门的财政收支活动。这种情况,经王安石变法后有所改善,但到南宋又故态复萌,以致"御前钱物,朝廷钱物,户部钱物,其措置裒敛,取索支用,各不相知"①。可见在整个宋代,中央财权的统一问题始终未能得到很好的解决。尽管如此,宋初的财务行政机构设置仍有其特色,特别是在会计制度方面,曾一度设立"总计司",掌管全国各地每年的会计汇报事务。这一机构虽实行不久即行撤销,仍足以显示宋代统治者对于会计制度的高度重视。

第二,赋税苛重问题。唐中叶以后,指责捐税过重的观点,往往与两税法以货币缴纳税额的规定联系起来,故相应的解决办法也是主张以实物缴纳。至五代时,人们仍为折纳货币所产生的租税负担沉重问题而焦虑。宋初所面临的租税问题,与唐末及五代又有所不同,它的重点是要解决因赋税不均而产生的财政负担畸轻畸重问题。宋代被称为"不抑兼并"的朝代,官品形势之家的大量占田及豪强地主的免税免役特权所带来的赋税不均现象,给贫弱农民造成更为沉重的租税负担。因此,这一时期人们在谈论租税苛重问题时,常常是从解决租税不均的弊端入手,形成宋初以后相继出现的许多要求"均税"的建议或方案。这也是本时期租税思想发展的一个特征。

第三,重视商税。自宋初起,统治者对商税的重视程度,远远超过以往各代王朝。它具体表现为以下两点:

一是商税征课的制度化以及商税收入在财政收入中的地位的提高。在五代时,由于商税收入日趋重要,已开始注意商税税法的公开与制度化。宋代建国之初,即制定商税则例,将应纳税商品的品名与税率在"商税务"门前张榜公布,以晓喻商民。同时又在全国各地设置场、务等专门机构,征收商税。商税则例后经发展而愈益严密,如其正税分为过税和住税两种,分别向行商和住商征税;正税之外尚有杂税,而税外亦可征收实物。除国内商税外,还通过对外贸易以增加财政收入,并由政府垄断对外商交易。商税征收机构与收入数额的增大,固然体现财政课征的苛繁,同时也表明宋初统治者比前代更加重视商税征收问题。

二是"通商"思想的确立和广泛流行。这里所谓"通商",指的是放弃官府专卖政策,采用商税方式向自由经营的私商进行征课。如改榷盐为"通商卖盐",成为北宋政府公开推行的政策;茶法亦在宋代经历了由"官自卖之"到"尽罢禁榷,谓之通商"的变

---

① 《文献通考·国用考二》,靖康元年条。

迁过程；其他如矾，由于允许商人入纳钱物后自由购买运销，故官府也只保留“榷矾”之名。[1] 盐、茶、矾等财政政策由国家专卖向自由通商的演变，是宋初以来一个十分醒目的变化。尽管它以唐代刘晏的盐法改革为其滥觞，但到北宋时它已不再是个别代表人物的独到见解，而成为指导财政政策的成熟通商原则。

第四，财政支出的庞大。北宋时，国家经常保持庞大的军事力量，以防辽、夏等强大外族的威胁，再加上“澶渊之盟”（1005 年）开创了北宋政权每年须向辽国输送大量银绢的先例，从而使军费与对外偿付在财政支出中占了很大比重。北宋政府的高度中央集权，必然产生庞大的官僚机构，也使官俸开支极为巨大。此外，统治者的穷极奢侈，郊祀赏赐，任意挥霍，更加重了财政的负担。这些都导致国家财政经常濒于破产的境地。

以上财政现象，自宋初起便已产生，以后仍继续存在和发展，因此必然会引起当时思想家的关注，并围绕着如何对待或解决这些问题，构成北宋前期各种财政改革议论的主要内容。

二、“庆历新政”前后的财政改革言论

宋仁宗庆历三年（1043 年）颁布“新政”，其中一项重要内容就是要求革除财政弊端。实际上，有关财政改革的议论，早在庆历以前已时有所闻。庆历以后，除了直接参与新政者外，还涌现出其他一些代表人物的财政改革主张和建议。

第一，王禹偁的财政观点。王禹偁（954—1001）从不讳言理财事务，他的基本观点是君者应“以民为先”。从这一观点出发，他要求国君对人民“有所纳而必有所施”，甚至希望贤明的君主参加农业生产劳动并缴纳农业税，可谓想入非非。这是他在理财问题上的一种激进观点。然而，在现实中，他所看到的却是另一番景象。劳役奇重，赋税繁苛，真是“言虎之搏人，犹官之税人”。面对这一严酷现实，他曾幻想有一个不存在财政压榨的“海人”社会。在这个理想社会中，“不闻五岭之戍，长城之役，阿房之劳也；虽太半之赋，三夷之刑，其若我何？”他把实现这一理想的期望，寄托于最高统治者。可是，当他从理想境界重新回到现实生活中时，又不得不同时兼顾“充国用”与“厚民力”二者。因此，他的租税主张并非一味要求减轻人民负担，而是强调租税征课应“取之得中，似什一而税”。对于山泽之利取为国用，他也认为既“不可弃也，然亦不可尽也”，只是不赞成汉武帝以来的国家专卖制度，主张“山泽之利，与民共之”，让人民自由

① 《文献通考·征榷考》及《宋史·食货志下》。

经营。[1]

基于以上认识，他在真宗即位时(998年)应诏上疏提出的“五事”中，将改革财政放在突出的位置。其主旨是“减冗兵，并冗吏”，因为大量官兵冗员的存在，是造成“国用不足”的主要原因。这个裁减“冗兵”“冗吏”的建议，对于稍后的财政改革论者，产生了一定影响。那时凡谈论财政改革问题者，几乎都将裁减官兵和节省冗费列为改革的主要内容。直至王安石变法，才将改革的重点由单纯紧缩财政开支转移到通过理财以增加财政收入上来。因此，王禹偁的财政改革思想在北宋前期所起的创始作用，是应予肯定的。

第二，范仲淹与“庆历新政”。范仲淹(989—1052)是庆历年间推行新政的首倡者。他奉诏条陈的“十事”，是指导新政活动的一个基本改革方案。其中涉及财政问题的主要有：裁减冗官；“均公田”，即均给各级官吏相应的“职田”以补俸禄的不足，防止贪赃枉法行为；“厚农桑”，以减省“东南岁籴、辇运之费”；“减徭役”，裁并州县建置以使服公役之人得以归农。[2] 这些条款大多是从改革吏治出发而联系到财政弊端的革除。尽管新政的推行仅一年即行罢废，也未能取得较明显的财政成效，但“庆历新政”在财政方面的若干改革措施，仍为以后的财政改革提供了先例。

从财政思想角度看，更值得注意的是范仲淹有关征收商税的观点。他力主国家加强对商税的征收。在谈到茶、盐商税时，他指出，这一收入仅“分减商人之利”，对于商贾来说，“未甚有害”；特别是在国用未减、岁入不可缺的情况下，“既不取之于山泽及商贾，须取之于农，与其害农，孰若取之于商贾”。[3] 这个“与其害农，孰若取之于商贾”的观点，曾被后代重农抑商论者当作至理名言而屡加引用。但他在理财活动中并非一味墨守传统抑商教条，而是颇善于利用商业经营原则。如他在知杭州期间，曾遇到饥荒引起当地米价上涨，而他却一反常规地继续提高米价，以此刺激“商贾闻之，晨夕争先恐后”的周转流通活动，“于是米石辐集，价直遂平”，反而收到米多价平的效果。[4] 这表明他对于运用商业原则来处理荒政的认识是不平凡的，而当时一般人甚至不理解其中的奥妙，“众不知所为”。他的这种既要抑制又要利用商人的理财思想，在欧阳修那里进一步得到理论上的证明。

第三，欧阳修的“诱商为上，制商为下”思想。欧阳修(1001—1072)早年支持范仲淹所主持的“新政”。他在财政思想上的一个突出建树，是公开主张封建国家应实行与

---

① 王禹偁：《小畜集》卷二，《君者以百姓为天赋》；《小畜外集》卷十，《端拱箴》；《应诏言事疏》卷十四，《录海人书》与《记蜂》。

② 范仲淹：《答手诏条陈十事》，见《资治通鉴长编》卷一四三。

③ 沈括：《梦溪笔谈》卷十二，《官政》二，“庆历中”条。

④ 林希元：《荒政丛言疏》，引自《皇明经世文编》卷一百六十二。

商人“共利”的原则,并从理论上对传统抑商政策作了重要的修正。

他将“权商贾”与“通漕运”“尽地利”并列,作为充实财政以巩固国防的基本理财方式之一。他认为,秦汉以来,历代王朝总是试图靠法令来“抑夺”商贾,以期由国家垄断利源。但治理国家若“兴利日繁”,反而为商人提供了大量赢利的机会。当国家难以垄断所有利源时,只有与商人共享利益,“必与下而共之,然后通流而不滞”。因此,他极力主张改变以往“夺商之利”而由国家“专之”的传统做法。在他看来,“夺商之谋益深,则为国之利益损”,其结果,“欲十分之利皆归于公,其亏少十不得三”,故“不若与商共之,常得其五”。通过财政收益的比较分析,他得出国家应与商人分享赢利的明确结论。这就是他所谓“权商贾”的主要内涵。

他还指出,国家应“不惜其利而诱大商”,就像大商人“不惜其利而诱贩夫”一样。大商人对小商贩的薄利多销,“虽取利少,货行流速,则积少而为多”,而国家“与商贾共利,取少而致多”,最终有利于财政收入的增加。像这样公开呼吁统治者“不惜其利”而与商人共享利益,欧阳修可算是第一人。

他谈论财政问题而特重商人经济权益的另一个原因,是认识到商人“利厚则来,利薄则止,不可以号令也”。所以,他批评官府屡变茶、盐之法以谋夺商之利,结果“适足使小商不来而为大商积货”。为使大商改变“积货多而不急”的心理,能“勉趋薄利”,服从统治者的需要,他主张“尽括其居积之物,官为卖而还之”,由官府来强制出售大商人的“居积之物”,其目的不是攫取大商人的钱财,因所卖现钱都归还大商人,而是藉此以消除商品囤积的“积货”现象。这样,素来“以利为生,一岁不营利,则有惶惶之忧”的大商人,“必不能守积钱而闲居,得利虽薄,犹将勉而来”,不得不为国家服务。这也就是他的“变法制商之术”的具体内容。这种既要利用又设法控制大商人的所谓“制商之术”,与一味强调征收商税是限制乃至打击商业经营活动的传统抑商之说,显然是有区别的。

根据以上分析,他最后得出如下结论:“夫欲诱商而通货,莫若与共利,此术之上也。欲制商,使其不得不从,则莫如痛裁之,使无积货,此术之下也。”从一向以抑商为其支配思想的理财之术,到明确提出“诱商”为上、“制商”为下,并交替使用“诱商”与“制商”两种手段的方针,这是对封建财政指导原则的重要修正。①

此外,他仍遵循“量入以为出”的古训,反对“量国用而取之民”。对于负担平均原则,他也有较深切的体会。如他于庆历三年“首言”方田均税法,建议将早先在肥乡县实行的均税之法加以推广,按照实际占有土地的多寡来征收赋税。又如他揭露了在差

---

① 以上引文均见欧阳修:《欧阳文忠公集·居士集》卷四十五,《通进司上书》;《欧阳文忠公集·河东奉使奏草》卷上,《义勇指挥代贫民差役奏状》;以及《欧阳文忠公集·居士外集》卷九,《原弊》。

役负担上“下等人户常有劳役，最豪富者独得宽优”的极不合理现象，主张上等户和下等户“一例差役”。他还坚决反对盐、茶、酒、矾等商品由官府专卖或控制，主张改为招商承办或直接由私商自由经营。甚至连国家急需的兵器原料，也建议由原来严禁民间流通、“须尽纳官”的强制征收办法，改为“客旅贩卖，官中置场收买”的方式。[①]

欧阳修的重要财政观点基本上在“庆历新政”时期或稍前已经形成。以后随着政治地位的提高，他的思想逐渐趋于保守。但他作为一个有名的儒家代表人物，其早期财政思想中的积极进取因素对于当时的影响是不容忽视的。

第二节 李觏的财政思想

李觏(1009—1059)是北宋时期较早推崇《周礼》的代表人物，当他从自己的时代条件出发去诠释《周礼》中的财政内容时，可能提出一些十分独特而值得称述的新见解，而当他简单搬用《周礼》中的某种制度作为解决现实财政矛盾的方案时，又不免成为毫无实际意义的书生之见。

一、否定讳言财利的传统观点

李觏是我国秦汉以后最早公开主张“言利”的儒家学者，也是这种新经济观点的创始者。他否定“贵义而贱利”的传统观点，指出：

“儒者之论鲜不贵义而贱利，其言非道德教化则不出诸口矣。然洪范八政，一曰食，二曰货；孔子曰，足食足兵，民信之矣。是则治国之实，必本于财用。盖城郭宫室，非财不完；羞服车马，非财不具；百官群吏，非财不养；军旅征伐，非财不给；郊社宗庙，非财不事；兄弟婚媾，非财不亲；诸侯四夷，朝觐聘问，非财不接；矜寡孤独，凶荒札瘥，非财不恤。……舍是而克为治者，未之有也。是故贤圣之君，经济之士，必先富其国焉。”[②]

他不仅首先以儒家资格提出“贤圣之君，经济之士，必先富其国”的反传统观点，而且专门撰写了《富国策》一书，全面探讨处理各种现实财政经济问题的方略，这在当时是极为不易的。在他看来，“人非利不生，曷为不可言”，并且“欲”也应该谈，因为“欲者人之情，曷为不可言”。[③] 自李觏提出这一反传统观点以后，继起者愈来愈多，成为封建后期财政思想的重要特点之一。

---

① 欧阳修：《欧阳文忠公集·河北奉使奏草》，《乞放行牛皮胶鳔》。

② 李觏：《李直讲文集》卷十六，《富国策》第一。

③ 李觏：《李直讲文集》卷二十九，《原文》。

在强调财利的过程中，他认为国家财政如专门对富者“任之重，求之多，劳必于是，费必于是”的苛取，势必使他们由富转贫，结果天下皆贫，税源枯竭，则为君者也无从获取利益。因此，他主张效法理想中的所谓“先王”，均平富者的徭役，“不专取以安之”。这一为富者辩护的财政观点，把“富”者与“强”者区分开来，包括的都是一些“心有所知，力有所勤，夙兴夜寐，攻苦食淡”的从事正常生产经营活动的富裕农、工、商业者。[1]这也使他成为为普通工商富人辩护这股新思潮的先行者。

二、反对国家专卖

在《富国策》中，他反对国家专卖政策而主张“通商”的观点是十分坚决的。他说：“今日之宜，亦莫如一切通商，官勿专卖，听其自为。”与以往反对专卖政策者大多从“先王不与民争利”的伦理观点出发不同，他第一次从商业经济角度来分析这一问题。如他反对盐专卖的论点中，认为“公盐贵而污，私盐贱而洁”，因此专卖的官盐滞销而自由经营的私盐畅销，故开放私商自由经营食盐，官府的盐息盐税收入反而比专卖时的收入有增无减。又如他反对茶专卖的理由，是官茶由于质量差、掺杂多、仓储久而滞销，以致“息未收而本或丧”；相反，私茶因品质佳，“价甚贵而人争取之”。这样，如果官府“借茶山之租科商人之税”，放弃专卖政策，让茶通商，那么“商人自市，则所择必精，所择精则侍之必售，侍之售则商人众，商人众则入税必多矣”。可见，他反对专卖政策，坚持私商自由经营，均是从商品质量的优劣，销售量的多寡，商业竞争，以及因“息寡税薄”使销售额增大，从而增加财政收入等角度立论。这也反映了在封建经济后期，对待商品经济发展的一种新态度在财政领域的露头。

三、平籴思想

关于平籴政策方面，他也有一个与传统看法不大相同的特殊见解。他认为，古人所说的“谷甚贱则伤农，贵则伤末”，因而“农常粜而末常籴”的观点，已不合时宜，应修正为“贱则伤农，贵亦伤农；贱则利末，贵亦利末”。其理由是在他所处的时代，农民和商人都可能成为谷物的出卖者或购买者，故无论谷物贵贱均利末而不利农的独创结论也就有了它的客观基础。这一论述不但批判了一千多年来传统的“谷贱伤农”观点，而且为封建经济后期继续坚持平籴政策，提供了新的理论依据。因此，为了防止谷价的季节性巨大波动，使“秋粜不甚贱，春籴不甚贵”，他积极主张健全常平仓制度以稳定谷物价格。这里，又反映了他在平籴方面的另一概念。他指出：常平机构如掌握谷物不多，转瞬即可售尽，售尽后则谷物市场仍为商人所控制而可能乘机再抬高价格。故他

---

① 李觏：《李直讲文集》卷十一，《国用》十六。

坚持常平本钱要多，能于谷物贱时大量地收储，虽官府由此获得十分之一二的利息，依然可收平定物价之效，并可使“大贾蓄家，无所专利”。可见，他已充分理解政府要能控制市场价格，必须掌握相当数量的商品资源，否则终究会被市场商人势力所击败，不能实现稳定价格的要求。

四、其他财政思想

李觏谈论财政问题之处甚多，但除了以上各点外，基本上是接受儒家传统财政观点，并引用《周礼》中有关记载加以润色。

一是从社会物质生产的有限性出发，坚持量入为出，收支适合。不仅如此，他还要求财政收入方面须做到“一谷之税，一钱之敛，给公上者，各有定制”，在财政支出方面也要做到“凡一赋之出，则给一事之费，费之多少，一照法式”。总之，财政收支都要有一定的制度，并应采《周礼》的专税专用办法。

二是反对王者的私藏。其理由是，王者“以天下为家”，海内财物都犹如在其囊中，那么“于贡赋之入，何彼我之云哉?”以这种方式提出君王对于贡赋收入不应区分“彼我”，从而不应保留君王私藏，显然与宋代更加集权化的中央专制主义是相对应的。

三是借赋税以鼓励生产。他认为谷米是“民之大命”，而租税是“国之所宝”，两者的增加都有赖地力的充分发掘。因此，最好的土地制度要做到“人无遗力，地无遗利”，对于未利用的宅地及无生产职业的人应课以重税。在他看来，人人都应纳税，可藉以鼓励生产。这体现了他特别重视生产的租税观点。

四是征其所产。这里既包括征收实物，也包括关市之赋、币余之赋之类的货币征课，即按各行业的收入种类为标准来决定财政征课的对象物。总的说来，坚决反对财政征课的“取之非其地，求之非其常”。

五是税率。关于土地税率，他主张按谷物收成丰歉有所变通。在丰年，最高额不能超出 1/10，因为什一税是“通法”，是合乎“中正”的税率；在凶年则降低税率。此即“丰年从正，亦不多取也，凶荒则损”。至于园廛、甸稍县都以及漆林之征，他仍恪守《周礼·载师》以轻近重远为原则的古老规定。

此外，如力役负担、谷物储备、灾荒预防等措施，他的见解完全本于《周礼》，无重复叙述之必要。于此可见，李觏的财政思想中，既有不少杰出观点，也有不少陈旧、复古和不足取的部分。

第三节　王安石的理财思想

一、理财方针的提出

王安石(1021—1086)是北宋著名的改革家,倡议并主持了11世纪60—70年代的变法改革。在他的变法措施中,几乎无一不与财政问题有关,这也就决定了他必须以理财作为其政治改革的基本方针。

他和李觏一样,一反以往儒者服官"耻言财利"的传统,公开宣扬"理财",他一再强调,"均节财用,所以为义也",把"利"看作是"义之和","义"就是为了"利"。在这一点上,他比李觏的态度还要鲜明突出。在历史上曾经实际掌握过政权的封建思想家尤其是儒者中,他是第一位公开讲求理财的人,在他以前作为儒者而掌握政权的刘晏,曾运用商业原则,成功地管理国家政权,但不曾公开讲求财利。

在王安石贯彻其理财方针的同时,他所要急迫解决的问题,一是"形势之家"即官僚地主及"富工""豪贾"的兼并行为;二是来自北方强大外族的军事威胁;三是庞大的官僚机构、统治者的挥霍浪费,以及与日俱增的军事费用和对外偿付,加重了人民的租税和差役负担。因此,如何解决"摧抑兼并,均济贫乏"的问题,扩大财政收入,并使租税和差役负担稍事均平,就成为他改革的重要内容。

二、财务行政机构的改革

宋初掌握国家财政的中央机关是"三司",统管盐铁、度支和户部三部,又号计省,位仅亚于宰相,称为计相。王安石认为当时的三司及其官吏在处理财政问题上存在着严重缺点,不能适应变法的要求。所以,他在执政之初,即创议设置"制置三司条例司",旨在摆脱旧三司的局限,把财政经济的规划、决策和改革之权从三司分出来,以便能独立自由地推选新法。后条例司罢归中书,实际仍由他主持。这一改革在新法推行的初期曾起了很大的作用,同时由于财政大权归属于中书即宰相掌管,也暂时解决了宋初以来中央财务行政机构未能真正统一,国家各部门的财政支用各不相知的弊端。

设立条例司这一领导机构的指导思想,据他自己说,是为了"理天下之财",这是对儒家传统的反理财教条的公开背叛。而其理财之术强调能操"轻重敛散之权",这又是接受《管子》与桑弘羊的财政政策,放弃了儒家传统的自由经济思想。此外,在制置三司条例司存在的时期,还进行了其他一些财务行政措施的重要调整。如将政府的"一岁用度及郊祀大费,皆编制定式",作为财政开支的准则,颇类于近代的预算支付规定。

又如裁减了相沿已数十年的冗费十分之四，其中属内廷土木项目的罢省尤多。再如省冗费以增加内外官吏的俸禄，初步解决了汉、魏以来长期存在的官禄菲薄问题。仅就这些历史上已有记载的成绩来说，他调整国家财政中枢机构，应具备相应的认识基础，自有其一定的意义与作用。

三、均输法与市易法

他的财政改革步骤先从均输法入手，只是仿汉初创设均输制之意而行之。他的理由除“徙贵就贱，用近易远”外，还提出要由国家掌握“轻重敛散之权”，以防富商大贾“乘公私之急”，进行投机活动[①]。这是他的均输所涉及的新内容，说明其均输另具有“摧抑兼并”的意义，营利非其主要目的。此外，他的均输法开始实行时，由国家预拨资金，因而更加具有商业经营性质；同时仅行于东南各富庶省份，这是当时财政的主要取给地区。这两点都与汉初的均输有所不同。

成立市易法的用意与汉初的平准相同。最初有人建议设置常平市易司，既可平定物价，又可抑制富民兼并，还能“取余息以给公上”。这一建议和王安石的基本思想是相一致的，故为其采纳。市易法的主要目的不仅是为了平定物价，而且使来京师的行商免受富人大户的把持操纵，又可获得盈利以助国用。其活动基本上是通过登记的行人或牙人来进行，不是政府直接经营，因为这时已有较完备的商业行会组织可供政府利用。但由此也产生了少数大商户操纵本行业的情况，如王安石曾指出当时的茶业中“兼并之家”拥有决定价格的特权，故他的摧抑兼并还包括那些在同一行业中大户操纵小户的情况。

从财政角度看，均输法与市易法属于同一性质的措施，而市易更是公开营利，实行的范围也更加广泛。这与桑弘羊、王莽举办平准的用意又有所不同。

四、青苗法与农田水利措施

王安石所运用的青苗钱，是一种农业贷款。青苗法作为11世纪中叶以前第一次由政府正式大力推行的政策，是以各路常平仓的钱谷充作青苗本钱，在每年夏收或秋收之前，农民可以一定形式向政府申请贷款；借款农民到期须将贷款及其20%利息按借款时约定的价格以实物偿还，若以现金偿还，其数额不得超过原贷款额的30%，其余部分仍须用实物偿还；主管青苗钱事务的机构向农民放贷如有剩余，可贷放给城市居民，用抵押放款方式进行。其目的似乎是为了稳定谷物收入，鼓励农业生产和增加财政收入。此法后来产生强迫摊配的弊端，而现金与实物互相折算的矛盾，也是当时

---

① 《王临川集》卷七十，《乞制置三司条例司》。

历史条件下青苗法本身不可能解决的难题。

对于农田水利的重要意义，王安石有很深刻的认识。他秉政后一个多月，即派遣大臣“行诸路，相度农田水利赋役”进行实际调查，并要求各路转运司条陈利害。不久即在各路设置农田水利官员负责指导水利工作，颁行诸路的农田利害条约，征集农业生产的先进经验和人民兴办水利的事迹，并要求对一切可能或有必要兴办水利灌溉的处所提出意见，编为图籍上报主管官司考虑。规模较大的水利工程由国家办理，人民兴修水利准其借用常平钱谷。可见修建水利工程也是他主持变法时的一项重要财政措施。从数年内进行有关农田水利调查和建设的规模来看，在中世纪及以前的中国历史上是很少见的。

五、募役法与免行钱

差役制在宋代成为应役人户极其沉重的负担。王安石执政之初，即提出变更役法的问题。经过两年多研究讨论，方始公布募役法以代替原来的差役法。其主要条款是将这种差役全部改为募雇形式，给予一定报酬并于两年或三年更换一次。这些规定，一是让不负担差役者按户等贫富缴纳免役钱，如担任职役还可领取一定的现金报酬。二是官僚及形势之家一律输助役钱。这在他所推行的各种财政改革中，是摧抑兼并思想体现得最充分之处，因此也是遭受官僚大地主集团的攻击最猛烈之处。三是使寺观及各种富户一律缴纳助役钱，连官府也不例外，体现了他的租税负担普遍的思想。四是将历史上一向专靠贿赂所得非法收入为主的吏胥阶层，一律改为俸给生活者，暂时结束了千百年来的一种不合理制度。五是否定徭役劳动，也就是服务于政府的非生产性差役，代之以有报酬的募役制。如此坚决地运用政治法权的力量，以图摧毁徭役劳动制（虽然只是其中的一个部分），在我国古代历史上，他还是仅见的一位思想家。

免行钱是与募役法具有类似性质的财政措施。原来京师肉商负有向官府免费供应肉类物品的义务，后来肉商不堪供应之苦，自请以现金缴纳代替实物供应，经官府批准即形成所谓免行钱。不久又推行于京师的各种商业行业。此项收入也用来支付京师官吏俸禄。免行钱不完全是徭役代金性质，但在封建政权统治下，无论对农民与工匠的强迫劳役或对城市商人的强制义务供应，原则上都属于徭役性质。所以，实行免行钱是王安石否定徭役制思想的又一体现。

六、方田均税法与其他财政措施

当时由于土地买卖日久，出现了富者田产增加而田赋并未随之增加，贫者田产减少而田赋并未随之减少的“产去税存”现象。为了整理地籍以均平赋役负担，有人建议实行“方田均税法”。王安石将此法加以补充，在全国范围内大力推行，方田工作坚持达13年之久，清丈的土地达全国耕地面积的二分之一多，可算是历史上丈量地亩的罕有壮举。他的清丈办法是在一“方”田地内，对于谁的土地应缴租额及有无漏税等问题，均在一“方”的土地所有者共同参与下确定，避免出现逃税情况。因为本“方”内一户的税额减少必然是别户的税额增多。

在其他财政措施方面，首先是对漕运的改革。他招募商船与官船竞运，相互对证检查，使漕运吏卒无法作弊。用商船运漕粮在当时已是大胆的创举，而以商船与官船竞运的思想尤为新颖。这又是他重视商业活动的另一表现。其次是他使当时已贬值的当十钱，作当二钱行使。这对于稳定和真实估计财政中日益扩大的货币收支也具有重要意义。再次，他对工矿贸易的财政政策没有固定的原则，随对象之不同，有的主张专卖，有的主张商营而由国家征税。此外，他推行保甲和保马法虽系军政措施，但裁减冗兵冗费以摆脱财政困难，也是创行这些法令的一个重要原因。

七、王安石财政思想的总考察

王安石在财政思想史上的功绩，是将前人及同时代人的合理和进步的观点加以综合的运用，这又是他的特点。当然，在若干财政经济问题上，他也有自己的独特见解。大体说来，在他的全部财政思想中，极为突出的表现有两点：一是公开坚持“理财”，二是非常强调摧抑兼并并将它贯彻到自己的各种改革措施之中。

第一，肯定理财在政治中的首要作用。从公元9世纪起，开始有学者对传统的“讳言财利”表示怀疑，但那只是对一般财富而言。王安石才是我国历史上公开讲求理财之术的第一个秉政的儒家，从根本上否定了传统的基本财政观点。他宣称：

“政事所以理财，理财乃所谓义也。一部《周礼》，理财居其半，周公岂为利哉！”①

他似乎把理财夸大为政治的唯一内容，不过，其理财的含义，除了国家财政之外，还意味着组织国民财富的生产和协调其分配与流通，其内容是极广泛的。但至少他肯定财政在政治中的首要地位这一点，是非常明确的。他把理财看成是合乎正义的行为，如果只是“得而不能理”或者不能“均节财用”，都不成其为“义”。而且，他借用向来不曾被十分重视的经典《周礼》，并著《周官新义》一书通过政治权力大事传播，以此来消除当时知识分子思想中鄙视理财的成见，这也在后世产生了持续的影响作用。

第二，把理财作为摧抑兼并的工具。他强调理财的一个重要目的，就是为了贯彻摧抑兼并思想。因此，他的各种财政改革，均直接或间接地为了打击兼并。如设立制置三司条例司是为了“摧抑兼并，均济贫乏，变通天下之财”；均输法是要从富商大贾手中夺回“轻重敛散之权”；市易法是为了打击“富人大姓”的“乘民之急，牟利数倍”行为；

① 《王临川集》卷八十二，《度支副使厅壁题名记》。

青苗法是使农民摆脱农村高利贷的压榨；募役法是使“仕官兼并”之家也摊缴巨额的助役钱；方田均税法打击了占田多而赋税少的形势之家；等等。在这方面，封建中国的历史上没有任何其他理财家可与之相比拟。

他所谓的兼并，是指政府“有财而不理”，采取放任政策，对经济生活不加干预，因而人人都可能进行兼并，“私取予之势，擅万物之利，以与人主争黔首而放其无穷之欲”，不一定非要“贵、强、桀、大”之家才从事兼并活动。[①] 这是自由竞争必然发展为垄断这一原理在中古时代的原始和朴素的看法。当然，他所说的摧抑兼并，不外乎是阻止私人高利贷的侵蚀，预防私商趁机渔利和使品官形势之家也负担一点助役钱并无法偷漏土地税而已。但从财政思想上看，他要求命官形势之家也和一般人民一样要负担规定的赋税，则体现了租税负担平均和普遍的思想，以及运用财政手段来调节贫富的思想。他把这些思想结合起来特别加以强调并大力贯彻实行，正如他在诗中所云：“孔称均无贫，此语今可取，譬如轻万钧，当令众人负。”[②]

第三，强调生产与财政的统一。他认为理财是“理天下之财”，也就是组织社会生产，因此财政费用必须由全社会共同负担，即“因天下之力以生天下之财，取天下之财以供天下之费，自古治世未尝以不足为天下之公患也，患在治财无其道耳”，意谓理财如得其道即不会感到财政困难。这一取之于“天下”而用之于“天下”的财政原则，着重于财既要取之于天下，就必须使“人致己力以生天下之财”，也就是将财政建立在发展社会生产的基础上。这比起早期儒家所谓“百姓足君孰与不足”的财政原则仅强调为国家财政培养丰富的税源，又大大地推进了一步。

他既然认为“不足”未尝为“天下之公患”，所以在财政政策上并不十分强调节用。从理论上看，他似乎体会到流通过程不能生产财富，故应把理财的重点放在财富生产领域。他曾以“为其父而榷其子”的譬喻为例，一是说明“阖门而与其子市，而门之外莫入焉，虽尽得其子财，犹不富也”，即一家人（意指一个国家）关起门来相互贸易而不从事生产，不可能增加财富总量。这是明白地肯定流通不能创造物质财富。二是由此看出个人财富的增长与全社会财富的增多是有区别的，“富其家者资之国，富其国者资之天下，欲富天下则资之天地”。个人财富可能通过取之于他人的方式使其增多，而全社会的财富则非通过生产不能有所增长。三是似乎已认识到全社会的财富分配是某一方面的增多即另一方面的减少，除增加生产外，只是变更财富的分配状况，不能增大社会财产的总量，“直相市于门之内而已”。[③] 他正是基于以上思想认识，故谈理财问题时将财富的生产置于更重要的地位，其基本理财方式是通过赋役的减轻以鼓励生产，

① 《王临川集》卷五，《酬王詹叔奉使江南访茶利害》。

② 《王临川集》卷三十九，《上仁宗皇帝书》。

③ 《王临川集》卷七十五，《与马运判书》。

然后在国民财富生产增大的基础上扩大财政收入。

第四，对待国家专卖的态度及其他。他不完全否定国家专卖之类的经济干涉，却较倾向于经济放任政策，即所谓"榷法不宜太多"。因此，他的各种财政经济措施，也是干涉与放任兼而有之，随各业的具体条件而采取不同的态度。例如，盐主要是国家实行分区专卖，采盐钞制度，但个别地区如河北行盐也有未采官榷方式而由民营。矾是由官府直接经营；酒类采取"实封投状"方式由私商包销；茶则取消以往由大商人包销办法，改为官收茶税由"民自贩运"；铁器由民间自由鼓铸不采桑弘羊的铁专卖办法；铜禁亦取消，让民间免税自制器物，甚至连销官钱为铜器或铸私钱为不加以禁止；采矿（包括金银开采）一向是由官府垄断以徭役劳动进行的，他也改为招募"冶户"开采而以实物缴纳矿税，产品由官收二分，其余八分"许坑户自便货卖"。从这些措施来看，他的工矿贸易政策是相当灵活的，并无严格的原则可循。大抵以往曾发生流弊的办法予以改变，否则维持现状，而基本精神是较多地趋于放任，较少地进行干涉。

从他反对大茶商包卖的 12 条理由中，可以看出他对小商品经营已有较深刻的认识。他举出的理由除官榷制度必会产生勒配和营私等弊端外，可归纳为：一则巨商人数少易于结成垄断组织，既可迫使政府向他们妥协，又势必让小生产者蒙受损害；二则小商品经营所需资本小，故从业人员多，因而销售总量也大，相反地，巨商人数少，其个别包卖量虽大而总的销售量却不会很大；三则小商品经营使经营者能直接关心商品质量，质佳则易售出，巨商包卖层层作弊不能保证商品质量。他的这些认识均为封建地主经济前期很少看到的议论。不言而喻，这些为小商品经济辩护的观点，同维持国家专卖或让大商人包卖的财政政策思想，是背道而驰的。

另外，他很重视官俸问题。秦汉以来，薄俸一直成为问题。到王安石的时代，因为制禄"大抵皆薄"，以致"官大者往往交赂遗，营资产以负贪污之毁，官小者贩鬻乞丐，无所不为"。对此，他得出结论说："方今士大夫所以鲜廉寡耻，其原亦多出于禄赐不足。"[①] 所以，他在推行各种财政经济改革时，始终将解决官俸微薄问题作为一个重要目标。这也是他的财政思想中的一个明显特点。

总的说来，王安石的财政改革范围虽相当广泛，而给后代留下来的新财政观点却极其有限，最值得称述的是对儒家传统的基本财政观点的批判。

第四节　变法反对派及北宋后期的其他财政思想

王安石的新法在当时曾遭受极广泛的反对，反对的重点是他的财政改革尤其是青

① 《王临川集》卷六十二，《看详杂议》。

苗法与募役法。新法反对派在某些财政问题上的见解并非一无可取，但他们常以旧的教条去硬套新的财政经济事物，其财政思想一般说来是比较贫乏的。

一、司马光反对变法的理财观点

司马光（1017—1086）自王安石推行新法之日起，就坚决予以反对，成为反对新法的首要代表，并在财政思想上与王安石形成尖锐和比较完整的对立体系。

第一，对待理财的基本态度。在熙宁变法之前，司马光也不乏论财利之言。他曾于嘉祐中提出解决当时国家“财力屈竭”的三点意见：一是“随材用之人而久任之”；二是“养其本原而徐取之”；三是“减损浮冗而省用之”。大体说来，在财政收入方面，他认为善于“治财”者应“养其所自来而收其所有余，故用之不竭而上下交足”；如果国家能使“财之所自来”的农工商业均得到发展，则“彼有余而我取之，虽多不病矣”。[①] 这无非是儒家传统的培养税源观点的另一种表达方式。在财政支出方面，他的主张也不外乎是节制皇室的奢侈浪费以及裁撤冗兵冗员以减省财政浮费，在理论原则上亦未能超出“节用”“恭俭”一类的传统论调。

以上三点意见打着“论财利”“善治财”一类的旗号，似乎并不反对理财。然而，当王安石大力推行理财新法时，他却搬出君子“固不能言利”的传统教条，坚决予以反对。他反对变法理财的基本观点，大致有以下三点：一是从“祖宗之法，不可变也”的观念出发，反对王安石的理财新法以“变”为其思想基础，认为天地万物以及人们的性情是一成不变的，而社会纷乱的根源就在于“变”法。这是他用来作为反对财政改革的理论基础，也是他对理财活动的基本看法。二是不能容忍王安石用财政手段来调节贫富的基本理财政策。在他看来，富人的存在不仅对贫民大有好处，“贫者常假贷富民以自存”；而且对国家也有好处，倘使没有富人，“若不幸国家有边隅之警，兴师动众，凡粟帛军需之费，将从谁取之？”[②] 因此，他反对任何有损于富人的政治经济措施，怕使“富者亦贫”，当然也就反对通过理财以均平财政负担的财政变革。三是反对王安石的“善理财者，民不加赋而国用饶”观点，提出“天地所生货财百物，止有此数，不在民，则在官，彼设法夺民，其害乃有甚于加赋”[③] 的财富分配理论。照此逻辑，任何抑制兼并的财政措施，都可以套上“聚敛于民”的罪名，或者用他的话来说，“善理财者，不过头会箕敛尔”。

第二，役法与贷放。在王安石的各种理财新法中，他攻击最猛烈的是募役法与青苗法。关于役法问题，他坚持废除募役而恢复差役。其理由仍因袭古老传统，笃信“凡

① 《司马温公文集》卷三，《论财利疏》。

② 《司马温公文集》卷七，《乞罢条例司常平使疏》。

③ 《司马温公文集》卷一，《遗表》；以及卷十，《与王介甫书》。

农家所有，不过谷帛与力，自古赋役，无出三者”，因而一再强调“夫力者，民之所生而有也”，或“徭役自古皆从民出”等，把徭役看成是最合理并合乎“古意”的方式，足见他的徭役劳动观点之陈旧和落后。关于贷放取息问题，他坚决反对官府贷放青苗钱取息，却积极鼓吹私人高利贷，甚至主张在必要时由官府代为催讨，“不令逋欠”。可见，他反对青苗钱，并不是真正反对贷放取息行为，而是为了使官僚大地主集团摆脱青苗钱的“抑配”，并使他们重新走上发行私人高利贷的发财致富之路。

第三，常平与积蓄。他对现实财政矛盾所提出的解决办法，除了《论财利疏》中提到的三点意见外，只不过是常平和积蓄。所谓积蓄，是通过官府承诺代为催讨私人的实物高利贷，以鼓励地主富人们大事积蓄粮食。他特别强调常平仓制度“乃三代圣王之遗法，非独李悝、耿寿昌能为之也”。如此渲染常平的重要性，几乎以此作为解决财政矛盾的唯一可行办法，于此也可见他的财政思想之贫乏。

二、张方平的财政言论

张方平(1007—1092)主要反对王安石的募役法及废除铜禁二事。他曾著《食货论》一篇专谈财政经济问题，其内容却比较平庸。在财政征课方面，他曾效法《管子》思想，认为“人之常情，与则喜，夺则怒，故先王见其与之形而不见夺之理，然后民可得而有也”。其实这不过说说而已，具体的意见仍坚持对工商业寓禁于征的传统教条。对于农业，他主张运用财政手段加以保护和发展，其办法也不外乎是募人屯垦，“三年耕则余一年之食”，使中等以上人户输入谷麦由县乡官吏代为储存，小饥则发小熟之所敛，大饥则发大熟之所敛等等，未超出积储与平籴的范围。此外，他反对管榷封占的经济干涉政策；宣扬什一税；主张“岁杪而会，量入为出”；“随地所产”征收实物；并认为“惟田及山泽、关市，此财用之所出”等等，均系在复述一些财政教条。①

他反对王安石开放铜禁钱禁，则认识到钱荒的一个原因，是由于青苗助役之征收现金，使大量货币藏于官府以致流通中货币量的减少引起物价的跌落。这一点虽不完全符合当时的历史事实，但他能看到财政的现金积贮太多，会影响流通中的货币数量的短少，殊非易事。这表明在铜禁钱禁问题上，他比王安石更有见地。

与张方平同时而稍后的秦观(1049—1100)对新法也不赞同。但他对理财问题有一个自己的看法，主张天下财富宜在公私之间适平地分配，既“不使偏归于公室，亦不使之偏入于私室”。他认为，采取盐铁、酒榷及摧抑商贾的政策，就是使财富偏归于公室；相反，如任“大农商贾”田甲一州或财倾都邑，“累万金而不佐公家之急”，也是他所反对的。可是怎样才可以使财富分配合乎理想，他只提到实行什一税制，并未提出其

① 张方平:《乐全集》卷十四,《食货论》。

他解决财富在国家和私人间分配的方案。在理财问题上，他比那些坚决否定财利者稍胜一筹，认为像司马光等人那样“不肯言财利之事”，不合乎“帝王之要务”。又认为谈财利应如管仲、范蠡、萧何之所为，而照东郭咸阳、孔仅、桑弘羊之所为则不可，这是一种折衷主义态度。[①]

三、苏轼与苏辙的财政观点

苏轼(1036—1101)与其弟苏辙(1039—1112)在政治上同属于新法的反对派。苏轼把劳役看作是天经地义的制度，“自古役人必用乡户”，就像食用五谷，衣用丝麻，济川用舟楫，行地用牛马一样，如果以其他物品充代，“终非天下所可常行”。[②] 从这一观点出发，他主张三等户以下行差役法，三等户以上人户应负担的劳役则采取募役制，但募役钱是用官府积储的大量货币购买土地交给服役者使用以自养，即他所谓“给田募役”。这和司马光坚决反对募役的观点不尽相同，而是认为差役免役各有利益，故不同意罢免役而恢复差役。这表明苏轼在某种情况下还能正视客观事实。

对于因土地兼并而产生的赋役严重不均现象，他只是把重点放在财政负担的不平均上，要求“轻赋役”。他说赋役不均起源于土地买卖时，奸民“割数亩之地加以数倍之赋，而收其少半之值，或者亦贪其值之微而得焉”，其结果，“富者地日以益而赋不加多，贫者地日以削而赋不加少”。[③] 他指出的这些现象倒是合乎事实的，但他不从土地问题入手，只主张在每次土地买卖过程中缴纳契税时，由官府查对其土地的广狭瘠腴是否与其所应缴纳的赋税相适合，如有不符即加以纠正。这是他安于现实不求改变的苟且心理的另一表现。

在财政收支方面，他强调节用，认为“广取以给用，不如节用以廉取之为易”。据此，他坚决反对“量出以为入”的财政原则。他也反对盐、铁、茶、酒的专卖，认为这是“衰世苟且之法”，还宣扬“三年耕必有一年之蓄”的古旧传说。这些都是当时反对派思想家中较普遍存在的财政观点。

在他的财政思想中，值得注意的是对王安石均输法的批评观点。他认为此法是国家与商贾争利，这也是反对国家专卖论者通常所持有的论点。但他并未停留于这一认识水平，而是指出“商贾之事，曲折难行”，存在着“先期而与钱”或“后期而取值”等各种买卖方式。在这种情况下，如果由官府设置均输本钱自行经营，其对商贾之利从而征商之额的损害，无异于“亏商税而取均输之利”。基于这种比较深刻的贸易认识，所以他能运用以往思想家均不曾提到的私人商业活动中的预购赊卖方式，来证明与其实行

① 秦观:《淮海集》卷八,《财用》上下。
② 《苏东坡集·奏议集》卷一,《上皇帝书》。
③ 《苏东坡集·应诏集》卷三,《策别》十五。

国家专卖，还不如放手让私商自由经营而由国家征收商税。至于征商问题，他提出“小商人不出税钱”，以刺激零售商业的发展，从而使“大商既不积滞，则轮流贩卖，收税必多”的观点。[①] 这种立足于商税的增加，鼓吹批发商与零售商相辅而行的商业经营方式，在中古以前的租税思想史上也是少见的观点。

另须指出的是，苏轼从“谷太贱则伤农，太贵则伤末”的传统说法出发，力主取消“五谷力胜税钱”以防止“商贾不行，农末皆病”，由此刺激谷类商品的流通而实现“农末皆利”。因为“五谷无税则商贾必大流通，不载现钱，必有回货，而回货之税，所得未必减于力胜”。[②] 这种关于携带“回货”和扩大商品流转以增加租税收入的思想，颇为新颖。尤以“农末皆利”作为考虑商税问题的指导原则之一更为奇特。这也说明他在一定程度上能不受传统重农抑商观点的束缚。

在利用租税手段以鼓励商业经营方面，他还主张对于承担国家“纲运”任务的船只所搭载的私人商货，应免于征税，这样“既免征税，而脚钱又轻，故物货通流，缘路虽失商税，而京师坐获富庶”；反之，如因官用不足而急征商税，则“商贾全然不行，京师坐至枯涸”。对纲运船只所载钱粮的征课，他主张“当以到京之数为额，不当以起发之数为额”，此举看起来损失不少商税收入，由此却使“商贾坌集于京师，回路货物无由，复入空纲揽载，所获商税必倍，此必然之理也”。[③] 可见，他是把培养农业税源的古老思想转用于商业方面，企图通过减免商税方式以促进和扩大商业经营活动，最终在商业发展的基础上可望获取更多的商税收入。这是他的财政思想的一个特征，也是他对宋初商业经济发展这一客观现实的敏感之处。

苏辙在许多重要财政问题上的观点，大多沿袭苏轼之说。不同之处是其兄重视减免商税对保护商人和促进农业发展的作用，而他却把工商技巧之民与游民同等看待，主张向他们征收庸调，以便十年之后，“必将使农夫众多而工商之类渐以衰息”。这是他不及苏轼敏感而较为保守的一种表现。此外，他坚持恢复租庸调制，反对以钱为税，也是其保守思想的另一表现。至于他提出“财者为国之命而万事之本”[④]，则说明他对财富与财政的看法已能抛弃传统观点。

他反对新法，常不是反对新法本身而是反对新法执行过程中所产生的流弊。例如对市易法，他并不反对设市易之官以平贵贱的原则，惟对其“无物不买，无利不笼”所造成的“杜绝利源，不与民共”，或者“输滞积不售之货以易现钱”“指残破无用之屋以赊实货”等弊端，持批评态度。在反对青苗法问题上也有类似情况。他并不是根本否定官

① 《苏东坡集・奏议集》卷一，《上皇帝书》；以及卷二，《论河北京东盗贼状》。
② 《苏东坡集・奏议集》卷十二，《乞免五谷力胜税钱札子》。
③ 《苏东坡集・奏议集》中《论纲梢欠折利害状》及《乞岁运额斛以到京定殿最状》。
④ 苏辙：《栾城集》卷二一，《上皇帝书》。

府贷放，而是认为官府贷放带有强制性质。他强调公贷与私贷有很大的不同，“私家取利虽多，然人情相通”，在还贷方面有相当大的灵活性，“非如公家，动有违碍”。① 这是借歌颂私人高利贷来反对官府贷放取息的典型论点，在以前尚无先例。

他反对王安石以财政作为摧抑兼并的工具，认为“城郭人户虽号兼并”，然而在国家遇到财政困难时，却是可以依赖的力量，故“财之在城郭者与在官府无异”。② 这样把富民描绘成解决国家财政困难的主要依靠力量，也掺杂着为“城郭”富民即城市富裕工商业者辩护的新兴时代特征。

四、北宋后期的财政支出及商税观点

第一，财政支出观点。北宋财政中的一个突出矛盾，是冗费的大量存在。为了摆脱这一日益沉重的财政负担，除王安石之外，一般思想家都主要从减省财政开支方面寻求出路，未超出传统节用或节流观点的范围。其中值得一提的是，北宋末期的思想家在分析财政支出问题时，十分重视利用会计统计资料进行比较分析。如曾巩(1019—1083)在议论财政经费问题时，曾将景德、皇祐与治平年间的会计录加以比较。他看出皇祐及治平时的民户和垦田数均大大超过景德时，财政收入有显著增长，而财政支出亦急剧上升，原因在于皇祐与治平时“官之众一倍于景德，郊之费亦一倍于景德”。这样就找出皇祐、治平时财政冗费激增的症结之所在，因而主张对症下药，在保持繁盛的同时，对于冗费“可罢者罢之，可损者损之”，使“天下之用官之数，郊之费皆同于景德，二者所损者则盖半矣”。③ 虽然他最后得出的节省经费的设想并不切合实际，但通过历代会计录资料的对比研究，来找出造成财政支出增长的原因及其节制之道，这一分析方法却是正确的。这种重视运用会计数字来分析财政问题的方法，是自北宋起古代财政思想进一步发展的一个标志。

在财政支出方面，北宋后期的思想家谈论较多的另一问题，是主张建立统一的中央财务行政机构，以负国家各部门财政支出的总揽和协调之责。这一时期，实际上仅掌管经常性赋税的户部左曹隶属于尚书，而掌管常平、免役、坊场、山泽等朝廷封桩之财的右曹却另由右曹侍郎统领，不属于尚书。从此财权一分为二，彼此不能通融。对此，司马光曾指出，“天下之财分而为二，视彼有余，视此不足，不得移用”，造成财政支出的不合理现象。因而建议由户部尚书兼领左右曹，侍郎分职而治，将分散的财权集中于户部尚书之手，“使尚书周知其数，则利权归一”。④ 他还建议恢复宋初曾一度设

---

① 苏辙：《栾城集》卷三五，《自齐州回论时事状》；以及《栾城集·后集》卷一五，《民赋叙》。

② 苏辙：《栾城集》卷三五，《制置三司条例司论事状》。

③ 曾巩：《议经费》，引自《文献通考》卷二十四，《国用》。

④ 司马光：《论钱谷宜归一》，引自《宋文鉴》卷五十。

立的“总计使”官职，直接隶属于宰相，并将皇室私藏也纳入总计使的管辖范围内。上官均亦不赞成皇室私藏独立于国家财政之外。其理由是掌理皇室私藏者不谙财计业务，故须令户部与太府寺共同检察内藏储库，也就是主张让中央财务行政机构统一管理国家和皇室的所有财政收支。在汉唐以来反对皇室私藏的观点中，这是颇为奇特的理由。吕诲也主张将得自天下的钱谷收入汇总于一个专门财政机构主管，由此“能知其大数，量入为出”。在他看来，如果国家财政的管理“无专主之者”，那么“谁为国家公共爱惜、通融措置者乎?”就像家产的管理“必使一人专主管支用”，如果多人管理，相互侵夺，人人取用，就不可能实现家产的增益。他的结论是，国家财政如不统一，“虽使天下财如江海，亦有时而竭”。① 可见，他对于统一财政以总揽国家支用的重要性，有着深切的体会并作出了明晰的表述。

第二，商税观点。北宋后期，人们对于商税问题的看法，较之前代思想家更为深入和细致，并开始逐渐摆脱抑商思想的传统束缚，这是本时期财政思想发展的又一个显著特点。下面是几个具体观点的例证：②

一是保证商税措施。熙宁四年(1071 年)，周直孺看到官卖酒曲数量过多，“曲数多则酒亦多，多则价贱”，因而使包销酒户难以完成须上缴的酒税定额。为此，他建议官造曲数“宜减数增价，使酒有限而必售”，即借减少主要生产资料以降低商品生产量来提高商品的价格，并以商品的有限性来确保该商品增价出售从而保证商税定额不亏。这种措施显然是在政府垄断酒曲原料的条件下才有可能实行。但其中对于商品供求关系及其对商税影响的理解，已达到当时条件下颇为不易的认识水平。

二是从价税观点。元丰三年(1080 年)，琼管指出海南地区征收商税，系按商船大小以丈尺为标准课税，谓之“格纳”。结果因商船所载货物不同，对类似船只所征课的同一商税与其所载货物价值相比较，往往“输钱多寡十倍”。因此，他建议取消“格纳”，按照“物贵贱多寡计税”，即以课征对象的价格为标准计税。可见，他对征收从价税可以避免以船为单位征税所造成的负担不均弊端，已有比较清楚的认识。

三是商税转嫁观点。哲宗即位时，王岩叟曾针对有人拟增加盐税的主张，指出当初在国家专卖条件下，商贾请求“愿输倍税”以取代官府榷买，当时主计者只知道由此可得加倍的商税，“不知商贾将于民间复增卖价以为害”，即揭穿了增加商税必然会通过租税转嫁而加害于人民的实质。这样来表述租税转嫁的涵义，比以前的说法更为精确。

---

① 吕诲：《论钱谷宜归一疏》，引自《古今图书集成·食货典》第七卷。

② 《宋史·食货志下》。

第五节　叶适的财政思想

叶适(1150—1223)在中国财政思想史中的地位,不在于他提供了什么具有重要意义的财政理论原则,而在于他对许多占支配地位的传统财政教条,给予了富有意义的质疑或批判。

一、对早期儒家讳言理财观点的批判

唐代后期以来,对儒家"讳言财利"观点表示疑义这种思想倾向,到南宋叶适这里,发展成为一种锐利的批判武器。他指出,后世儒者大肆宣扬的董仲舒所谓"正其谊不谋其利,明其道不计其功"观点,全是"疏阔之论",因为"既无功利,则道义者乃无用之虚语耳"。① 他特别强调,"聚天下之人"须凭借"衣食之具",而衣食之具的有与无、多与寡、明与暗、节与费、增益与侵削、开源与壅竭等等,关系极大,"是故以天下之财与天下共理之者,大禹、周公是也。古之人未有不善理财而为圣君贤臣者也"。这一不善理财即不成其为"圣君贤臣"的命题,其态度比李觏和王安石还要鲜明和坚决。由此出发,他又断言"理财并非聚敛",将"理财"与"聚敛"区分开来,这是对儒家混乱财政观点的又一澄清。不过在这一区分过程中,他也只能说,不自利而"为天下理之"即为理财,如系"自利"或"自理之"那就是聚敛;"为天下理之"则"虽百取而不害",倘若"自之",即便少取也不好。这是一种强调理财的主观动机而忽视其客观效果的说法。

他幻想理财可以不必取之于民,对秦汉以后创设各种办法"取诸民而供上用",表示非议,认为这就像"为其父而榷其子"一样,是一种"日取其子而不计其后"的财政方式。他的理财基本方针,既不能取之于民,则只能由国家直接从事农业生产作为其财政的主要来源。殊不知这在当时的封建条件下是一种不可能实现的方针。因此,他的观点只有在批判把理财与聚敛相混同这一点上,才算有些意义。

二、反对以财政作为打击工商富人的手段

叶适继承了公元8世纪末起出现的一种新观点,即反对把财政作为抑制富人兼并的工具。他认为王安石摧抑兼并的财政政策,是"计利太卑而求民太甚"。他把富人看作是代替官府"养民"并为国家财政所仰赖的不可或缺的社会力量。小民不仅可以从富民那里假田、借资、求急、受雇、传食等,而且官府需求也"常取具于富人",所以他说,

---

① 叶适:《水心别集》卷二,《财计》上。

"富人者，州县之本，上下之所赖也"。既然认为富人承担着"为天子养小民，又供上用"的重责，在他看来，富人虽"厚取赢以自封殖，计其勤劳亦略相当"，即使他们"豪暴过甚，兼取无已"，也只能加以"教戒"，促其"自改"，绝不能给以打击。[①] 这样鲜明而突出地为富人辩护并强调富人的社会作用，必然反对以财政方式打击兼并的政策。

他心目中的富人，又突出地体现在对待新兴工商富人的态度上。他认为，汉初之后以"抑末厚本"相标榜的财政政策，其实"非正论"，那是对富裕工商业者"夺之以自利，何名为抑"[②]？他主张顺应时势，将向来认定应由国家独掌的轻重散敛之权也容许富商大贾分享，在理财活动中尽量发挥他们的作用。如在处理江淮地区军事防务的问题上，他提议鼓励江南的盐、茶、米业大商人出资招募农民屯垦江淮一带田地，按军队方式编组训练，无事为农，寇来为兵，而应募富商则按出资多寡予以官爵。这在理财思想上，显然是肯定和重视富商大贾的作用。

三、否定什一税为"中正之制"

他指出，"儒者争言古税法必出于什一"，其实从古代官府承担"教养其民"的职能来看，则"取之或不止于什一，固非为过"。如果官府不再承担或少承担这些职能，仍因百姓拥有私有财产遂进行征课，则"止于什一而已不胜其过矣，亦岂得为'中正'哉"。况且"合天下奉一君"，在"地大税广"的条件下，哪怕是二十而取一或三十而取一，也是可以的，不能像孟子那样斥之为"貉道"。[③] 在这里，除了大胆否定什一之税为"中正"之制的传统教条外，他还提出古代税率可能比后世的税率为重，这是对那些向往古代轻税的黄金美梦的抨击。此外，他坚持后世应采取低于"什一"的税制，其论据一是"直因其自有而遂取之"，意味宣布对私有财产的征课为不当，更不应有超过"什一"的征课，这是公开为私有财产制度辩护的观点；二是"合天下奉一君"，意味对最高统治者的财政特权的抗议。这两个论据，到17世纪前半期曾被当时一些启蒙思想家作了进一步发挥，足见其影响的深远。

四、对量入为出原则的质疑及其他

他认为，"国家之体，当先论其入"，如果收入来源不合理，是对人民的横征暴敛，这样的收入愈多对人民的损害也愈大。他又将收入是否合理与支出是否合理联系起来考虑，认为急征横敛的收入愈多则奢侈浪费的支出也愈大，其结果是收入愈多愈是不敷开支，即所谓"财愈多而国愈贫"。这是对传统量入为出原则本身的质疑，至于怎样

---

① 叶适：《水心别集》卷二，《民事》下。

② 《习学记言序目·史记》。

③ 《习学记言序目·周礼》。

判断“所入”是否合理，他的意见是，“使天下之用诚有常数，而户部以天下之税当之而有余”。这是预先确定财政支出的“常数”，然后根据这一正常支出额来决定相应的税收额，由此即可避免因盲目下达税收任务而产生的“自困其民”弊端。① 这样来理解收入与支出之间的关系，实际上已超出量入为出的传统视野，将量出为入也引入作为分析财政收支问题的重要原则。

叶适财政议论的最突出之处，是他多次提到财愈多而愈不足这种奇特现象。产生这种现象的原因，他归咎于兵费多和官冗滥，其实还有他曾提到却未应用于财政分析之中的物价上涨问题。为了解决养兵费在当时国家财政支出中“十分之九以供之而犹不足”这一“天下之大蠹”，他提出以田养兵计划。其办法是在各州购买附城三十里以内田地，亩数以每年收获足供当地军费为度；买田用官爵、度牒、官诰，不费国家一文现金。这实际上是以官方有价证券来购买土地，而出卖部分土地的地主不仅可以收回一定的代价，还可以享受未出卖土地部分永免夏秋二税四分的优待，其他地主并可因此而免去军费负担；同时购买州治附近的田地，亦可充分利用商业城市的便利，进行农产品的管理与出售以及各种应用物品的购置。这些认识，与他建议让盐茶巨商出资募集农民以充实淮南边防的支配思想，是完全一致的。

第六节　12世纪到13世纪初的财政思想

一、林勋的田赋方案

他在《本政书》中，曾以恢复“古井田之制”为幌子，设计了一套似乎税率很轻而收入又很多的田赋征收制度，在当时及后世都有一定影响。其中作为“体正之制”基础的每十六夫为一井的所谓“井”，其实与以往的井田制毫不相同。尤其是它的租税制度，实系掺杂着许多后代租税思想的混合物。如他放弃了劳役地租方式，采取实物地租与货币地租的结合形式，可算是历代井田征课方案中前所未有的设想。又如他虽未明确否定什一税原则，但就他所拟定的各种租税税率来看，每亩所纳租米不到二升，所纳现金不到五文，根据当时的每亩单位面积产量和谷物价格核计，远远低于什一税率；而“匹妇之贡”也比两晋占田制要少得多，惟每井养马一匹似乎稍重一些。所以，他的方案能迷惑当时不少的人并不是没有原因的。但是，他的方案对纳税人口的估算，显然忽视了现实的劳动力与土地配置的不平衡性，无论纳税人口和垦田数字，都被过分夸

① 叶适:《水心文集》卷一,《上宁宗皇帝札子》;以及《水心别集》卷二,《财计》下。

大了。因此,他自称此租税方案行之十年后,一切人头税及国家专卖制“皆可驰之与民”即全部取消的许诺,不过是自欺欺人的一纸空文。

二、郑伯谦论会计

他曾提出一个与王安石完全相反的财政观点。王安石要求理天下之财,既要理财之出,更重要的是理财之入。而郑伯谦的主张是:“周礼之理财,理其出而已矣,非理其入也;理国之财而已矣,非理天下之财也。”[①] 因为人民的物质经济生活既能自己安排,不需要政府为之代谋,故应考虑的自然主要是财政支出问题。

更值得注意的观点,是他特别强调政府会计的作用,主张扩大会计的监督范围,“不独考其国之财,亦将以并考天下之财”。这里“国之财”指国家中央财政部门的收支,“天下之财”则指全国一切有关财务事项。他提出两个有关会计的原则。一是“出纳移用”之权(指主管财务行政官吏的职能)与“纠察钩考”之责(指主管会计官吏的职能),要分别由不同官司掌管,以防止弊端,并能提高工作效率。他甚至主张将司会与司书(掌理簿书图籍的)之官也区分开来,以表示其“防闲之周密而视听之详多”。这一原则从近代会计监督制度来看,也是正确和必要的。二是主张提高会计官司的权位,以便能充分执行其“纠察钩考”的职务。他将此不仅视作杜绝贪污舞弊的手段,并看作防止暴征横敛的办法。[②] 其实如能严格执行会计制度,掌管会计的官吏不一定非有很高的职位不可。这一原则是不够全面的。

他从理论上阐述会计的原则与作用,所提出的两条原则不论在当时曾否实行,其初意不外乎是要求会计独立,这在现代会计制度中也是需要大力贯彻的原则。实际上,南宋时期重视国家“会计”制度者,非止郑伯谦一人,而是当时财政论述中经常涉及的重要内容之一。如绍兴时的侍御史张绚,已将编制会计录视为处理国家各项财政事务的首要工作,并对国家会计职能及其主要业务范围,作出了原则性的阐述。在会计制度的执行方面,南宋时也出现了各种意见。总之,这一时期对会计问题的重视程度以及考虑问题的精审水平,显然又比唐代乃至北宋时期前进了一步。

三、朱熹的均税思想

朱熹(1130—1200)对于财政问题并未提出什么新的见解。须指出的是,在租税征课问题上,他把增加租税收入视为“聚敛”之事,将处理租税问题的重点放在均税上,而实现均税的主要途径是所谓正经界。“正经界”之说最初是与“井地不均”问题联系在

---

① 郑伯谦:《太平经国之书》卷十,《理财》。

② 郑伯谦:《太平经国之书》卷十,《理财》;以及卷十一,《会计》。

一起，大抵到唐中叶以后，正经界对于均税的作用才逐渐引起人们的重视。朱熹对于经界问题的理解，系因袭前人以均税为其主要目的，只是特别加以强调而已。他认为“经界一事，最为民间莫大之利”，它可以纠正“版籍不正，田税不均”之弊，并相信实行此法后，“其利在于官府细民，而豪家大姓猾吏奸民，皆所不便”。[①] 他的经界论之所以值得一提，不在于它本身有什么特殊的见解，而在于它经过朱熹的宣扬后，被认为是一种处理租税问题的指导财政思想而为后来的儒者所乐道。同时，这也反映了封建前期的土地思想，在宋以后逐渐蜕化为单纯的均税要求的思想演变趋势。

四、董煟的救荒活民策

他的《救荒活民书》出现于12世纪后半期，它对救荒原则的系统论述，为后代救荒问题的探讨开创了一个先例。此书分为三部分，其中第一部分为宋代以前的救荒议论与措施的历史叙述；第二部分为宋代学者的救荒议论选录；第三部分专谈他自己的“救荒之策”，也是最值得注意的部分。在这一部分，他列举了二十种救荒措施，并指出较重要的为常平、义仓、劝分、禁遏籴、不抑价等五种；其余如检旱、减租、贷种、遣使、弛禁、鬻爵、度僧、优农、治盗、捕蝗、和籴、存恤流民、劝种二麦、通融有无、借贷内库等十五种，可以根据具体情况采用。

他的救荒思想，有两个值得指出的重要特点。一是全面性。他所提到的20种救荒措施，虽然都是前人先后实行过的老办法，但他能综合和系统地加以阐述，并指出各种措施可能产生的流弊及其改善办法，这样就使他对救荒政策的论述，不再是点滴的救荒措施的记录，而是较完备的研究成果。二是利用市场价格的自发活动作为其救荒政策总的指导思想。以往谈救荒多侧重于放粮赈济，而利用粮食价格的波动来解决凶荒地区的粮食紧张问题，顶多作为一种补充办法。可是，他所论述的五种重要救荒方式，几乎每一种都浸透着依靠市场自发活动来解决问题的原则。其他十五种次要措施中，也有不少是利用市场价格活动来解决问题。至于他所列举的救荒史料中，同样对那些不限米价，甚至有意提高米价以招徕米商的做法极为称赞。这一点是极为独特的，也是他的救荒思想与《周礼》的救荒政策迥然不同之处。这一特点的客观基础，是当时商品经济的发展从而粮食商品化程度的不断提高，故可能在作为国家财政活动的重要内容之一的救荒政策上，出现以利用谷商的市场活动为指导方针的思想。

思考题

1. 在北宋前期，针对当时的财政问题，曾出现过要求财政改革的言论。这些改革言论与汉唐的

---

① 朱熹：《朱文公文集》卷十九，《条奏经界状》；以及卷二十一，《经界申诸司状》。

财政改革思想相比较，具有什么新的特征？

2. 李觏的财政思想中，既有新的见解，又保留着旧的内容，但其新的见解从某种意义上说，拉开了封建地主经济后期财政思想演变趋势的序幕。请对这类新见解进行分析和评价。

3. 王安石作为中国11世纪的有名改革家，取得了显著的理财成就。从财政思想上看，他的改革方案主要采纳了哪些前人或同时代人的观点，并具有哪些特殊的独立见解？

4. 从财政思想上分析，王安石变法与变法反对派的对立表现在哪些方面？如何理解两者在处理理财与借用富人力量的关系问题上的异同之处？

5. 叶适作为南宋时期公开批评传统财政教条的一个突出代表人物，他的批评观点，意味着封建社会财政思想发展的一种转折。请你分析这些批评观点的内容。

6. 南宋的财政思想中，还有其他一些尽管不那么重要却仍值得一提的特色，请予以指出。

第十三章　元代财政思想

蒙古统治者征服中原后，经过一段时间，终于采纳“汉法”而逐步推行一些适合于被征服的较文明地区情况的政治经济政策与措施。从财政角度考察，这一时期具有两个显著特点：一是重商思想大举渗入财政领域，其中最为典型的是在元代盛行扑买或买扑制，即由商人承包国家税课的包税制度。二是在财政支付手段方面，除了由过去的以铜钱为主改为以白银为主之外，大力宣扬并具体设计以不兑换纸币作为财政支付的主要工具。这两点曾引起人们的广泛注意和讨论，此外，元代还有其他一些财政思想也值得注意。

第一节　耶律楚材、卢世荣与元初其他的财政思想

一、元初理财家耶律楚材的财政思想

耶律楚材（1190—1244）接受所征服的民族的较高文明，首次为蒙古统治者建立起一套封建财政税收制度。他在元初理财活动中所提出的财政政策及其所体现的财政思想，大致有以下几个方面：

一是主张改革落后的掠夺方式，将取得财政收入的办法纳入正常赋税制度的轨道。蒙古统治者对于财富的获取，传统上主要依靠军事掠夺方式，而财富的分配亦极为简单，不存在严格意义上的财政赋税制度与机构。当元朝统治者控制中原地区后，这一落后的掠夺方式便与被征服地区的经济状况产生严重的矛盾。对此，耶律楚材反对坚持落后生产方式并排斥汉人为“无所用，不若尽去之”的荒谬论调，呼吁蒙古统治者在财政上建立一套比较固定和正常的赋税制度。元太宗采纳了这一意见，第二年即根据他的建议创立了十路课税所，并委派汉人充任各路征收课税使。这是元代历史上

首次设置专掌税收的机构与官吏。他在创设赋税制度的同时，还坚决制止过去遗留下来的任意“取货财，兼土田”的野蛮掠夺行为。后来他被授予中书省印，这也是元代设置中书省以兼掌财政大权之始创。

二是坚持中央财政权力的集中与统一。他主持建立课税制度并由朝廷统一委派官吏征收捐税，这些均表明元代中央财政权力的确立。为了巩固这一权力，他又建议取消诸王贵族的领地分封制度，即便实行封赐方式，封地内的州县官吏也应由朝廷直接任命，实行全国统一的赋税制度，不许诸王贵族“擅自征敛”。为了改变当时各路官长总领军民钱谷，以致权力过重的局面，他还建议以长吏专理民事，万户府总揽军政，课税所掌管钱谷，使三者分治，“各不相摄”，以此来限制蒙古贵族对于统一财政权力的侵蚀。这些都是坚持中央财政权力集中与统一的措施。

三是保护税源与平均负担思想。他坚决反对任意课征，纠正落后的掠夺方式，建立正常的课税制度的理由，都是以中原传统的“存恤其民”一类保护税源思想为依据。他不赞成蒙古贵族主张“以丁为户”的征税方式，即改变以户为课税单位的中原旧制为以丁为课税单位，也是认为这样做会加重中原人民的租税负担，从而不利统治者的长远利益。在平均负担方面，他要求改变各族民户的赋税不平等状况，让蒙古、回鹘等内迁民户与中原民户“一体应输赋役”。这样改变统治者对被征服民族的税收歧视政策，对元朝的长期统治也是有利的。

四是反对包税制度。元代普遍推行富商承包国家租税的办法，类似于宋代曾一度实行的“扑买制”。对此，他指出：“扑买之利既兴，必有蹑迹而篡其后者，民之穷困，将自始矣！”[①] 扑买制必然使承包商人想方设法地扩大征税范围或提高税率，以求获得超过承包税额的最大赢利，这无疑会带来横征暴敛的后果，并成为破坏正常赋税制度和增重人民负担的重要根源。耶律楚材正是认识到包税制弊端而坚决予以反对的第一人。

另外，对于元代以纸币作为财政支付手段的问题，他也告诫统治者接受金代交钞膨胀，以致“民力困竭，国用匮乏”的教训，并指出其原因在于金朝官府“以出钞为利，收钞为讳”。这一分析对于元代统治者稍后完全取消收钞在财政缴纳上的限制，显然也起了重要的指导作用。

二、卢世荣的财政政策

卢世荣（？ —1285）执政时间甚短，他的财政观点仅见于他所建议的若干财政经济措施中。

① 《元朝名臣事略》卷五。

第一，建议设立平准周急库。他主张将平准库扩大为平准周急库，利用库存金银作为向人民提供低利贷款的资本，“轻其月息，以贷贫民，如此则贷者众而本不失”[①]。其目的：一是利用库存呆滞资金贷放取息，以增加财政收入；二是借以打击当时十分猖獗的高利贷资本。同时须指出的是，他并不赞成依靠发钞作为解决国家财政的基本来源。他在“救钞法”问题上所推行的一系列货币、财政和价格政策，也表明他对通货膨胀与财政的关系应该有所理解。

第二，贸易方面的理财原则。在国内贸易方面，他的基本理财原则是根据不同情况兼采干涉或放任方式，具体体现为国营垄断和商营纳税两种形式。如对竹货与渔业，主张放弃国家垄断经营，让商民自由经营；酒与铁的专卖，则系强调国营的措施；在食盐贸易上，又主张官营私营并行，以私商为主而以官营指导市场价格。在对外贸易方面，他主张完全由国家垄断海上贸易。垄断的方式是：在泉、杭二州设立市舶都转运司，由国家造船并出资交给商人从事海外贸易，所获利润按官七商三分配，此外严禁私人出海进行贸易。这种自制海船以控制进出口贸易的思想，在当时是极独特的见解。而采取七三分利办法经营的建议，也可算是另一特点。这体现了在国家垄断下，他仍不忽视商人的技能与利益的主导思想。他还主张在各都市设立市易司领导“诸牙侩人”来促进商业活动，甚至连他建议设立的规划国家钱谷的机构，即所谓“规措所”的官吏，也主张“以善贾者为之”，由此更可见他在国家理财方面对商人及其活动的重视。

第三，主张减轻人民的劳役负担。他建议驿站除驿马外，往来使臣饮食不由人民供给，改由官府支给。驿站应差是元代人民非常沉重的一种劳役负担，故这一建议确属反映了广大人民群众的迫切要求。另外，他还建议“逃移复业者免其差役”，由官府将“江淮民失业贫困鬻妻子以自给者”收赎为良民，“免民间包银三年”，“官吏俸免民间带纳”等，甚至提出由政府强迫地主“收佃客租课减免一分”。这些要求减免人民赋役负担的建议，在当时也是比较突出的。

第四，以经济收入为财政来源的思想倾向。他将财政的重点放在经济收入方面，尤其对以下几种收入给予极大的注意：一是酒专卖及盐引收入；二是贸易收入，包括垄断海外贸易和政府从事粮食买卖的收入；三是各都市市易司的牙侩收入，计商人物值四十分取一，以十为率，四给牙侩，六作官俸。同时，他对强制的租税收入不大重视。其中他建议“免大都地税”，还可算作主张根本取消城市地税的一个新观点。

三、13世纪末14世纪初的财政言论

元初的邓牧（1247—1306）曾公开否定君主的征课特权，指出：“天生民而立之君，

---

① 《元史·奸臣传》。

非为君也，奈何以四海之广足一夫之用耶！”[①] 但这一时期的大多数思想家，是站在统治者的立场上为解决国家财政困难而出谋划策。如王恽（1227—1304）所说的“君不必富，富藏于民”，是相信“一世之财足周一世之用”，似乎只需“去其害财者”，财政问题即可迎刃而解。因此，他对付财政困难的基本方针，可用“节浮费之用，停不急之务”一语来概括。[②] 至于其他反对盐专卖，为盐商呼吁的思想，表明他尚能适应古代财政思想发展的新趋势，此外则殊少新的独立见解。这也是元代在财政问题议论方面较常见的现象。

在这一时期，还出现了以布衣身份上书谈理财时政的新鲜事。其中较为有名者，一个是赵天麟先后进呈《太平金镜策》《逃民策》及其他建议。在财政思想方面，主要提出了一个旨在充实国家财政收入的土地方案，认为解决财政问题的根本办法是恢复井田制。其步骤是先采取限田制以逐步向井田制过渡，而限田的办法无非是规定土地最高限额，均未超出以往的陈说。在安定逃民方面，他指出沉重的赋役是造成农民逃亡的重要原因之一，其解决办法不外乎是听任无田而逃者在旷土占田，由官府提供购置生产用具的无息借贷，补助困难户之类的空头支票。

另一个是郑介夫先上《太平策》涉及盐法、常平及官俸数端，后又上《抑强状》着重谈马政问题。其中盐法方面的意见，他主张将以往官府出资、由亭户负担差役的办法，实际上改为由富家出资分包盐额的形式，各地盐商取得盐引后即分配到适当产盐亭户提取盐斤。这样，亭户、盐商均可免去团军、巡卒的追迫勒索。其结果，商人获利既厚，贩者必多；食盐价跌，民间可得贱价盐食用；政府既可增收盐课，又可节省大笔食盐管理机构和官吏军卒的开支。这一建议虽然还不是完全的食盐自由经营，却比官府严格监督食盐产销的方式，更有利于食盐的生产与消费。除此之外，郑介夫的财政言论与赵天麟一样，基本上都是采摘以往旧说，缺乏独创见解。这也许是他们的万言书虽得到不少学者的喝采，却未引起当时统治集团的重视的主要原因。

第二节　马端临与元末的财政思想

一、马端临的财政思想

马端临（约1254—1322）的名著《文献通考》，刊出于元英宗时，其中大量记录了前代的财政史实与议论，也表达了他自己的许多财政见解。故在宋元时代的思想家中，

---

① 邓牧：《伯牙琴·君道篇》。

② 《历代名臣奏议》卷六六，《政事书》；以及王恽：《秋涧先生大全文集》卷九〇，《便民三十五事·论盐法》。

以他的财政思想的内容最为广阔。

第一，对历代财政改革的评价。他在财政思想方面值得称述之点，是对历史上那些一向被儒者非议的财政改革政策或理财人物，作了某种程度的肯定性评价。例如，在他看来，商鞅创立的田赋制度，“后之为国者，莫不一遵其法”，如改变其法反而是烦扰无稽，使“国与民俱病”；盐铁专卖政策的性质是，与其由“豪强擅之”，还不如“取以富国”；桑弘羊的各项财政政策，“亦理财之良法，未可深訾”；杨炎的两税法特别是其核心内容的“人无丁中，以贫富为差”思想，“尤为的当”，比原来的租庸调制“不问贫富而一概按元籍征之”的做法，要前进了一步；王安石推行的免役法是“救时之良策”，而征助役钱虽使“士夫豪右不能无怨，而实则农民之利”；等等。[①] 他对这些理财人物及其财政措施均予以适当的肯定，是其一大特点。同时，他又受传统财政教条的局限，不敢公开宣扬“言利”或理财，并连带地对他已肯定其财政措施有一定积极意义的那些历史人物，也或有微词。这也表明他尚陷于新旧思想矛盾的困惑之中。

第二，租税思想。他坚持量入为出原则。对于财政支出，他在《文献通考》里专门设有“国用”一考，详细记载了历代国用支出上的典章制度及各时代思想家的有关议论。而其通考中所设田赋、钱币、户口、职役、征榷、市籴、土贡等七考，则在不同程度上涉及财政收入问题。在诸多收入项目中，他尤为重视租税收入特别是田赋收入。在他看来，“赋税必视田亩，乃古今不易之法”，故反对以“丁夫”为课税基础，尤其批评“舍地而税人”为荒谬之甚的做法。另外，按田亩征课被认为是公平的办法，不像按人丁或户口征课，是使贫民与豪强兼并者“一例出赋”。他还以史学家的眼光，揭示了封建地主经济前期因户赋加重，“非特不能均贫富”，反而使国家掌握的纳税人口数字严重失实，成为魏晋以来的“通病”。为了根除这一“通病”，自然就得放弃按户征课的租税制度，这也是他特重田赋收入的一个重要原因。至于他提出“鬻卖而有税，理也；经过而有税，非理也”[②]的意见，即赞成商品税而反对通过税，也反映了租税思想上的某种变化。

第三，反对国家专卖。从总的思想倾向上看，他不赞成国家从事专卖，认为古代帝王所需要的物货，都是“取之任土所贡而有余，未有国家而市物者”。至于国家依照商业经营原则进行的各种理财活动，如均输、市易、和买、常平、和籴等，他也不那么赞成。严格说来，他不同意的仅是国家借商品买卖以牟利，特别是官府将所经营的滞销商品“俵散抑配”，即按人户贫富等级摊派，最后甚至向人民要钱而不给商品，“遂同常赋”。他向往的制度是让人民自由经营，国家只收取捐税，但这也不是绝对的。另外，他的征商观点既未完全肯定商人的社会职能，也非对商人一味的轻贱。

---

① 《文献通考》中的《自序》《市籴二》《征榷六》《田赋三》《职役一》和《职役二》等篇。

② 《文献通考·征榷一》。

第四,货币征课概念。宋元时期,以货币定税额的现象已相当普遍,这也促使他从货币购买力变动的角度去考察财政收入的沿革。他指出:南宋绍兴时代,一个州的盐利收入常比唐代全国的盐利收入还要多,以及整个国家的财政收入也比汉唐多了若干倍。其原因有二:一是"盐直比唐则愈贵",二是"缗钱比唐则愈轻",由此证明盐利的增加"未可全归征利之苛"。[①] 这里实际上是把货币购买力的变动,作为造成不同历史时期财政收入变动的因素。他认识到盐利收入的缗钱"愈轻",即使盐利的征课比率不变,也可使其货币收入大为增多。这已不完全是感性认识,而是作了某种程度的理性分析。在中国历史上,分析各朝代的财政收入而能考虑到货币购买力变动因素的思想家,马端临还是第一个人。

第五,财务行政观点。他认为国家收入宜"明取"而不应"暗取",要从"经久之计"考虑,对各种收入项目进行核实,"择其可取者,正其名而使不失经常之赋,其不应取者,削其名而可绝并缘之奸"。这种强调"明取"的思想,颇类于近代所谓财政公开的原则。在财政收支系统上,他比较欣赏唐中叶以后的上供与留州制度,也就是在中央统一掌握的租税收入中,留拨一部分以供地方支用。他认为这一做法的"深意",在于预防意外不虞之事的支用,并可"宽于理财"以施行恤民之"仁政"。[②] 这表明他赞成中央与地方实行赋税分成的观点。

总的看来,马端临的贡献主要不在于他的财政思想本身,而在于他的巨著《文献通考》对财政思想的研究所起的作用。他在此书的体例上继承了杜佑《通典》的优良传统,将包含大量财政内容的"田赋"等考,列在政治经济诸制度的首位,而且作了较重要的发展。这表现在两个方面。一是《文献通考》的食货部分比《通典》的内容更多,共八考计 27 卷,约占全书 348 卷的 8%。其中专谈财政问题的有"田赋""职役""征榷""市籴"与"土贡"五考,其他三考也包含不同程度的财政内容。这至少可以反映作者对财政经济问题的更加重视和他所搜集的财政经济史料的更加完备。二是《文献通考》较广泛地汇编了历代思想家对某些历史经济事例包括财政事例的意见,并提出了他自己的观点。这样,就使其食货部分不仅是系统叙述历代财政经济体制的典籍,还是汇集了历代财政经济思想的宝库。《文献通考》对后代学术界有很大的借鉴意义和参考价值,明、清两代续编《通考》者不乏其人,现代学者引用《通考》食货部分之处亦较多,足见马端临对后代的影响。仅就这一点来说,马端临对我国财政思想史研究的贡献,已是非常巨大的。

---

① 《文献通考·征榷三》。

② 《文献通考·国用》。

二、经理法与京东垦田议

元代后期,“强者田多而税少,弱者产去而税存”的现象已十分严重,故章闾于延祐中建议实行“经理之法”。其法作为核实土地亩数以均平赋役的财政措施,和北宋的方田均税法、南宋的经界法、金代的通检推排法,属于同一类型,目的都是通过整理地籍以核实国家的土地税收益,避免受豪强富户兼并土地行为的侵害。这些措施虽在性质上基本相同,而其具体做法各异。元代由章闾倡议并经仁宗采纳的经理法,纯系依靠强制行政手段来推行整理地籍以定赋役的工作,规定民户在40天内必须以自家所有田数“自实于官”,作弊者允许检举告发,并颁布各种惩罚条例,违者必纠。这种办法试图以简单便捷和速见成效的方式,将赋税负担尽快落实到每个土地所有者身上,只从增加税收角度考虑,连整理地籍所必备的起码条件也置之不顾了。

京东垦田议是虞集(1272—1348)的创议,旨在解除东南人民负担官粮运输的沉重劳役。他主张以官爵诱富民垦荒和按垦地多寡定官位高低的方式,鼓励富民出资集众垦田而“宽东南海运以纾疲民”。从漕运思想角度看,这一意见确是很新颖的。自元初起大规模开展海运漕粮业务以来,一般认为这一措施实行后,“民无挽漕之劳,国有储蓄之富”。而虞集却另辟蹊径,将宋以来募富民垦田的思想应用到解决漕运问题上,这也是他与时人不同之处,并常为人们尤其是明、清的思想家所称道。

思考题

1. 元代财政思想的特征,一是从总体上接受了所征服的民族的封建财政原则,以取代原来落后的掠夺方式;二是掺入了征服者实施统治的若干新举措。请举例说明这些特征。

2. 从财政思想上考察,马端临的《文献通考》具有哪些值得称述之处?

第十四章　明代财政思想

明代尤其是明中叶以后，财政思想领域最重要的变化，一是批判传统讳言理财思想的演进，进而形成尖锐的新与旧、传统与反传统的斗争；二是统治者更为经常地以重商原则作为处理国家财政事务的指针。这些变化趋势虽在唐宋已开其端，但新的历史条件又赋之以新的内容。其他许多的财政观点，都围绕着这两个重要变化而展开。

第一节　明初的财政言论

一、对待理财的态度

明初统治者在财政方面持比较审慎的"安养生息"方针。他们一方面稍加缓解元末压在人民身上的沉重赋役负担；另一方面对紊乱的赋役制度加以整顿，编制征派赋役的户口和土地簿册，即"黄册"和"鱼鳞图册"，建立起由大户充任粮长负责征收和解运田赋，里甲人户轮流负责催征，州县负责监督的课征分工负责制。这些制度的创建，标志着赋役课征方式的更趋周密和完备。不过那时它的重点，是放在财政负担的确定和均平上，而不是以增加财政收入为主要目的。

围绕着以上方针，那些讳言理财的旧势力如其代表人物方孝儒(1357－1402)，宣称"以理财为先"是古先圣王所诛弃的对象，而且理财与聚敛无异，从不包括在"富国之大本"中。[①] 他除了鼓吹节用以及传统的"民富""国富"一类说教外，别无积极的建议。与此相反，其他一些学者不得不承认儒者可以言理财之事。如刘定之(1410－1469)就指出，"不观禹贡，不知理财为圣君之急务；不读周官，不知理财为圣相之首事"，既然国

① 方孝儒：《逊志斋集》卷四，《周官二》；以及卷一，《杂诫》。

用的盈缩关系着民命的惨舒，就不可不知。他认为富国有上、中、下三种策略：其上策是坚持务农重谷、驱民归田以“生民之财”；中策指管仲、李悝等人实行的轻重敛散政策，此系“徒知理民之财而不知生民之财”；下策包括平准、和籴之类的权宜办法，更系“徒知理国之财而不知理民之财，损于下而以益于上”。至于以卖官鬻爵方式来充实国家财政，则属“无策”之举。[①] 明初以后，人们常运用“理民之财”与“理国之财”这一对概念来探讨社会经济与国家财政之间的关系，可见刘定之的理财概念产生了一定的影响。而他将“理民之财”放在“理国之财”之上，这倒是在某种程度上继承了王安石要求理天下之财的思想。无论如何，他能公开赞成理财为“圣君圣相”之急务首事，总是值得肯定的。

二、田赋问题

明代赋税制度中的一个突出矛盾，是各地田赋税率的畸轻畸重，尤以江南地区的田赋负担过重。这自然会引起当时思想家的特别关注。除田赋正税之外，田赋加耗问题也日益引起明初人士的重视。所谓加耗，是为了弥补田赋征收过程中发生的损耗而在赋税正额以外加征的部分。征收加耗不自明代始，但至明代更为突出。于是，如何解决加耗不均问题，便成为当时人们议论的一个重点。其中较早出现并对后世影响较大的是周忱的加耗议论。

周忱(1381－1453)最初谋求解决江南地区官田与民田负担极不平均的问题时，曾提出田赋正税让官田按民田税率征课的建议，遭到否决。因此，他不得不将总督税粮的主要注意力转移到田赋加耗问题上来，创议“平米法”。此法改革当时的加耗制度，无论大户小户，耗米均随正米依一定比例摊派，不分强弱愚智一律征课；并根据各类田土原有田赋税率的轻重不同实行差别摊派，如重税官田少纳耗米，轻税民田多纳耗米。故此法又称“均征加耗法”。其目的是为了解决财政收入问题，其锋芒却是直接指向“不出耗米”的豪强大户，因此遭到他们的强烈反对。

从财政思想上考察，周忱的加耗议论中，除了强调赋税负担平均这一古老原则外，还有两点值得指出。一是以附加税作为调剂田赋负担不均的手段，这在贯彻赋税负担平均的思想原则方面，可谓别开生面。二是主张用加耗收入来解决地方财政开支问题。征收耗米的本意，是为了弥补税粮征收过程中出纳、运输、存储等方面的消耗和损失。然而耗米一经征收，在补充损耗之后还有一部分剩余，即所谓“耗羡”或“余米”，往往被地方官吏任意挪用或贪污中饱。为此，他建议利用耗米及其“余米”建立起地方财政储备，作为支付地方公务、赈济、工程以及其他杂项支出的基金。对于陆续增添的一

---

① 刘定之：《刘文安公策略・户科》中《历朝财赋法制得失》与《历朝财粟积济得失》二篇。

些财政缴纳项目,他也主张在加耗收入中支拨,不复扰民。这样以加耗收入作为地方财政储备的固定来源,实际上已具有建立地方财政收支系统的含义。故周忱可谓中国历史上较早接触中央与地方财政收支问题的一个人。

他的加耗思想对于后代的影响,从其主流来看,以后近百年间,江南田赋均照其平米法原则进行征收。接着又有人根据其原意创行征一法,将官田与民田的田赋税率进一步拉平,成为明中叶以后实行一条鞭法赋税改革的直接先驱。另外,明初以后围绕着按田加耗还是按粮加耗,还产生过歧见。然而,加耗思想也带来某些弊端。如运用加耗来调整正税负担的轻重不均,为征收官吏上下其手,任意增重加耗负担提供了可乘之机。又如以加耗为地方财政的收入来源,也为地方官吏肆意增加附加税的种类和数额提供了先例。

三、财政中的货币收支问题

明代继元代之后,进一步扩大了货币在财政收支中的作用,这首先表现在田赋征银上。正统初,正式规定田赋征收银两,时称"金花银",从此"遂以银为正赋"。这标志着货币税思想已渗入国家财政重要基础的田赋领域。在漕运事务方面,同样出现了实物改折银两缴纳的趋向。如周忱为了减轻漕粮负担,曾建议田赋加耗折收银两或布匹,是为漕粮折银之始。虽然漕粮改纳货币这一趋向以后又经历了相当长的过程才最终完成,但它的出现,毕竟反映了明初以来对于货币收入的认识,比起前代更深入一步。从明代财政支出的主要项目之一即官俸支出来看,货币折色在官俸中所占比例也在逐渐提高。后因货币贬值对官俸的影响太大,故自明初起,曾不断有人主张通过财政征课方式吸取货币回笼以使其升值。此外,还有人建议用严格控制财政收支的办法来保证钞法的通行,如规定每日发行额,慎重考虑财政"出入之数",要求做到"用之不奢,取之适宜"等。

四、商税观点及其他

明初对商人实行轻税政策,规定商税三十取一,并裁撤了大部分课税机关。从商税思想上看,解缙(1369—1415)认为,不顾商贾经营的盈亏兴废实行税有定额,"民必受害",故主张商税征课应"随时多少,从实征收"。[①] 这是第一次对北宋初年规定的商税定额制度明确表示反对意见。另外,他对"既税于所产之地,又税于所过之津"的重复征课,也表示不满。此类现象在历史上可谓屡见不鲜,惟解缙可算是公开反对重复征课的思想家。

---

① 解缙:《解文毅公集》卷一,《太平十策》。

关于国家垄断商品，明初也比前代更为灵活。以盐来说，政府以盐引（即领盐凭证）的方式，鼓励盐商运粮到边塞或边远缺粮地区，商人持引赴产地支盐，准其在指定地区贩销。这种纳粮换盐的办法，称作“开中法”。当时盐商为便于边境纳粮换取盐引，又创设“商屯”制，即在边境招募农民开荒耕作，就地产粮以资缴纳。无论开中法还是商屯制，这些都是明初财政措施中的新生事物。以后除纳粮换盐外，又令纳马、纳布或纳铁等物以换取盐引。而在茶法方面，也有以米易茶、以马易茶等各种方式。总之，明初统治者在财政事务中，常常运用手中的垄断品作为交易媒介，来换取国家所急需的物品或达到某种预期目的，并将增加租税收入寓于其中。

在劳役方面，明中叶以后，使用强制劳役的官营工业有的停办，而占重要地位的官营纺织业，也由工匠世袭服役的班匠制，开始改为匠户的劳役代金制。同时，一般手工业者对国家承担的轮班强制劳役，也逐渐改变为工资雇佣形式。这种财政措施上日益倾向于雇佣制度的思想，比唐代后期更加显著和突出。

第二节　丘浚的财政思想

丘浚（1420—1495）的名著《大学衍义补》一书，其财政部分以尽量详尽地编选前人的财政议论为主，其编选方式是按问题的性质加以分类，并多加有作者写的按语。他的财政观点特别是理论原则部分，除极少数例外，可以看作是15世纪一般儒家财政思想的系统表现。但在具体财政措施上，他倒提供了一些较为透彻的观察或建议，不像当时的一般儒者只会作不切实际的空谈。

一、理财的涵义

丘浚认为，“善于富国者，必先理民之财，而为国理财者次之”，不赞成“以理财为讳者”的传统观念，而是主张将理财与生财结合起来，处理好“财之源”与“财之流”的关系，如此即可实现“在于民也无不足，而用于君也恒有余”，[①] 也就是把财富的生产与财富的分配尤其是财政再分配作了综合性的新解释。

对于“理民之财”，他并不主张改善贫富不均的现状，只要求“使富者安其富，贫者不至于贫，各安其分，止其所”。而对于“为国理财”，他的原则是，“治国者，不能不取乎民，亦不可过取乎民”，因而主张在财政征收上确立一个“上之取于下，固不可太过，亦不可不及”的经常之法。这表明他在维护藏富于民的传统训条的同时，已认识到适度

① 《大学衍义补》卷二〇，《总论理财之道上》。

税收的必要性。但他的基本点，仍是强调税收“与其过也宁不及”，并批评史载“善于理财”的刘晏，只是“知利国之为利，而不知利民之为大利；知专于取利而可以得利，而不知薄于取利而可以大得利”。[①] 这种“利民”重于“利国”的说法，固然表现了他对于财政和经济之间关系的认识，但同时也禁锢了他在“为国理财”领域的深入探讨。

二、租税思想

他的大多数租税观点，都是过去儒家的传统教条。如坚持“任土作贡，分田定税”的古旧原则；将早已过时的“什一之税”仍看成是“天下之中正”，甚至是“万古取民之制”；拥护“关市不征”的传统观点等等。

他在租税方面的见解，也有两点值得指出。一是反复重复征课。如认为谷麦既已纳税，若再对用谷麦所生产的曲、酒或醋之类征税，那就是“此一物而三四纳也”。又如认为民种五谷已缴纳了田税，“无可再赋之理”，不应再重复在关市征其税，这不像竹木牲畜之类原本无税，故当它们作为商品进入关市时“官可税之”。这种反对重复征税的意见，比起明初解缙的说法更为明确，尽管它本身并不完全正确，却是非常新颖的观点。二是解决逃户之税的建议较为切实可行。即反对将逃亡户所遗留的税额由现存户分摊的“摊税之害”，建议按照现有田产，“究其产以求其税”，若属无主田产，则“具以上闻，核实免除”。[②] 这一办法看来是经过调查研究总结出来的，绝非向壁虚构。

三、制国用与会计思想

他对古老的量入为出原则，在具体执行程序上，作了颇为详尽的发挥。他提出，今日制国用，应当每年由户部先移文通知内外各官府，“预先会计嗣年一年用度之数”，将各种拟行的事项用费和存积预备，以及现有钱谷和“该运未到者”等，“造为帐籍，一一开报”；又预先让各地官府每年于冬十月收成之后，总计一年夏秋二税数额及用于灾伤、逋欠、蠲免、借贷之数，“各具以知”。至十二月底，户部根据内外新旧储积总数，约会执行大臣“通行计算嗣岁一年之间”的用度和积蓄数额，“不足则取之何所以补救，有余则储之何所以待用”，如此则“国家用度有所稽考，得以预为之备，而亦俾上之人知岁用之多寡，国计之盈缩，蓄积之有无”。[③] 这是很具体和明确的国家预算编造程序，它和近代国家预算编制过程相比，除手续上有精粗之别外，其最不同之处，是它以编制年份（即预算执行的前一年度）的实际财政收入作为编制依据，而近代国家预算则是以预算执行年份的估计收入为编制基础。但从财政思想史来说，这应为不可忽视的国家预

① 《大学衍义补》卷二五，《市籴之令》；卷二二，《贡赋之常》；卷二三，《纪制之义》；以及卷二八，《山泽之利》。
② 《大学衍义补》卷三〇，《征榷之课》；以及卷二二，《贡赋之常》。
③ 《大学衍义补》卷二〇，《总论理财之道》。

算先行思想。

在会计思想方面，他根据《周礼》所载，指出“司会之官”应遵照法令监督中央和地方财政收支，严加稽核，“使财足以周天下之用，而用之各得其宜”。此职不仅掌管财政收支的事后审查，并有权于事前考察财政开支是否得当。他也主张“钩考”即审核与“书记”即收支记录应分官掌理，不能由一人兼任，使这两种职位“交相参互，以此所掌，稽彼所录，多寡虚实昭然”。所有这些，都是在国家用度收入数额庞大的情况下，为了“防有司之奸欺”，故有必要建立相互牵制的会计稽核制度。他还建议仿照唐代国计及宋代会计旧例，将明王朝自洪武到弘治各朝的财政收支情况，每朝一卷编成会计录以供后代参考，“使国计大纲，瞭然在目”。编制每朝的会计记录，其目的是作为每年“规国用”即制订国家预算的参考资料。[①] 这是他强调预算编造思想的继续和补充。在这些问题上，又一次表现了他在未受传统教条束缚的思想领域，对具体事物的考虑之周密。

此外，对于其他财务行政问题，他也提出了若干颇有意义的观点。例如，明初罢废宰相而以户部掌理国家财政事务，故缺乏主持国计的中央专职长官。对此，他建议在户部添设尚书一职，“专总国计”，其职掌，“凡国家有所用度，悉倚办之”。这对于统一管理和协调全国财政收支事项，显然是有益的。又如，他参照汉代划分国家财政与皇室财政的制度而予以发挥，并把重点放在限制皇室开支上。他主张将财政收入分贮内、外二府，外府负责正赋收入，“以待军国之用”；内府负责非正赋收入，专供皇室支用。处理二者关系的基本原则是：外府“有不足则可取之于内”，内府“虽有不足不可取之于外”。其理由就在于“军国之需决不可无，奉养之具可以有可以无”。[②] 这样就把以往坚持公赋系统独立的思想进一步扩大，不仅规定君主私人开支不得侵及公赋收入，还从原则上规定了国家财政发生困难时可以动用皇室私藏的合理性和必要性。尤其是他公开宣称皇室开支可有可无并以此作为限制皇室用费的理论依据，这对于一个恪守传统教条的儒家学者来说，确是不容易的。

四、贸易及常平政策

在贸易政策方面，他反对官府经营商业的态度是非常坚决的，认为这是“人君而争商贾之利，可丑之甚”，或斥之为“堂堂朝庭而为商贾牟利之事”“以万乘之尊而牟商贾之利”。据此，他把管仲与商鞅的财政经济原则均贬之为“见利不见义”的功利之术，是“先王之罪人”；对官营盐、铁、茶、酒等政策也一概加以否定，认为这是“与民争利”“君

---

① 《大学衍义补》卷二三，《经制之义》上。

② 《大学衍义补》卷二四，《经制之义》下。

专其利，已非天意”，难以“行之有利而无弊”等等。①

他反对官营商业，却十分看重民间的商业活动，把它看成是“王政”之一端，凡一向认为适宜于专卖的商品如盐、铁、茶、酒之类，他都主张让私商经营。甚至认为“摧抑商贾居货待价之谋”也不一定妥当，因为富商像贫人一样都是“吾民”，况且富商囤积货物多了之后，其价格也不致甚贵。这样为私营商业辩护并以此为国家财政活动的指导思想者，是不多见的，丘浚可算是其中较为突出的一人。最突出之点，还在于他特别重视以海外贸易作为财政收入的重要来源。在他看来，让人民自行造船从事一般商品的海外贸易，官府按一定百分比抽取实物税，这样可以“不扰中国之民而得外帮之助，是亦足国之一端”。② 这种令私商自行出资经营并以一般进出口商品为主的贸易政策，已较接近于国际贸易的正常轨道。

在商品市场价格方面，他把“平物价”与省力役、薄赋敛并列为“王者”的重要任务，这是在他以前不曾有过的提法。他特别强调谷物价格的稳定，认为这不仅对人民有利，并可据以“定科差，制税敛，计工役”。当时国家的财政收支基本上已按货币核算，所以稳定价格是十分必要的。这也是经济条件的时代变化，使他对商品价格波动在财政上的不利影响，有了比前人更进一步的认识。既然把稳定谷物价格作为国家的重要财政措施之一，因此，他建议建立由下而上定期汇报谷米价格的制度，使政府可以按照各地谷米价格动态，在各地间移低就高，“通融转移”，以稳定各地谷价；或根据粮食收成的丰歉，运用轻重散敛之术以稳定谷价；或控制货币流通量使其不致“多余”，以此维持谷价的稳定。这一建议是吸收了历代思想家的有关创议而有所增补。

在常平问题上，他提出一个新的常平原则：“随其熟而收其物，不必专其一；因其时而予之价，不必定于官，视年丰歉，随时粜籴。”③ 其具体办法将西汉以来的常平思想作了相当程度的扩展，例如，一是收售的粮食种类增多；二是常平粮仓可在各地间通融调剂；三是人民购买常平粮食可以用其他商品交换，不限于用货币购买；四是常平机构因此须经营其他商品的收售业务；五是因地制宜，不同地区采取不同的管理方式等。这种扩展，从财政思想的演变过程来看，体现了一种新的趋向。但它却与丘浚本人一向所反对的国家“与民争利”的市易或平准之法，产生了矛盾。看来，他为了避免老教条与新事物之间的矛盾，故在常平的标签下硬加进一些商品买卖业务，从而形成一种不伦不类的东西。

---

① 《大学衍义补》卷二五，《市籴之令》；卷二八，《山泽之利》；卷一一三，《戒滥纵之失》。

② 《大学衍义补》卷二五，《市籴之令》。

③ 《大学衍义补》卷二五，《常平之法》。

五、漕运与力役

隋唐以来,漕粮运输日益成为各王朝迫切的财政工作和严重问题。丘浚的有关意见,一是在短程陆运方面,介绍了元代董抟霄的所谓“百里一日运粮术”,即让运粮者排列成行不停地传送袋装粮米。这一操作方式,体现了近代流水作业法的一些基本原则。他认为漕运陆路短程也能采用此法,惟可暂用不可常用。二是建议修筑京东漕运短程大车道约百里,其道路工程的设计,在路基的敷设、路面的规模、道路的使用和养护等方面,从现代眼光看来亦属比较合理,显系有一定的调查研究为依据。

特别是他为海运漕粮辩护的意见,吸取了前人的科学知识和当时国内外的航海技术,尤其重视听取海滨劳动人民的实际经验,显示了他生长在往来海外居民较多的琼州,故能破除人们视海洋航行为畏途的成见。为了纠正一般人所谓海运漕粮沉没损失较重的说法,他还将元代五朝从至元二十年到天历二年这 47 年的海运漕粮记录,逐年按起运、实收及损失数量作了详细的统计,并从统计分析得出海运损耗远较河运为小的结论。这里所运用的统计数字,不仅包括了元王朝历年海运漕粮数量,而且各年数量均为可比项目,可算是我国历史上运用统计分析较早的典型。他还建议利用漕粮海运以推动南北商品的交流,由此降低运输成本从而降低商品价格,并认为这是当时莫大的富国足民之策。所有这些意见和建议,都表现了他在具体财政措施的分析上,已达到当时历史条件下相当高的思想和研究水平。

在劳役方面,他宣扬传统的“富者税其钱,贫者役其力”观念,提倡“有产者出财,无产者出力”。对于如何确定力役负担这个具体问题,他不主张单纯以人丁数量作为标准,还考虑到年龄的老少、体力的强弱、财产的多寡等其他因素,尤为强调以土地财产作为规定力役的重要依据。此即所谓“欲役于民,必先均其土地”;或谓“因其受田之高下以定其力役之多寡”。他提出的“配丁田法”中,更是明确地把力役负担与土地财产联系在一起,“以丁配田,因定为差役之法”。同时规定“仕宦优免之法”,根据官品高低,量为优免。此法试图利用财政负担作为缓和土地兼并的手段。从力役思想的演变来看,强调以丁配田而定差役,在指导思想上顺应了当时赋役制度改变的基本趋势,并为明中叶以后产生的一条鞭法的重要赋役改革,提供了某种具有过渡性质的思想模式。至于实行差役还是雇役,他认为二者“利害相半”,不可偏废,要在“相资以为用”,[①] 由此再一次表明他的财政思想的折衷主义特点。

---

① 《大学衍义补》卷一三,《蕃民之制》;卷二二,《贡赋之常》;卷一四,《制民之制》;卷三一,《傅算之籍》。

第三节　张居正与一条鞭法

张居正(1525—1582)曾于万历年间以内阁首辅秉政十年，在具体财政事务中多有建树，尤以他在全国范围内大力推行土地清丈与一条鞭法，为时人及后人所瞩目。

一、张居正的财政措施

他同历史上的那些著名理财家相比，在重视理财这一点上是相同的。他公开宣称以富国强兵为目的，并把发展农业生产以充实国家财政放在更重要的地位上。但在如何理财问题上，却与其他一些理财人物重视开辟利源以增加财政收入有着明显不同，而是以"力本节俭"作为其理财指导方针。具体表现在以下几方面。

第一，提倡节用。他以"天地生财，止有此数"的陈说为理论根据，一味鼓吹节用而摒弃"开利源"。他揭露统治集团的奢靡腐败现象，尤其是最高统治者"以天下之大，奉一人之身而常若其不足"的极尽挥霍，结果造成一方"口厌甘脆""身厌纨绮"或"居厌广丽"，而另一方却产生"藜藿不饱者""裋褐不完者"或"宵啼露处者"的尖锐对立。这也是他的节用观点中较为可取之处。在减省财政开支方面，他的基本方针是："总计内外用度，一切无益之费，可省者省之；无功之赏，可罢者罢之。务使岁入之数，常多于所出。"[①] 以此来保证财政收支的平衡并常有节余，其实只是一种治标不治本的办法。

第二，严格征课制度。在租税收入方面，他试图解决的主要是租税逋欠或逃税问题。他采取的办法，是严格地以完成租税征收任务的工作实绩，作为考核官吏的重要标准，即"有司以征解为殿最"。他认为推行这种考成法可收不加赋而上用足之效，其实也是一厢情愿。值得注意的是他处理租税逋欠问题上，始终坚持把贫民下户与豪强大户区别开来，予以不同对待。对于贫民下户，他颇能体会其苦楚，主张除了专供皇室私用的金花银两之外，其余逋欠一律蠲免，只须完纳当年正供税额，即"以当年之所入完当年之所供"。对于豪强大户的规避纳税，他认为这是造成国家财政匮乏的病源之所在，故以杜绝他们的逃税行为，作为清理租税逋欠问题从而充实财政收入的主要途径。在这一点上，他的理财活动因触犯了豪强大户的既得利益而招致各种非议，但他不为所动，继续以"破家以利国，陨首以求济"的无畏精神推进其财政改革措施。

第三，土地清丈与均徭均赋。为了解决当时严重存在的粮税与徭役的繁苛和不均情况，他力排众议，大规模推行以清丈田亩为均赋役基础的政策。他认识到，土地清丈

---

① 张居正:《张文忠公全集》六,《人主保身以保民论》;以及八,《看详户部进呈揭帖疏》。

使小民实被其惠，对官豪之家则殊为未便，而这些官豪权贵正是侵蚀国家财政之“最大患”。同时，他也看到清丈土地能从较根本的意义上解决逋欠催征之弊，因为造成租税大量逋欠的原因，还在于应纳税田亩的大量隐匿。在推行土地清丈方面，他是继王安石之后又一很有魄力之人。由于查出大量逃税土地，缓和了赋役严重不均的矛盾，从而延缓了国家的财政危机。这也是土地清丈所以作为他的重大政绩之一而常被后代理财家称颂的基本原因。惟从财政思想史上看，重视以田亩作为均赋役基础的思想，自两宋以来已十分流行，张居正只是在贯彻这一思想时态度更为坚决、范围较为广泛一些而已。

第四，征商观点。他反对重征商人，其理由是，商业流通与农业生产之间存在着一种相互依赖的关系，“商不得通有无以利农，则农病；农不得力本穑以资商，则商病”。因此，征商必须经常权衡“商农之势”而为之。进而，他提出一个颇为新颖的意见：“欲物力不屈，则莫若省征发，以厚农而资商；欲民用不困，则莫若轻关市，以厚商而利农。”[①] 这种从农商相互依存的关系出发，来理解租税问题尤其是征商问题的观点，在以前是很少见的。不过，他对国家利用商人或商业原则从事理财活动仍持有异议，这也是他的理财活动中较缺乏商业精神的一个注脚。另外，他不赞成以铸钱作为补充财政的手段，尤其是反对君主为满足个人赏用需要而私自铸钱。这些理财观点虽然瑕瑜互见，但在反对“开利源”这一点上，倒是基本一致的。

二、一条鞭法

明中叶以后，以田亩均徭役思想的流行，先为一条鞭法的推行创造了有利条件，到万历九年(1581 年)，才由张居正在全国范围内正式推行。一条鞭法的改革内容包括[②]：一是各州县一年所需力役，按官府所费及工食之数折算，摊入田赋缴纳，官府以所收税款“自为雇役”。二是将以往分别征收的粮税、差役代金、各种摊派及土贡统一征收。三是赋役征课一律实行“量地计丁”，向来由户或丁负担的差役或差役代金，改为按田亩(或粮额)计征。四是除漕粮和部分物料仍须征收实物外，各种赋役征课一律折合银两缴纳，即“计亩征银、折办于官”。五是因“役归于地，计亩征收”，不必再编定户则；差役制度由十年轮充一次改为每年一役，出银代役；将摊派差役银的单位由里扩大到县；并将征收起解方式，由民收民解改为官收官解。

从一条鞭税制的规定中，可以看出它体现着若干重要观点，如简化税制，以雇役制代替强制的劳役，改劳役负担为货币缴纳，力役与田赋合并，核算单位由里扩大到县以

---

① 张居正：《张文忠公全集·文集》八，《赠水部周汉逋榷竣还朝序》。

② 《明史·食货志》。

使差役银负担较为均平，以白银为缴纳手段，以田产多寡确定纳税人负担能力的思想等。从财政思想史角度考察，关于简化征收手续和以货币定税额，一条鞭制可看作是唐代两税法的继续。但其“计亩征银”一点，却比两税法以铜钱定税额，更为突出。另外，它对旧的劳役制度的改革，其称述之处主要体现在两方面。一方面是继承唐宋以来由强制劳役转变为和雇的思想，将力差改为征银，由官府雇人代役，而一条鞭制正是将这一思想以法令的形式固定下来。另一方面是改变封建差役向来由户或丁负担的传统，转向以田亩为征课基础，使力役和田赋合并为一。这在征课原则上标志着对人课税向对物课税的又一重大转变，也是使一条鞭区别于以往税制的一个显著特征。

三、一条鞭法反对派的观点

一条鞭法是明初以来各种赋役改革思想与措施的结晶，它一出现即引起了当时朝野上下的广泛争论。反对派的基本论点主要有两个。

第一，指责它缺乏征收总额的规定。这确是一条鞭制的一个缺陷，会造成征收胥吏“口出为是”，任意摊派的漏洞。其原因主要是由于并入田亩中征收的人丁税不像田赋及其他杂征那样可以固定，丁银既不能固定，从而征收总额也无法固定。但无论如何，一条鞭中的摊丁入地，代表了明中叶以后租税制度改革的基本方向，反对派因此而要求“停罢”整个一条鞭制度，是攻其一点，不及其余。

第二，反对以田亩为征课对象。这是反对派攻击的重点，他们的理由大致又可归纳为三点。一是认为按田亩征税，尤其是按田亩摊派差役，将使赋役负担全部落到土地所有者身上，而工商之人却得以脱免。因此主张仍以人丁为课税的基础，坚持“征丁”。二是认为专以田亩为征课对象，将削弱政权对劳动人民的人身控制。三是强调南北不同。因一条鞭最初创行于南方个别地区，以后逐步向北方地区推广，故反对派往往以南北经济情况不同为由，认为一条鞭只宜于在南方推行而不适应北方。这些论点为北方“地多之富家”的既得利益进行辩护的实质，是显而易见的。

此外，关于一条鞭一律以白银缴纳所引起的矛盾，尤其是给贫苦农民所造成的困难，反对派也有所涉及，不过这一事实当时在他们的手中只是利用来作为诋毁和反对一条鞭法的又一新论据，并非真正从贫苦农民的利益着想。

第四节　明代中后期的财政思想

从16世纪起，明代较广泛地出现与占支配地位的正统思想相对立的“叛逆”思想或异端，这在财政思想领域表现为一些新旧观点的对立。同时，由于逐渐加深的内忧外患和财政困难,这一时期谈论财政经济问题者比前代任何时期都多。不过,有关财政经济问题的论著虽然较多,却少有理论性创见,只是在若干具体财政问题上才有值得称述的观点。

一、李贽的反传统理财观点

李贽(1527—1602)公开以异端自居,他接触的财政问题不多,但都是些较重要的原则问题。他对儒家"讳言财利"的传统教条进行了严肃的批判,认为它严重阻碍了中国经济的发展。他指出,"谓圣人不欲富贵,未之有也"。其理由很简单但具有说服力:圣人也是人,不能脱离社会生活,也就不能不谋取物质生活资料,故"虽大圣人不能无势利之心",而"势利之心"正是一般人的"秉赋之自然"。所以,他把"好货""多积金玉""多买田宅"等都看作是很自然的现象。基于此,他认为"不言理财,决不能治天下"。[①]又在其《藏书》中专辟"富国名臣"一栏,对一向被指为"聚敛之臣"的桑弘羊、孔仅与李悝、刘晏并列起来大事赞扬,强调富国的重要意义,并反问"利固有国者之所讳欤?",对讳言财利的传统教条作了明确的清算。

关于财政,他的另一个看法,是反对专谈节用而强调生财。在他看来,"所贵乎长国家者,因天地之利而生之有道耳",并引用《大学》的"生财有大道"一说,来证明"不专以节用言"。[②] 这是对财政节用论者的反驳,指出这种见解尚在王安石之下,而他认为连王安石都不足以言生财。可见,李贽的财政观点都是对有关的传统教条进行尖锐的批判和猛烈的攻击,而对实际的财政问题,则较少接触。

二、16世纪的财政议论

这一时期在新的思潮影响下,对于财政问题的议论,也不时出现一些新的理解或建议,概述如下:

第一,关于理财原则。林希元(1481—1565)曾说:"财者国家之命脉,犹人之食也。人无食则必饥,国无财则非国",故主张从"财之盈缩"角度去观察自古以来的"国之盛衰"现象[③]。海瑞(1514—1587)不赞成讳言财利的态度,比林希元更为明确。他否定"圣人言义不言利"的传统说法,认为"真圣人"应当是善于"富国强兵"之人。所以他说,"有天下而讳言利,不可能也",并提出"利国之道于利民得之"的理财方针,强调"足民之外,更无理财之方"。[④] 他的"足民"措施,集中于解决当时严重的赋役不均问题,

① 李贽:《李氏文集》卷一八,《明灯道古录》卷上;以及《四书评·大学》。
② 《藏书》卷三四,《行业儒臣传·司马光传》批语。
③ 林希元:《林次崖先生文集》卷二,《王政附言疏》。
④ 《海瑞集》下册,《复欧阳柏庵掌科》及《四书讲义·生财有大道》。

事实上为以后张居正全面推行土地清丈和一条鞭法，提供了足资借鉴的先例。

第二，租税思想。这一时期，围绕着商税问题，为商贾呼吁者日渐增多。例如，皇上不忍加派于民转而取之商贾，“不知商贾不通，则财货不流物价沸腾，则百姓困敝”，即对封建商税的一贯指导思想提出异议；“税繁则商困，商困则来者稀”，系从另一角度分析了商税过重势必产生的弊端；提出“商亦吾民”的见解，认为商民备受艰辛追逐什一之利，应“严禁约以惠商民”，“不许多取毫厘”；或者公开宣称“商人者非他，即皇上中原供赋税徭役之赤子也”，不仅要求减免针对商人的苛税，而且提出“便商而又便国便民”的命题，把减轻商税以“便商”提高到与“便国便民”同等重要的地位。这些都是以往的商税议论中很少出现或不曾有过的新观点。①

同时，对于商税问题的看法，又发展成为反对矿监、税监掠夺的尖锐斗争。如东林学派的代表人物从滥征商税的现象中已看到社会危机的征兆，他们除了要求轻税“惠商”以“曲体商人之意”，还把工商业与农业并列放在“本业”的位置上，同样予以财政上的保护。另外，由于海外贸易成为商税的一个重要来源，当时有不少人反对明朝海上封锁政策。这种以扩大外贸商税为理由而支持开放海禁的思想，将商税的视野，从国内贸易扩展到海外贸易，也是前所未有的新观点。

至于田赋，这一时期除了提倡均赋外，人们日益重视田赋加派问题。加派既包括田赋正税之外的加耗，也包括田赋改征银两后加征的所谓火耗。为了解决加耗过重和任意扩大其数额的问题，海瑞曾提出一个较具有代表性的固定加耗征收率的方案。可是，随着加耗率的确定，加耗作为一种真正的附加税也就具有了同正税一样固定的性质，并为旧的加派固定后，不久又为出现新的加派提供了藉口。由此引起不少的反对意见，其中还有人通过这种田赋负担日益沉重的社会现象，敏感地预见到明末农民起义风暴的即将来临。

第三，反对国家专卖和经济干涉政策的思想倾向。这里主要指重视私商自由经营思想的不断增长，已形成反对国家专卖的强劲力量。以盐法为例，主张“通商”而否定盐专卖存在必要性的理由，是“商益通则利益厚”，以及商人“既以有利而来，亦必以无利而去，又自然之势”，即利用商人趋利避害的行径来处理国家盐政事务。还有人从“理盐固所以足国，而足国莫先于惠商”的角度着眼，主张“明禁”对盐商的额外课征。②其中不难看出与传统财政观点不同的新的时代内容。至于万历年间为疏销积存的盐引而创立“纲法”，其办法更是将盐务进一步委托给盐商自行处理，由盐商和盐户直接交易，收买运销权均归于盐商，并可以世袭，官府只须按纲册令盐商纳税。纲法的实行

---

① 《明经世文编》卷四三七、卷四七三、卷八一及卷四五二。

② 《明经世文编》卷一五五及卷四〇六。

尽管造成了商人对于食盐运销的垄断，却也体现出与国家专卖思想截然不同的另一思想倾向。

在常平或平籴问题上，这一时期要求按照商业经营原则行事而反对官府强制规定价格的呼声也日益强烈。如认为物价四时不同，若在价高时，官府“强以令禁之，则商贾负贩之流，必以无利罢业而货不流，货不流而民之需愈急，则物之价愈贵”，结果“禁高价”却适得其反，造成“长价”和“困民”的窘状。因此主张设立一种“市平”的标准价格，使“买者卖者，俱于是取平，则商民两便”。[1] 自公元1世纪初王莽政权创行“市平”制度以来，一千多年间能接受这一制度者可谓寥寥。不过，本时期对于这一制度的回应，已主要是为了维护商人的利益，把市平政策直接与商人的利益联系起来。

第四，赋税征银问题。围绕这一问题所产生的财政议论，主要是反对田赋折收白银而主张征课本色粮谷。其主要理由，无非是从传统的任土所宜、重本抑末、金银饥不可食和寒不可衣等说法中寻找依据，同时也反映了广大人民群众在低下的生活环境中，只能行用铜钱，白银尚不是普遍的流通工具。

第五，荒政思想。林希元曾于嘉靖中条陈《荒政丛言疏》，其中将“兴工役以助赈”正式列为必备的救荒措施之一。这比起董煟的《救荒活民书》仅提到“以工役救荒”而未能将其作为既定的救荒政策来说，是一个发展。以工代赈思想颇类似于近代所谓公共工程政策，早在先秦《管子》和西汉桑弘羊那里作为一种理论设想已有所涉及，后来北宋范仲淹和沈括又将其具体化为一种救荒措施。而林希元提出“民出力以趋事，而因可以赈饥；官出财以兴事，而因可以赈民，是谓一举而两得”，则进一步将前人所理解的以工代赈措施，以固定的方式纳入供统治者选择采行的诸项救荒政策之中。

第六，漕运问题。这一时期有人力主恢复漕粮海运，认为这是“圣子神孙万年之全利”；还把漕运看作人体之血脉，“血脉通则人身康，运漕通则国计足”，对于漕运在充实国家财政中的作用给予高度重视[2]。另有人要求不依靠东南漕运，力主兴修水利，在北方推广稻田，并建议采用虞集的按垦田多寡授爵的办法。其中为了发挥豪右富民的作用，还鼓吹“豪右之利，亦国家之利也，何必夺之”，建议官府“借豪右之力以广小民之利”。[3] 这一论调，在以后的二三百年内，不断有人继续予以传播，甚至比虞集的最初建议被引用的次数还要多些。

三、徐光启的财政观点

徐光启(1562—1633)以《农政全书》为其代表作，因而在理财问题上的基本观点，

---

① 吴应箕：《楼山堂集》第十二卷，《江南平物议》。

② 王宗沐：《广饷道以纾宵旰事》，引自《古今图书集成·食货典》第一七七卷，《漕运部》。

③ 徐贞明：《潞水客谈》。

自然是强调农业的重要性。但他所理解的农业范围，包括树艺、蚕桑、牲畜以及家庭手工业的生产，不像以往专重谷类或五谷桑麻的生产；他的重农，也不伴之以传统的轻视工商，而是认为"末富，未害也"。他非常强调农业是财富"所自出"这一原理，批评政府不在全国各地广泛发展农业生产，只知每年从东南漕运数百万石粮食供京师吏禄以及西北边防之用，致使西北田地荒废，而东南田赋越来越重，形成极不合理现象。因此，他不像一般人那样单纯要求减少东南地区的漕粮过重负担，而是倡议在西北地区开辟水稻田，西北多生产粮食一石，即可减少东南的漕运数石。强调大力开展水利建设并在全国范围内广泛发展农业生产这一思想，在他的理财思想体系中非常突出，这也是他的重农思想与以往不同的一个主要方面。

他接受虞集和徐贞明鼓励富民雇人开垦荒地的主张，建议不仅按开垦亩数或上缴政府米粮数量授予垦田富民不同等级的官爵，并大大地降低其赋税负担。垦田富民的主要任务是组织农业生产，事实上是挂有封建官衔的经营地主。对于兴修水利的富民，他也采取类似办法。总之，他发展垦田水利的原则是反对官办，主张让富民经营，国家则给他们一些财政上或政治上的优待以资鼓励。

他也颇注意"会计"问题，但侧重于核算技术与知识。在他看来，"算学久废，官司会学，多委任胥吏粮谷之司"，是很不妥当的，因此，"理财之臣，尤所亟须"。可见他所说的深通"会学"的"理财之臣"，不是一向理解的中央主持财政的大员，而是泛指一般经营财务的官吏。这样要求各级机构应重视"会学"与会计业务，也是以往思想家所不曾注意到的一个不小的问题。

四、宋应星与李雯的财政议论

宋应星(1587—?)在财政方面，特别强调催科频繁给人民带来的痛苦和使生产蒙受的损失，比沉重的捐税本身还要大。他说，小民虽甚贫困，如催征次数不多，合并缴纳，尚能勉强负担；可是实际并不如此，"甲日条编，乙日辽饷，丙日蓟饷，丁日流饷，戊日陵工，己日王田，庚日兑米，辛日海米，壬日南米，癸日相连甲乙日，去年前年先前年旧欠追呼又纷起"，终无宁日，而中间商正好借每次征收"可逐项而掠取"。[①] 看来他对财政征课须手续简便的原则有着深切的体会。

李雯(1608—1674)在财政上较突出的贡献，是盐政方面的建议。他一贯主张不仅要重视商业，并要"以商贾而行商贾之事"才"利便"。如以官僚或儒者行商贾之事，必然产生许多毛病。所以对于"盐之为利"，建议"与其榷于官，不如通于商"。其建议的特点，是连历来主张由官府控制的主要产盐工具牢盆，也让商人自置，不加控制，成为

---

① 宋应星：《野议·催科议》。

真正的盐业自由经营，以实现“盖天下皆私盐，则天下皆官盐也”的目的。二百年后魏源所谓“化私为官”的盐政主张，其思想渊源即来自于此。李雯又说：“盐之产于场，犹五谷之生于地，宜就场定额，一税之后，不问其所之，则国与民两利。”[①] 这些都是古代盐政史上很有影响的名言。由此可以反映当时财政指导原则中重视和保护商业的思想倾向。因为盐这种商品是具有天然垄断条件的商品，如果在盐法上也坚持彻底的自由生产与经营，则对一般商品的生产经营观点，就可想而知了。

五、明末农民大起义的“均田免粮”口号

这里的“均田”涵义，不同于明中叶流行的所谓均田均税之说，那仅是指清丈土地以核实粮徭负担的财政措施。而起义农民的“均田”思想，则反映了他们以暴力均分土地财产的革命要求。与“均田”口号相联系的是“免粮”，专就“不当差，不纳粮”这一号召本身考察，它只是反抗封建政权的繁重赋役负担，这比起我国历史上不断爆发的无数次农民起义的经济要求，并无特别不同之处。但把它与“均田”口号结合起来，那就意味着既不向地主缴纳地租，也不负担封建国家的赋役，全部否定了封建剥削。所以说，明末起义农民的“均田免粮”要求，反映了更加彻底的反封建剥削思想，标志着起义农民的激进经济观点达到一个新的历史高峰。

思考题

1. 明初财政思想承袭唐宋以来的发展趋势，同时也带有该时代的特征，试分析之。

2. 丘浚可谓封建地主经济后期儒家在财政思想领域的典型代表人物，但他的财政言论若与先前的儒家代表人物相比，从不少方面来看，已经发生了明显的变化。请将丘浚的财政思想与孔子、孟子乃至盐铁会议上贤良文学的财政思想，作一对比分析。

3. 从租税思想史上考察，一条鞭法起着某种承先启后的作用，它具有哪些新的变化，又存在着什么样的缺陷？

4. 从宋代起，传统的均赋税思想从以往的强调土地分配，转向强调地籍整理，并在明代得到广泛推行。请你用宋明两代的例证，指出这一财政思想的演变线索。

5. 明中叶以后，一些与封建地主经济前期不同的财政思想发展趋势，以更加突出和鲜明的形式表现出来。你是怎样看待这一问题的？请举例说明。

---

① 李雯：《蓼斋集》卷四三，《策》五，《盐策》。

第十五章　明清之际的财政思想

从明末到清初的中国启蒙思想时期，一些启蒙思想家的代表人物在财政思想领域，又进一步推进了从两宋以来即已开始的对传统财政教条的批判思潮。但他们在现实财政问题方面的意见，则瑕瑜互见。

第一节　黄宗羲与顾炎武的财政思想

一、黄宗羲的赋税思想

黄宗羲(1610—1695)从维护私有财产权利出发，反对君主将天下视为自己的“产业”，在创业时“屠毒天下之肝脑”，在守成时又“敲剥天下之骨髓”，人民财产成了统治者的“橐中之私物”，毫无保障可言。因此，他认为应将“民所自有之田”与君主所有的“上之田”严格区分开来，凡是向私人田产征收赋税，哪怕是三十而税一，不仅“较之于古，亦未尝为轻”，而且不成其为“君父”。这是对课征私有土地的抗议。在他看来，“天下之田赋日增，而后之为民者日困于前”，即使解决农民的土地问题，仍不足让农民摆脱沉重的租税这一“天下之害民者”。[①] 这样将土地问题与财政问题明确地区别开来并拟采取不同的解决办法，也是理论分析水平的一个提高。

他批评明末财政有三害。一是“积累莫返之害”，即徭役代金不断增加，一一并入正赋之内，使赋税负担日益沉重。二是“所税非所出之害”，即反对以白银定税额和以白银为货币，这主要是迷恋古老的任土所宜原则。三是“田土无等第之害”，即当时的税制计亩征税，未考虑土质肥度的差异。因此，他建议仿照方田法丈量天下土田，按其

---

① 黄宗羲:《明夷待访录》中《原臣》与《田制》。

土质分为五等后仍计亩征税。这些批评均有其客观依据，而他的建议却是相当幼稚的。

二、顾炎武的财政观点

顾炎武(1613—1682)从人人能自私自为则天下治的基本观点出发，他把人民贫困的原因，归咎于“南人困于粮”即南方田赋重、“北人困于役”即北方徭役重以及全国皆然的以银为税等财政弊政。

他的“富国之策”，不外乎是节约社会产品的使用和开发山泽之利。但他谈节约不完全以财政为范围，而是从国民经济出发，要求节约不必要的社会消费，作为改变国民经济的贫穷状况的一种途径；又不像以往的学者专谈货币经费的节约，强调社会产品的节约，如节约繁文缛礼可以大大节约纸张，从而使作为纸张原料的东南竹箭不可胜用；还认为节约的结果可以腾出物质资料及劳动力，以从事于促进农牧业的增产，并开发山泽的利源。这就使他的节约思想，不同于传统的崇俭论者，达到一个新的水平。

他的富家办法，重要的是要求减轻田赋，包括减轻一般的土地税和官田的上缴租额。此外，他主张限制私租，“既减粮额，即当禁限私租，上田不得过八斗，如此，则贫者渐富，而富者不至于贫”。[①] 认识到在减轻田赋的同时，必须使地主也减低地租，才能使农民真正得到好处，这是很难得的进步思想。

在他的财政思想中，还进一步体现了国家专卖和经济干涉政策倾向的日益削弱。他主张较自由的国内食盐贸易，国家只需收取盐税，反对“束缚”和“急使”盐商的干涉政策。尤其他反对征课过重而为盐商鸣不平的恳切和鲜明态度，以及认为“若商不得利”则国家财政也会蒙受损失的观点，即便在明中叶以来为商人说教的流行思想中也是少有的。对盐、铁、茶等商品，他都主张由人民自由贩卖，认为这才是“得中正之法”，并赞成此类商品只在其出产地征税一次，以后即任其通行不再课税。

他同样反对赋税征银，因而把金银尤其是白银称为“害金”。他对以银为赋在当时农村因“有谷而无银”所造成的逃亡或自尽惨状，有相当深刻的描述。同时，他重视生产发展对赋税的作用，指出“必有生财之方而后赋税可得而收”。[②] 这一提法不把生财的范围局限于农业，也使财政与生产的关系更加明确，比传统提法又深入了一步，更接近于近代经济理论水平。

此外，他非常注意加强地方的财政收入，这和他在政治上强调扩大地方权力的观点是相配合的。照他的意见，除划定田土等第和规定田赋税则应由中央政权决定外，

---

① 顾炎武：《菰中随笔》卷二上。
② 顾炎武：《日知录》卷十二，“财用”条。

一切财政收支均由地方自行处理，而收入的支用须首先保证地方的经费开支，然后才解缴中央。所有临时用款及接济其他州县的经费，均严格地限制在规定的地方赋税之内支付，不能另外摊派。这是明确划分中央和地方政府的财政权力的观点。坚持地方财政自治虽不完全正确，却是他的新创见解。

第二节　王夫之的财政思想

王夫之(1619—1692)的财政议论，大多数为分析或批判历史上的具体财政措施之论，较少理论原则性的阐述。而他对财政经济问题的分析和评价，又常以是否有利于民族利益为极重要的衡量尺度，这一点尤为突出地表现在他对待财利的看法上。

一、对待财利的基本态度

他十分强调“义利之辩”，提出华夷之辩和君子小人之辩，归根结蒂都是义利问题。反映在对待理财的态度上，他要求“有国者”应“以义为利”，切不可像小人那样“屑屑然求财货之私己以为利”而成为“好利之主”①。为此，他甚至连一向被肯定的国家粮食储备，也加以否定。坚持这样的理财观点，可能与他突出地强调华夷之防有关。他认为人们如从事于追求物质财富，就会受夷狄的财利诱惑，背叛自己的“君父”，以至于“夷狄可君君之”，接受夷狄的统治。正因为如此，任何在他看来会不利于华夷之防的活动，都猛烈地加以攻击，故在包括财政经济事务的若干问题上形成极为偏狭的意见。不过，当他撇开狭隘的民族主义思想而独立探讨具体财政问题时，毕竟提出了不少值得注意的财政观点。

二、租税思想

在他的财政言论中，谈得较多的是租税问题，而且有一些新颖的见解。

第一，将井田解释为赋税制度。他认为在三代以前，“田无定主，国无恒赋”，而且由于众多诸侯国的存在，“诸侯自擅其土，以取其民，轻重悬殊，民不堪命”，缺乏统一的征课制度。从三代开始才由国家“画井分疆，定取民之制”。因此在他看来，一夫授田百亩的井田制是古代国家课税的标准，如每百亩出一夫之税，而不是“归田授田”的土地制度。② 他想象的三代租税制度大致是：归耕者自用土地的经界由国家划定以杜绝

① 王夫之：《四书训义》卷一。
② 王夫之：《四书俾疏》，“五十而贡，七十而助，百亩而彻”条。

纠纷，其目的是为了确定税则；一夫五十亩、七十亩或百亩是课税单位，在此单位内的土地不论耕种与否均须负担一夫的赋役，以免农民有地不耕或不努力耕种；一家可能有一个纳税单位以上的土地，视各家的劳动力情况而定。在耕作粗放而土地又相对多的条件下，按数十亩或百亩规定课税单位不是没有道理的。无论井田乃“取民”之税制的解释是否正确，它与二千年来拥护或反对井田制者的意见比较，确有其独到见解。

第二，土地兼并问题的赋税根源。他把土地兼并看成是积重难返不易改变的客观事实，而且认为土地兼并的产生，不能归咎于强豪地主，而是由于“赋敛无恒，墨吏猾胥奸侵无已”，以及赋役“均一”使“豪民”的负担轻易而“弱民”的负担重难，结果才给豪强造成土地兼并的机会。因此，他认为解决土地兼并问题，决不能采取夺取强豪土地以分给贫民的方式或限田政策，其根本办法是减轻赋役和严禁吏胥苛扰，使农民不怕有田，则豪民无机可乘，兼并之风自止。为此，他在租税制度上主张采取的相应措施，一是改变按田亩征赋办法为按户口征赋；二是以土地的自种或佃耕而“等差以为赋役之制”，征课的差别是“轻自耕之赋而佃者倍之”。[①] 将赋税繁重说成是土地兼并的主要原因，这一认识是片面的，而他建议的减轻赋役及更改租税制度，也存在着缺陷。其所以如此，和他信奉私有土地财产权力神圣的信条，是分不开的。

第三，为货币定税额辩护。他的租税观点最值得一提的，是倾向于以货币作为缴纳租税的手段。除了主张保留小部分谷米征课系基于国家政权的直接需要外，他以布帛为例，提出四大理由来论证缴纳货币比缴纳实物更便利于人民。一是布帛质量的精粗不齐，为墨吏猾胥“操权以苛责为索贿之媒”提供了借口，而钱却质量划一，“缗足而无可挟之辞”。二是不产棉花之乡须转买布帛以充供，在购买过程中“受奸商之腾踊”，以致“费十而能得五”，而钱则“流通于四海而无不可得”。三是各丁田的纳税定额“畸零不能齐一”，但缴纳的布帛必须“中度以资用”，不可能按“单丁寡产尺寸铢两”进行分割，而钱则“自一钱以上，皆可自输之官”。四是布帛的运输和长期保存均有困难，使用起来也“非能旋收而旋散之”，而钱则“在民在官，以收以放，虽百年而不改其恒”。[②] 这些理由，此前已有其先行思想材料，但他却是第一次从理论上有力而系统地替货币课税辩护。如此扼要地表达货币税对实物征课的优越性，在中国财政思想史上也是一份值得注意的文献。

第四，征商问题。他曾将商人看作是小人中最坏的部分，把他们视同禽兽或夷狄。同时，他又充分注意到商业的社会职能，强调“商贾负贩之不可缺也，民非是无以通有无而赡生理”，并宣扬“大贾富民者，民之司命也”。在这一思想支配下，他主张向商人

---

① 王夫之：《噩梦》；《宋论》卷十二；以及《读通鉴论》卷十四和卷二。

② 王夫之：《读通鉴论》卷二十四。

征收捐税的目的，显然和传统的借征商以抑商的意图有所不同，而是要工商游食之民均负担租税，才不致使赋税全落到土地所有者肩上，才能“通四民之有余、不足、劳逸、强懦而酌乎其平”。[①] 所以，他主张征收商税是从“人各效其所能”的原则出发，也和他否定农业单一税的思想是相一致的，不是藉此以打击商人。

三、否定农业单一税和什一税

王夫之否定农业单一税的理由，与他对“中国财足”的范围包括农业、工矿、山泽开发及海外贸易，也就是对国民财富涵义的广泛理解是密切相关的。根据这一理解，他抛弃传统的农业单一税思想，坚持人人有纳税的义务。照他的说法，“不论客户、土著、佃耕、自耕、工商、游食，一令稍有输将，以供王民之职”。既然缴纳赋税是一种义务，“王民之职”不能专课农民，那么，许多一向为学者所反对或认为非理财之正法的赋税，他均视为正当的财政收入。他不同意汉代贤良文学的盐铁议论，说他们“言之似近理而实不然”，并称道“汉之所以舒农民而培国本者，非后世之所能及”。[②] 由此可见，他对桑弘羊扩大经济收入的理财政策并不反对，这又是对“不与民争利”的传统理财教条的否定。

在农业税率上，他坚持二十而取一或更轻的税率，否定了二千多年来被崇奉为“中正之制”的什一税教条。他的论点是：三代时沿袭上古旧习，在国小君多的情况下，“聘享征伐，一取之田”，不得已而征收什一之税。再考虑到田土有轮耕上的差别，名义上按百亩什一税征收，“折衷其率，亦二十而取一也”。后世是“以天下奉一人”，仍主张“十取其一”，这是“以供贪君之慢藏”，也是“至不仁之言”。他还用具体数字证明古代的赋税重于后世，得出“古之赋税且三倍于今而有余”的结论，打破了以三代政治为黄金时代的幻想。[③] 他在这个问题上的论点，颇类于南宋叶适，但更为全面和有力。这也是构成他所谓“封建不可复行后世”而“势在必革”的论断的重要根据。

与税率相关的，是他对《春秋》记载“初税亩”的解释。他认为古代所谓“一夫百亩”是一种概括的说法，实际是上地不易之田一夫百亩，一易中地为一夫二百亩，再易下地为一夫三百亩。后来人口增加，有条件深耕施肥，逐渐变瘠地为肥壤。但田赋仍不论上中下地，统照向例按原来的百亩为标准征课。鲁宣公“履亩而税”是农民所耕土地按实际亩数征税。这样，税率不变却可大大增加收入。这是一种新颖的解释，从现在看来似乎比较合理，而且用它来分析古代土地问题所碰到的矛盾也较少，所以现代学者赞成此说的不少。

---

① 王夫之：《读通鉴论》卷三；《黄书·大正》第六；以及《噩梦》。

② 王夫之：《噩梦》。

③ 王夫之：《读通鉴论》卷二、卷二十、卷二十三；以及《噩梦》。

四、荒政与屯田

他不赞成以开仓赈济为救荒的主要办法，主张在荒年多办公共工程，要“留工作以待荒年”来聚集失业之人，才是救荒的重要办法。这里的工作指在南方兴修水利，在北方修整边防工事，由此募工进行，既可解决饥民的救济问题，又有利于经济及边防，可谓一举两得。这是前人已提出过的以工代赈的救荒原则，他不过讲得更为具体而已。

关于屯田，他主张屯于边区，反对在内地进行屯垦。一方面是边屯可以垦人民“不耕之土”，而屯于内地是夺“耕民可垦之田”。另一方面，屯于边区也有利于国防。从他所提出的六点“屯田之利”来看，他已认识到战争任务与生产任务同时并重的重要性；军队生产自给能减轻人民负担；兵士参加农业生产劳动能改善军民关系；能增强军队的战斗纪律和生活纪律等等。另外还提到从屯田获取粮食可以避免“重困编氓之输运”之类。他所列举的屯田之利各点，主要是为了巩固边防，财政目的还在其次。

五、力役与常平

在力役方面，他主张将官府所需用的工匠即班匠之制，改为“招募和雇”的雇佣制度，所需工资和路费从全国工匠所上缴的三天劳役代金内支付。否定匠役制的原则是应当肯定的，可惜他还承认工匠应缴三天的劳役代金，在原则的坚持上并不彻底。

常平制度无非是官府运用籴粜方式来影响市场价格以平定粮价。而他一面称赞耿寿昌常平之法为“利民之善术”，一面却又反对采取人为的调节粮价政策，主张价格的自由涨落。他已认识到市场价格的客观作用，“当其贵，不能使贱”，“当其贱，不能使贵”，不是君主的权力所能转移的，因此，“上之禁之，不如其勿禁也”。这意味着对常平价格制度的否定。他特别反对人为地压低价格，认为官府“减价”一事是“小民之所乐而吏可以要民之誉者”，其结果却是“拒商贾于千里之外，居盈之豪民益挟持人之死命，以坐收踊贵之利”，无异于官府引导疲民走上“自毙”之路，最终落得个“俗吏得美名而饥民填沟壑”的惨状。[①] 总之，他在常平问题上的态度是摇摆的，一面对市场价格的自发活动具有强烈的信念，一面对陈旧的常平价格制度又有所留恋。

第三节　颜李学派的财政思想

颜李学派是由颜元（1635—1704）建立，经其门人李塨（1659—1733）发扬光大，专

① 王夫之：《读通鉴论》卷十六、卷二十五。

务“经济”“经世”之学的学派。他们的一些理财观点，尽管数量不多却很有价值。

一、肯定物质经济问题的首要地位

颜元批判西汉以来流行的所谓“正其谊不谋其利，明其道不计其功”的观点，质问“世有耕种而不谋收获者乎，世有荷网持钩而不计得鱼者乎”。所以，他认为应将此提法矫正为“正其谊以谋其利，明其道而计其功”。这一批判，是相当透辟而有说服力的。由于此学派把物质经济问题作为重要课题来悉心研究和大力宣扬，因而倡导儒者出而担任国家职务，必须策划“经济”，即“儒之出也，惟经济”，并“将以七字富天下，垦田、均田、兴水利”。[①] 这七字的内容并不是什么新见解，而把“富天下”放在首要地位提出来，却是与儒家讳言财利思想正相反对的大转变，体现了从正面宣扬重视物质财富思想的新精神。

颜李学派的另一主要成员王源(1647—1710)，也认为理财问题极其重要而且属于一种专门的学识。一方面，货财系“上下所恃以为用，而国家不可以或无者”；另一方面，理财如不得其术，则“公私皆困”，若得其术，则“公私皆利”，而公私皆利正是“圣人之道”。[②] 因此，他主张把“理财”设为学习的专科或定为国家用考试方法取士的科目之一。如此在教育方面主张设理财专科，这无疑是一个创见。

二、土地税思想

在研讨土地问题时，颜元曾提出一个十分响亮的口号：“天地间田，宜天地间人共享之。”[③] 这是颜李学派强调均田的理论依据。为了解决均田分配所需的土地来源问题，从财政措施上看，他们设想的办法大致有两个。一是“买田”，即由官府出资购买地主手中的过限或多余田土；二是规定入官之田与民田实行不同的财政负担，使官田负担低于民田，藉以鼓励私有土地所有者将田地“归之官而更受之于官”，最终实现“天下之田尽归诸官”，也就是解决均分给农民的土地来源问题。关于买田，只是一种善良的主观愿望，根本未考虑实施的可行性。关于官田与民田规定差别赋役负担的办法，以王源的“畺田”为代表，实为变相的井田。其中以承种畺田的农民每年所缴纳的赋役，要明显低于民田的负担，以为这样就会吸引土地私有者为避免较重赋役而放弃私田给国家，也就是转为畺田之民。殊不知，畺田制所实行的共耕公田之法，是一种早已过时的以劳役地租为征课对象的土地税制度，它给畺田农民所带来的各种封建束缚，势必大大强于民田上的小私有农民。可见试图以畺田中的差别规定来吸引土地私有者，也

---

① 颜元：《四书正误》；《习斋记余》卷三，《寄桐乡钱生晓城书》；以及《习斋先生年谱》卷下。

② 李塨：《平书订》卷十。

③ 颜元：《存治编·井田》。

完全是不切实际的空想。尽管如此，颜李学派谋求以财政方式获得用作分配的土地，毕竟还存有解决土地问题的主观愿望。

三、王源论商税

王源在商税问题上坚决反对传统的轻商观点，指出："本宜重，末亦不可轻。假令天下有农而无商，尚可以为国乎？"不仅如此，他还建议让向来不齿于士大夫的商贾人资后"使其可附于缙绅"，这样商人谁还"肯故漏其税而不得出身以为荣哉"。这实际上是把商人须跻身于士大夫之列看作杜绝商税偷漏的根本途径，无异于为商人提出与士大夫争社会地位的要求。他进一步主张将管理商务行政的国家机构即"大司均"提高到六卿的地位。为了保护商人的利益，他提议宁肯增加官僚集团的俸禄，也"不使卿大夫夺农商之利"。特别是他建议商税按照商人的资本多寡征收，取消一切繁苛的商税，并要保证商人不致亏本，"仅足本者则免其税，预计其不足本者则官如其本买之"。①像王源所主张的这种有利于商业发展的税制，在中国历史上从来不曾有过。

他坚决主张废止数千年来行之已久的对物课税制度，认为这种制度使商旅之困惫已极，"宜尽撤之以苏天下而通其往来"。他所建议的新商税税制，分为行商和坐商两大类。坐商按其资本的月利一分为基础抽取 1/10，即每月 0.1%，全年为资本总额的 1.2%。坐商以其资本额分为九等，不列于九等者免税，列于九等者享有严格的尊卑等级待遇。不论何等商人，只要纳税满2 400贯即授以"登仕郎九品冠带"，再满2 400贯又升一品，至五品为止。这是利用位列官僚士大夫的社会等级身份的提高，以诱使商人不隐匿资本并努力缴纳商税。行商不按原报资本利润额纳税，而是按每次资本额以每 10 贯缴纳百钱(即每次资本额的 1%)为准纳税，不重复课税。同时所贩货物在外地出售后，也按其所得利润抽取 1/10，仅足本者免税，不足本者除酒烟外，由官府按其本钱收购。行商的等级及其身份待遇与坐商同，但资本额以离开本地时带出的资本为标准，等级的调整须回本地后才能根据其资本额数加以改变。至于经营盐、茶、烟、酒四种商品的商人，仍实行按物课税的老制度。

适用于上述税制的商人，在王源看来包括甚广，如"客店、舡户、渔户、车夫、骡夫、猎户、樵夫，俱入商籍"。可以说除耕地农民及少数手工工人之外均称作商人，因此，他所谓商税的应用范围非常广泛。这比起王莽对城市各行各业的利润额抽取 1/10 的课税方式，更为具体，也更类似于近代的所得税制。虽然这一税制创议未曾付诸实施，但在财政思想史上仍是足资记载的美事。

---

① 李塨：《平书订》卷十一。

思考题

1. 明清之际的启蒙思想家，往往从维护私有财产的角度来阐发其财政观点，这也是那个时代的特点。请以黄宗羲、顾炎武和王夫之的有关财政观点为例，来说明这一思想特征。

2. 王夫之的财政思想，尤其是在租税方面，具有不少独立和新颖的见解，主要包括哪些内容？

3. 颜李学派在若干财政问题上，继续推进了前人的观点。这些观点的价值表现在哪里？

第十六章　清中叶到鸦片战争前夕的财政思想

在这一百多年中，人们所注意的财政问题，不外是在巩固清王朝的前提下，提出一些处理现实具体矛盾的办法。虽然在各种具体措施的争论中也透露出若干新旧财政观点的对立，终究带有很大的局限性。这一趋势到 19 世纪中叶才有所变化。

第一节　摊丁入地及其他田赋思想

一、摊丁入地思想

明代的一条鞭税制，规定所有赋役征课均实行"量地计丁""计亩征银"，将代役丁银摊入田亩征收。惟其仍以人丁作为丁银的计算标准，因而人口的变动使丁银额无法固定，于是一条鞭的征收总额也就无法固定，给地方官吏造成口出为是、任意横派的机会。这一问题发展到清初，已经形成十分尖锐的矛盾。清统治者为缓和矛盾特别是为了确保财政收入的稳定，在一条鞭法的基础上，又实行了进一步的赋役改革。清王朝先于康熙五十二年(1713 年)规定，依照康熙五十年各地所报人丁数作为丁税的固定税额，"以后滋生人丁，永不加赋"。这样，丁税与田赋一样均可固定下来。这是清代赋役改革过程中的一个重要步骤，但仍存在着如何将固定的丁税摊派到变化了的现有人丁身上的问题。为了解决这一问题，清政府最终提出了"摊丁入地"的办法。此法以康熙五十年的固定丁银总额为准，按照各地田亩多寡将此丁银额依一定比例摊入田赋计征，亦称"丁随地起"。因摊丁入地后丁银与田赋合二为一，故又称"地丁合一"，或简称"地丁"。雍正元年(1723 年)以后，摊丁入地正式成为国家法定的赋税制度，得到普遍推行。

显而易见，摊丁入地是一条鞭制的延续和发展。一条鞭的"量地计丁"，在征收程序上往往是先按地亩折算出应负担力役的人丁数，然后再按此人丁数征丁役银。也就是说，一条鞭的设计者在强调以田亩为征课基础的同时，并未完全取消以人丁作为课征对象的丁税项目。此后康熙末年宣布“滋生人丁，永不加赋”，只是将人丁数从而丁税总额加以固定，仍继续保持人头税的存在。而雍正初年以后摊丁入地的结果，丁银并入田赋内实际上已形成田赋的一个组成部分，不再成为独立的课征项目。乾隆三十七年(1772 年)又停止编审户口，这样就从国家税制中最后清除了相沿达两千年之久的古代人头税。以后虽在事实上征收人头税或征发人身徭役的情况仍不绝如缕，但那是执行过程中的问题。从征税原则上看，摊丁入地的实现，不仅是明初尤其是明中叶创行一条鞭法以来各种赋役改革的完成形态，而且体现出古代赋税思想上的又一重大转变。

实行摊丁入地在原则上废止对人课征制度，这是中国古代税制改革上的一个显著进步。它意味着对人课征或人头税思想，经过数千年之久的漫长演变过程，终于为时代所抛弃而逐渐成为历史的陈迹。而且否定人头税制，也意味着封建传统的人身依附关系的削弱。除了否定人头税这一主导思想之外，摊丁入地还体现出其他一些租税思想，如强调租税负担均平，继续贯彻税制简化原则，坚持以白银定税额等。同时从其反对派的言论中，也可以看出在摊丁入地的正税之外，又不断新增额外的苛捐杂税，这是封建税制不可克服的弊端。

二、火耗归公思想及其他

“火耗”一词始见于元代。明中叶创设一条鞭制后，普遍实行田赋征银，而民间所纳多系零碎银两，州县须照规定成色熔化成块上缴，为弥补熔铸折耗，田赋加征火耗遂成为定制。这也就为地方官吏趁机多征赋税提供了一种新的手段。至清初，征收火耗连同其他各种附加税，其数额甚至高出正税数倍，成为广大人民十分沉重的财政负担。其中主要原因是，自明代征收加耗(征银后即改为火耗)以来，其加耗或火耗收入一直是供应地方经费开支尤其是弥补官俸之不足的重要来源。雍正二年(1724 年)，有人首创火耗“提解归公”之议，并为统治者所采纳。

火耗归公思想的基本精神，是在火耗“因地方公费，各官养廉，不得不取给于此”，即肯定火耗为地方经费来源的前提下，将征收火耗的权限由地方政府收归中央统一掌握，即所谓“与其州县存火耗以养上司，何如上司拨火耗以养州县乎”，以此避免地方自擅其权而“肆其贪婪”扩大火耗征收额的积弊。[①] 从财政原则上看，火耗归公意味着地方财政权力的削弱和中央财政权力的加强。归公后的火耗虽仍用于地方公费及其官

① 王庆云：《石渠余记》卷三，《记耗羡归公》。

吏俸禄之需，却已是中央留供地方使用的经费，在收支系统上归中央统一掌握。因此，火耗归公思想与明初以来赞成由地方官府自行处理加耗或火耗收支的指导思想，特别是与顾炎武注意加强地方财政收入的观点相对照，正体现出明清两代财政思想发展中的两种不同倾向。另外，火耗归公要求“明定其额而归之公”，使征收官吏受到火耗定额的限制而不得滥行课征。其实不久，在火耗定额之外又出现新的火耗附加税。由此形成封建后期带有某种规律性的征课特点：每隔一个历史时期，即须在整理税制的名义下，将名目繁多的各种附加捐税以某种简化形式纳入正税之中，表面看来税制简化了，实质上人民的财政负担并未减轻，相反却日益加重了。

除火耗归公思想外，这一时期陈道（1707－1760）主张从“均租”入手，通过地租的确定来实现赋税的均平，也与以往的均赋观点颇为不同。清初，因明代原有的丈田及赋役册籍大都散落湮没，故田赋征收常常参照民间地租额作为依据，按地租额的一定比率实行缴纳，因而不免产生田多赋少或赋多田少等弊端。为此，陈道建议以均租为重点实行土地清丈，“昔之议丈者，以平赋税，今则重在均租”。先确定各类田土的地租等级，然后再以此地租等级作为田赋征课基础，实现“租定赋平”。① 从田赋思想史上看，这种强调均平田赋必须以均租为前提的观点，反映了新的时代特征，也是以前不曾有过的。

另外值得一提的是赵翼（1727－1814）的“籍没财产代民租”观点。在他看来，朝廷权臣无止境的刻剥，“无一非出自民财”，故“以横取于民者仍还之民，此法最善”。于是他提出“籍没贪吏之财以偿民欠，籍没权要之财以补官亏”。② 强调以没收贪官财物作为免除人民逋欠和弥补国家财政亏空的手段，这在财政思想史上也是别具一格的。

第二节　矿政、商税观点及经济干涉政策的演变

一、矿政问题

明末矿税矿监为当时一大弊政，加速了明王朝的覆亡。因此，清初曾严禁开矿，以后虽有所松弛，仍时开时禁，一直持十分谨慎的态度。关于采矿方式，最初强调官府督办。后来有人指出官府采矿成本太高，不利于国家财政，“莫若听民开采而官收其税之为便”。在具体经营方式上，引入招商承办原则，建议广示招徕当地有力之家或富商大贾，悉听自行开采；官府按 2/10 的税率征课，杜绝额外诛求；凡官吏招商开矿得税一万

---

① 陈道：《江西新城田税说》，引自陆耀：《切问斋文钞》卷十五。
② 赵翼：《廿二史札记·籍没财产代民租》。

两者准其优升，开矿商民缴税三至五千两者，酌量授给顶带官衔，以资鼓励；严禁别开官矿，严禁势豪霸夺民矿等。这是综合运用反对官办、商民自由经营、较低税率，以及按纳税多少授予官职方式以鼓励商民等观点，来指导解决矿政问题，肯定招商开矿较官开官采为便。与此同时，赞成招商开矿的观点不断增多，还出现颇类似近代官督商办形式的官府"督同商人"建议。这是在统治者控制甚严的矿政领域，开始形成不断削弱官办官营而日益倚重商人力量的思想倾向。

二、商税观点

商税问题可分为国内商税和外贸商税两方面。关于国内商税，清初以来主要是继承宋明时代反对苛征商税的思想趋势而进一步予以强调。到18世纪，要求恤商、清除烦苛商税，以及分析商税转嫁及其对市场价格影响的观点，已为较多思想家所接受。

这一时期的商税思想，最值得注意的是在对外贸易方面。康熙初年，已有人把开放海禁与海外通商视为一大利源。这以慕天颜的议论为代表。他认为要改变财政经济的困窘局面，唯一的办法是破除目前的成例，以"开海禁"作为"穷变通久之道"。在他看来，对外贸易系"以吾岁出之货，而易其岁入之财"，如此只需数年，"富强可以坐致"。由于他提倡开海禁主要是为了解决财政不足问题，所以很强调外贸商税的征课制度，要求"出海之途，各省有一定之口；税赋之入，各口有一定之规"，并为此提出一套由官府严格管制海外贸易活动的具体设想。总之，他把其他办法都看作是"微利轻财，未足以补救今日"，而断言"必当致财之源，生财之大，舍此开禁一法，更无良图"。[①] 像这样公开宣扬以开放海禁作为致财、生财之唯一良法的观点，在元明以来渐趋明显的要求发展对外贸易的思想中，可谓独树一帜。

蓝鼎元(1680—1733)也肯定"财用"是"国计"所应特别关心之事，但他在谈论海外贸易时，却较少直接涉及外贸商税问题，而是从贸易经济角度为开放海禁贸易辩护，主张"大开禁网，听民贸易"。他的理由是，开放海禁可"以海外之有余，补内地之不足"，而内地沿海居民的手工制品也可藉此行销外洋以获取国外的银钱货物。[②] 这是对外贸易上的以有易无观点，不同于以往自命天朝无所不有的自大思想。同时，他主张让人民自由经营海外贸易，政府不加管理，也是以往少有的新颖见解，与元明时代赞成海外贸易者偏重于官府垄断或官府严格管理下的商营活动，又大有区别。他认识到对外贸易的发展可以使各处钞关"多征税课，以足民者裕国"，增加国家财政收入。但他坚持开放海禁不像慕天颜主要是从"足国用"的财政目的考虑，而是更多地反映了当时商

---

① 慕天颜：《请开海禁疏》，引自《皇朝经世文编》卷二六，《理财上》。

② 蓝鼎元：《鹿洲全集·鹿洲初集》卷三，《论南洋事宜书》。

人及沿海居民的要求。这实际上是谋求在发展对外贸易以使沿海商民丰足的基础上，自会实现国家财政的充裕，也就是将培养税源的理财原则，创造性地应用于对外贸易领域。

三、经济干涉政策的演变

宋以后，财政思想的一个重要趋势，就是国家专卖或经济干涉政策倾向的日益削弱。到18世纪，这种倾向更加显明。甚至连矿政、对外贸易这些以往多由官府垄断经营或国家严格控制的事业，也有越来越多的人士呼吁改为招商承办或让私商自由经营，国家只需收取捐税而不必多加干预。这种反对经济干涉并转向依赖商人经营活动的思想趋势，在这一时期，还普遍渗透到其他财政领域。

例如，在荒政领域，重视利用富商的作用，通过他们买贱卖贵的赢利活动来实现荒年平抑米价之效，以致把米商看作消灾免难、掌握民命的救星，推崇"米商实为民之司命"。在常平领域，宣扬商人"察岁时之丰歉，知四方之贵贱，以有通无，裒多益寡"，其市籴活动可以使农民及一般消费者均有利。又提出"钱谷之在民间犹血脉之在人身也，商贾之在民间犹气之行血脉也"，以此证明商人从事常平业务比官办常平更为有利。如果"故意约束"商人的活动，势必"壅遏"流通渠道，就像气血不通致使人体生病一样，会造成商品分配"有余"或"不足"的社会疾病。[①] 还有人建议仿照乡村社仓，在大市镇设立"商社"，以备荒年或生意清淡时赈济弱小或沦落商民之用。这就把赈济商民的问题，也提上了财政事务的议事日程。在盐法领域，为盐商呼吁要"省商费""伸商冤""济孤商""鼓富商"，认为盐法应于国于民于商三者俱利，因为"国利民利，而商未有不利也；商专害，而国与民未有能利者也"[②]，这样就把商人的利益同国家和一般消费者的利益看作是完全一致的了。在漕运领域，一方面主张漕运折银的呼声日渐高涨，体现为折银废漕的趋势；另一方面谈论漕运问题者也更为重视商业活动。

第三节　鸦片战争前夕的财政思想

在这一时期，反对与维护传统财政教条的对立，经过此前长期和缓慢的发展，以更加尖锐化的形式表现出来，体现为新旧两种不同社会思想意识的矛盾斗争。

---

① 袁枚：《小仓山房文集》卷十五，《复两江制府策公问兴革事宜书》。

② 卢纮：《盐法议》，引自《皇朝经世文编》卷五十，《户政·盐课下》。

一、吴铤的财政思想

吴铤(1800—1833)仅有的著作《因时论》,可以说基本上是探讨财政经济问题的专著。其内容大多是平凡之论,而他对封建财政经济体系陷于衰败的分析,却不同凡响。

他察觉到这一体系已腐朽不堪,矛盾重重,无论在"生之、制之、分之、取之、为之、用之"等方面,均"未得其道"。他认为,游民过多,从事农业生产者太少,这是"生之未得其道";山泽园廛自古听任人民自由利用,现在设立关市夺民之利,人民收入减少,政府专靠田赋征课,这是"制之未得其道";土地自由买卖使豪强"一家而兼数十家之产",以致"无田者半天下",这是"分之不得其道";官府征课"轻重异程,厚薄殊轨,无以定其恒",这是"取之不得其道";土地所有者与耕作者分离,"田主不知耕,耕者多无钱",这是"为之未得其道";吏民商贾仿效淫靡,与高官大员争胜,甚至"僭拟于君长",这是"用之未得其道"。[①] 换言之,无论在农业生产、山泽管理、财政征课、土地兼并、生产方式、社会消费等方面,都出现了严重的矛盾。这一分析是相当精辟的。尽管这些观察都是些表面现象,有的还带有浓厚的封建等级观念,但以往思想家仅就他所提到的个别方面有过令人称道的论述,而像他这样作全面阐述的还不曾有过。可惜他不能从精辟的分析得出解决矛盾的正确办法,只是提出"为政之道,莫先于定田制"的命题,并在如何定田制问题上描画了一些毫无现实意义的天真幻想。

二、俞正燮的征商论

俞正燮(1775—1840)坚决否定征商为抑末的旧说,他写的《征商论》就是对这一传统观念所作的一个总清算。他认为,古代经典中有关商业言论和事迹的记载,表明经商自古就是人民的正当职业,即"商贾,民之正业"。由此出发,他既反对"商贾独以仁政不事君"的不征商说法,也反对将征商理解为"重征以抑末"。在他看来,征商与征农同为征课,何以一个为抑末,一个为仁政,因而推论"不征商非仁政,征商非抑末",并得出"征商与征农,其义一也"的明确结论。[②] 可见,南宋以来对征商为抑末教条的批驳,到了俞正燮手中,才被彻底加以否定,从而在财政征课上把征商与征农置于完全等同的地位上。

三、谢阶树的《约书》

这部著作有相当大篇幅,是专谈或涉及财政经济问题,其中不少是理论原则性问

---

① 吴铤:《因时论》十,《田制》,引自盛康:《皇朝经世文续编》卷三十五。

② 俞正燮:《癸巳类稿》卷三,《征商论》。

题。对此，谢阶树论述的一个重要特征，是将以往的传统教条作反复的咀嚼并给予主观上的解释。在理财问题上，他奉为至宝的理财原则不外是传统的崇俭黜奢论。他认为，“善理财者不使国贫，亦不使国富，国贫则难乎为上，国富则难乎为下”，然而，为了黜奢，国家“与其富也不如贫”。既然反对富国，必不赞成治财之臣，“国家多一治财之臣，不如少一耗财之事”，可见节用是他的基本财政观点。对于国家财政收支，他的理想是“散而不使之竭，聚而不使之溢，多而不见其赢，少而不见其绌”，只要“足用”即可。为此，他指责“管仲崇富利，利则不公”；批评“尽地力、开阡陌、管盐铁，以求富利”，都是败坏“先王井田封建之法”；宣扬“皇皇求财利惟恐不足者，乱世之政也”，主张“理财之道，莫大于清其心以清君心”等等。[①] 诸如此类的言论，无非是拾传统财政教条之牙慧，并使他自己面对反对这些传统教条的变革思潮，成为站在其对立面上的一个代表人物。

思考题

1. 试分析从明代一条鞭法到清代摊丁入地制度，以及从明代加耗到清代火耗归公的思想演变进程。

2. 清中叶至鸦片战争前夕的财政思想，延续着宋以后的三种发展趋势：一是对先秦以来的某些重要财政传统观点的批评；二是国家专卖和经济干涉政策倾向的日益削弱；三是多侧重在具体财政措施的调整、改革和争论上。请用本章的例证来说明这些财政思想的发展趋势。

3. 从整体上看，封建地主经济后期的财政思想，与封建地主经济前期相比，既有相似的继承关系，也有不同的发展特征。这些发展特征，除了上述三种主要发展趋势外，你还能举出哪些重要的思想演变线索？

---

① 谢阶树：《约书》卷九，《理财》；以及卷六，《尚友》《论世》。

第四编

鸦片战争到五四运动时期的财政思想

第十七章　鸦片战争到太平天国时期的财政思想

1840年第一次鸦片战争后的最初20年间，中国固有的财政思想，无论是传统的还是反传统的观点，仍是绝大多数封建人士谈论财政问题的基本思维方式。同时，受到列强炮舰政策的震撼而引起的亘古未有的思想意识大变化，也在财政思想领域开始了一个史无前例的“向西方学习”的运动。尽管这一学习运动在本时期还只是刚刚提倡尚未为人们所广泛接受，但它毕竟代表了中国近代财政思想发展的总趋势。

第一节　魏源等人的财政思想

一、龚自珍和包世臣的财政论述

鸦片战争后的最初十年中，有关财政经济的论述不仅较以往为多，而且体现了一些新的内容，尤以魏源的财政思想最为杰出，对此后约80年的财政思想具有深刻的影响。这里先对龚自珍和包世臣的财政观点作一概略的叙述。

第一，龚自珍的财政思想。龚自珍(1792—1841)接受两宋以来若干进步思想家不讳言财利的观点，连儒家经典都被看成是首先解决人民的饮食问题，即所谓“五经财之源也”①。他进而从个人、城市或国家的角度，来考察物质财富(“食”)与货币财富(“货”)的相对重要性。认识到从整个社会考虑，财富的物质形态具有特别重要的作用，即“人主之忧，食重于货”；而从个人角度考虑，则财富的货币形态具有更重要的作用，即“匹妇之忧，货重于食”。这是很值得称述的观点。他曾尖锐地抨击封建财政的腐败现象，指责统治者“开捐例、加赋、加盐价”是“割臀以肥脑，自啖自肉”；征收胥吏的

---

① 龚自珍:《定庵续集》卷三,《陆彦若所著书序》;卷二,《乙丙之际塾议第十六》;以及《定庵文集》卷中,《西域置行省议》。

贪墨中饱，造成“国赋三升民一斗”的惨况。由此引申出他要求“更法”“改图”的主张。但在解决具体财政问题上，他未能提出什么独特见解。

第二，包世臣的财政改革主张。包世臣(1775－1855)被公认为“善经济之学”，又以“言利”自居。在他看来，德、威、财三者是立国的三件要事，而财尤其重要，把“财”的重要性提到德与威之上，这也是对儒家经典所谓“德者本也，财者末也”的否定。他接触到的财政经济问题比较广泛，许多具体财政问题都能指陈时弊并提出某些有一定根据的救弊办法。特别是他在诸如海运南漕和票盐等方面的改革建议，当时可算是权威性的专家意见。其优点是在这类财政改革上能吸收前人论述的合理因素并在具体细节上考虑得精细周详，有较大的说服力。至于在理论方面，则很少能超出前人成就的范围。唯一的特点是他在财政改革方面的指导思想，系利用私人商业的活动来解决矛盾。因此，他经常强调采取“顺人情，去太甚，默运转移而不觉”和“发令勿骇乎众情”的缓和妥协方式。[①] 总的说来，他的注意力集中在一些具体财政措施的改进上，算得上是一位地区财务专家，而在一般理论原则性问题上则少有建树。

二、魏源的财政思想

魏源(1794－1857)积极要求变革，力图以新时代的商业精神来处理各种现实的财政经济问题。他公开宣扬向西方学习，所谓“师夷之长技”，主要是向西方学习资本主义的生产技术与经营方式，从而他主张的财政改革也带有某种新时代的性质。他曾在编著和补充《海国图志》一书的过程中点滴地吸收了不少西方资本主义的财政经济知识，所以，他的财政思想，虽然基本上仍属于固有的财政思想体系，却出现了一些由西方吸收来的新因素。这就使他的分析突破了旧有的思想方法，透露出若干近代经济分析的曙光，标志着我国传统的财政思想之历史变革的转折点。

第一，利国与利民的新理财涵义。他主张先利民后利国，或将利国寓于利民之中。以“利国”来说，他既承认工农业生产品是财富，也承认货币财富。但又提出传统的“食先于货”一说仅适用于过去的一般情况，而“语今日缓本急标之法，则货又先于食”。这是一个不同寻常的反传统观点。在谈“便民”时，他沿用司马迁的“本富”与“末富”之说，认为前者以农致富，表现为“有田而富者”，每年须供纳租税徭役，“事事受制于农，一遇饥荒，束手待尽”；不像后者以商致富，表现为“无田之富民”，可以“逐什一之利转贩四方，无赋敛徭役，无官吏挟持，即有与民争利之桑、孔，能分其利而不能破其家也”。因此，“有田之富民可悯更甚于无田”。[②] 历史上许多思想家都把易于逃避赋役作为攻

---

① 包世臣：《艺舟比楫》卷一，《读亭林遗书》；以及《安吴四种、齐民四术》卷二，《答姚伯山书》。

② 魏源：《圣武记》卷十四，《军储篇》一；以及《古微堂内集》卷三，《治篇十四》。

击商人的论据，而魏源却把它倒转过来，认为这正是商人所具有的足以摆脱封建束缚的特点。这无异宣布经商之“末”是较为稳妥可靠的途径，改变了一向认为土地收益最为牢固的传统致富观点。所以，他对于利国与利民关系的理解，已超出传统理财思想的范围而跨入一个新的认识领域。

第二，财政改革中的生产经营问题。他在谈论具体财政措施时，提出一些涉及生产经营方面的问题，颇具见地。他极力反对官营而力主私营，其私营范围相当广泛，凡他所提到的官营事业如采矿、盐业、造船及机械制造、屯垦乃至漕运，无不主张鼓励或委托私商经营。例如，对矿业，他认为“禁民采而兴官采”会利不胜弊，“民开而官税之，则有利无弊”，故“许民开采，二十分取一为税，此开采最善之法”。对盐业，他主张改变具有垄断性的“纲商”为具有自由竞争性质的“票商”，进一步消除官府对经营盐业商人的限制。对造船及器械制造，他建议官设一处造船厂或火药局之外，“沿海商民，有自愿仿设厂局以造船械，或自用或出售者听之”。军用民用机械均可让私商设厂仿造，这显然是一个极为大胆并彻底摆脱了传统陈说局限的新观点。对屯垦，他的基本原则是“按名给地，永为世业”，以避免屯垦者把土地“视为官产，久而生懈”。对漕运，他坚持由海商代为承运，宣称“官告竭，非商不为功”，对“以商运决海运”或“以商运代官运”的经营方式，抱着坚定的信念。[①] 总之，在他的心目中，各项传统的财政措施在生产经营方面，均可采用私人经营方式来代替。而在私营商业方面，他还鼓吹采用“数十商辏资营运，出则通力合作，归则计本均分，其局大而联”的“公司”组织形式。这也是最早提及近代资本主义的公司组织形式。

第三，租税思想及其他。他关于租税问题的新颖见解，一是对税源的培养作了形象化的表述，如谓：“善赋民者，譬植柳乎！薪其枝叶而培其本根。不善赋民者，譬剪韭乎！日剪一畦，不罄不止。”二是认识到“减课而有溢课之实”，而“绌课必由于重税”，重税反不如轻税之有效。三是重视增加盐税、关税等收入“以裨农赋之不足”，从而须改革弊政、剔除浮费以便利商人。[②]

在推行财政措施和增加财政收入方面，他不仅尽可能利用国内商业资本，还十分重视对外贸易问题。他克服了“天朝”无所不有的盲目自大思想，认识到国际贸易是双方互利，并建议派军舰为中外商船护航。而他对国际贸易差额的不平凡分析，也考虑到对外收支盈亏对于国家财政的影响问题。

---

① 魏源：《圣武记》卷十四，《军储篇》二、四；《海国图志》卷二，《筹海篇》三；以及《古微堂外集》卷七，《海运全案序》和《道光丙戌海运记》。

② 魏源：《古微堂外集》卷三，《治篇十四》；卷七，《筹鹾篇》；以及《淮北票盐志叙》。

第二节 太平天国时期的财政思想

太平天国政权在1851—1864年间的存在，为研究农民革命政权的财政指导思想，提供了一个典型的范例。此外，这一时期其他代表人物如冯桂芬的财政经济论著，在19世纪后半期曾有过不小的影响，本节一并予以介绍。

一、太平天国文献所反映的财政思想

太平天国给后代留下两个极为珍贵的历史文献，即《天朝田亩制度》与《资政新篇》。从财政思想史角度考察，这两个未经实行的经济方案，均体现了农民革命领导人对于理想财政制度的探索和追求，尽管这两个方案各自所设想的财政制度在本质上是相互排斥的。

第一，《天朝田亩制度》所反映的财政思想。洪秀全（1814—1864）于1853年攻克南京并定都于此后，即颁布了《天朝田亩制度》。这是包括政治、军事、文教、经济、宗教等方面的总纲领，而以解决农民土地问题为各项措施的基础。它从"凡天下田，天下人同耕"的基本思想出发，要求对农民实行土地平均分配，以此为基础实现"有田同耕，有饭同食，有衣同穿，有钱同使，无处不均匀"的理想社会。这也是农民革命政权建立财政分配制度的指导思想，具体体现为《天朝田亩制度》中所设计的"国库"（又称"圣库"）制度。

"国库"制度的基本要求，一是生产物公有，消灭个人财产私有制，即"天下人人不受私物，物归上主，则主有所运用，天下大家处处平均，人人饱暖"。在财务行政单位的划分上，每二十五家组成一"两"，每"两"设一分库，由"两司马"主管基层单位的各种财政事务，其职掌包括"存其钱谷数于簿，上其数于典钱谷及典出入"等。所有二十五家的婚娶等事所需钱谷，严格按统一规定数额向国库领用，不得超额，"总要用之有节，以备兵荒"。如系鳏寡孤独废疾者可以免除劳役，由国库给养。这是把太平天国革命初期在行军中实行的军需供给制度，试图扩展到全社会普遍运用。二是以一家一户的农业与家庭手工业合一的小农经济形式为其基础，陶、冶、木石等工匠由一"两"内的农家兼做，此外不存在其他社会生产部门。这里本不需要货币交换，但客观上已在流通着大量货币，故又规定"银钱"也要上交国库，需要时再由国库发给。

《天朝田亩制度》中的财政构想部分，和它制定的整个经济纲领一样，基本上都是我国历代体现农民理想的原有观念的总结。它的历史意义，是在提倡"均平"的社会经济模式中，第一次提出了农民革命政权的新型财政制度方案，从而适应了农民群众数

千年来要求摆脱封建财政压榨的愿望。不论这一方案是否贯彻实行，它在中国财政思想史上的确是无先例的革命性创举。但是，这一财政方案所设想的经济基础，超越了个体土地小私有制的现实条件，成为不可能实行的空想，最后在实践中仍回到由土地私有者“照旧交粮纳税”的财政税收体制上来。

第二，《资政新篇》所反映的财政思想。《资政新篇》是洪仁玕（1822—1864）于1859年由香港到达天京后所上的条陈，洪秀全阅后甚为嘉许，批准公布。《资政新篇》的基本观点与《天朝田亩制度》截然不同。它是我国仿行西方自由资本主义经济制度的最早并有系统的一套经济纲领，完全超出了封建传统理财思想的眼界。它的内容包括经济、政治、文化等各方面，而以经济改革为重点。其中理财或财政制度改革措施，涉及以下各项：

建议开采金、银、铜、铁、锡、琥珀、琉璃、美石、盐之类的矿藏。采矿方式由发现矿藏者任“总领”，“准其招民采取”，其矿产品收入的分成标准是“总领获十之二，国库获十之二，采者获十之六”。建议在各省设立“钱谷库”，以支应政府人员的薪俸和其他公费开支，其业务设官司理，“每月报销”；主张设官征收内地的工商、水陆关税，每礼拜呈缴省、郡、县库存贮，或供地方市镇公务支用。尤其强调以资本主义的经营方式来发展中国经济。所有各种工矿贸易企业，均坚持私人出资经营，并采用专利权方式以鼓励其发展，对能创造发明火车轮船以及其他工艺品者，“准其自售，他人仿造，罪而罚之”，俟专利期满才许“他人仿造”。

这些理财措施，与《天朝田亩制度》中的“圣库”供应制度绝不相同。其办法除涉及的采矿种类之多在19世纪以前极为少见外，是人民按政府规定缴纳一定税额，不是把足够自用以外的产品全部缴圣库；政府服务人员实行薪俸制而不是供给制；抛弃了太平天国设立“诸匠营”或“百工衙”一类的国营手工业生产制度等等。至于它提出每人每日须劳动三个时辰（即六小时）、否则被定为“惰民”的工作日制度，这是从另一角度为资本主义的发展准备雇佣劳动力来源。

总之，从《资政新篇》中很难找到中国旧的财政经济观点的痕迹，因而与具有浓厚传统色彩的《天朝田亩制度》形成了鲜明的对照。尽管如此，太平天国这两个珍贵文献的出现，无论从理论的或政策的角度考察，均为包括财政思想在内的整个中国经济思想史的研究，增添了新的光辉异彩。

二、冯桂芬的财政观点

冯桂芬（1809—1874）可算是19世纪60年代以来主张向西方学习的知名人物。其主要财政思想见于《校邠庐抗议》一书，这是19世纪后半期较有影响的著作之一。但一般说来，他的财政议论在理论上多系因袭前人旧说，甚少创新意见，只是在一些具体财政措施上，偶有新义。

第一，富国观点。他主张富国的直接目的，是为了使清政府能够摆脱当时的财政危机。而他提出的“筹国用”设想，除了一些老生常谈外，也在个别具体问题上有些可取的观点。如对于农业，一是主张在北方兴修水利，以便推广高产水稻的生产，代替低产的梁麦作物。这是借提高农田单位面积产量以增加人民财富从而富国的思想。二是主张人少地区采用西人机器耕种，“或用马或用火轮机”为动力，“一人可耕百亩”。这种采用机耕的思想是以往不曾出现过的新观点。三是将茶、桑说成是“富国之大源”，因为通过丝茶的大宗出口可以致富。这一观点既扩展了传统农业概念的范围，又为发展农业的作用增加了一个对外出口的功能。又如对于采矿，他认为这同种茶一样是“裕国”之道，并主张将开矿利得“全以与民，不失为藏富之道”，即赞成矿业民营。他的另一目的，是我国矿产如不自行开采，势将被诸夷开采，以致利益全归外人。再如在发展近代工业方面，他主张学习西方技术不必亦步亦趋，而是“始则师而法之，继则比而齐之，终则驾而上之”，把赶超西方作为目标，并以此为“自强之道”。这应当说也是一个卓见。

第二，均赋议。针对各地田赋相差悬殊，尤以苏、淞、太地区赋税负担不断加重的问题，他在《均赋税议》中，综合采用两宋以来土地清丈的经验和议论，主张统一田亩度量标准，采用近代罗盘和算术方法清丈，其应纳税粮以一县数额为单位均摊于一县之田，按亩均收，以后永不加赋。此议后由他代表李鸿章草拟奏疏，申请减赋。原议在地主的赋税减轻 1/3 后，相应把佃农的地租减少到最高不超过每亩一石二斗，结果口惠而实不至，遂引起不少人对他的减赋、减租办法表示反对。

第三，折南漕及其他财政议论。他主张京师官民所需的食粮不必由官府自南方漕运接济，苏淞地区应解漕粮可按每亩折银若干上缴京师，而京师所需食粮可在京津等地招商自运，向市场供应，官府用粮则以南方上缴漕银从市场购买。此即所谓“折南漕”。这是将以往的“折漕”或“漕折”老办法，注入了新的时代因素。对于土贡，他也建议除少数地方特产可由当地进贡外，其他大部分土贡物品均改由官府在市场上“发价购采”，以免官吏勒索中饱而使“国与民交蠹”。此外，其他的不少财政议论，都是综合以前陈说而在个别细节上稍加己意，但也正因为他能广集以往陈说，才为当时士林所称道。

思考题

1. 近代初期的财政思想，已透露出“向西方学习”的端倪。请用这一时期几位代表人物的财政思想中从西方吸收来的若干新因素，来说明这一端倪。

2. 请比较分析《天朝田亩制度》与《资政新篇》在财政思想方面的显著区别。

第十八章　太平天国失败至甲午战争前后的财政思想

从太平天国政权覆亡到19世纪末这30年中，随着向西方寻找真理的学习运动自70年代初起又掀起更为广阔的热潮，在财政思想领域也出现了各种不同类型的代表人物，分别叙述如下：

第一节　西方通俗财政知识的传播者

一、西方财政知识的早期传播者王韬

王韬(1828—1897)早年是一个传统理财教条的卫道者，在英国逗留三年多期间受西方观念的薰陶，回国后形成“商富即国富”，须“恃商为国本”的观点，认识到世界商务已发展到“越乎境外”的时代，“此古今贸易之一变”。[①] 因此，他在谈财政问题时，已不像以往那样把重点放在盐、漕及其他具体财政措施的改革上，而是强调如何发展包括工、矿、外贸在内的商业，以致国家于富强。

第一，理财概念的资本主义涵义。他强调“尚理财之说”，反对“闭言利之门”，认为“为天下计者”必须以“足财为务”。他所谓的“理财”，主张扩大国营经济事业的收入并通过民营工商业的发展以增加税源，即以“广贸易”“开煤矿”“兴铁路”“兴织纴”“造轮船”及其他国营和私营近代企业，作为“兴大利”的内容，因而具有一定的资本主义内涵。

---

① 王韬：《弢园文录外编》卷十，《代上广州府冯太守书》。

在理财方面，他把“治财”的重点放在采用西法开采煤、铁、金、银、铜、锡等矿藏上，甚至认为“取之于民不如取之于天地自然之利”。他提倡机器的使用以举办工矿交通事业，如谓“织纴之利必以机器为先，事半而功倍，巧捷异常，而其利无穷”。他还批评持有“机器行则夺百工之利，轮船行则夺舟人之利，轮车行则夺北方车人之利”见解的人为“迂拘之士”。[①] 王韬主张在工农业方面采用机器生产的观点，虽远不及容闳数年前于 1863 年建议创设机器制造业的意义之深刻，但比起他的先行者冯桂芬则又胜一筹。同时，他一再强调采用“民间自立公司”形式开办近代工矿企业，并使“富民出其资，贫民殚其力”，即推行雇佣劳动制度。关于工矿企业的具体经营方式，他的基本意见是“官办不如商办”。但考虑到在举办近代工业方面，当时国家财政既无此资力，民间对集股又有所顾虑，故提出“最要者莫如官商相为表里，其虽归商办，其实则官为之维持保护”，以期官吏与商人“能和衷共济，不至稍有挟持”。[②] 这一创议，便是后来弊窦丛生的官督商办制的早期宣扬。但无论如何，他所主张创办的均是具有资本主义经济性质的近代新兴工矿企业。

第二，量出为入原则。他在考察英国财政制度时，接触到那里除征田赋之外，以商税为重，“其所抽虽若繁琐，而每岁量出以为入”。他不一定意识到这是一条较新的财政原则，只是称赞英国采用这一方式“藉以养民而便民，故取诸民而民不怨，奉诸君而君无私”。[③] 但在“量入以为出”的儒家财政教条统治下的旧中国，能提到“量出以为入”的思想家，唐代杨炎以后王韬还算是第一人。

第三，反对厘金制度。清朝统治者为解决因镇压太平军而产生的财政困难，举办厘捐，又称“厘金”，沿途设卡，重复征收商品税，这是此后数十年中阻碍经济发展的一大弊政。王韬反对当时以“抽厘加税”作为“开源节流”的重要方式，坚决主张“撤厘金”而代之以丁税。这是较早主张废除厘金的意见，但主张代以丁税却是落后的思想。

第四，其他理财议论。他主张“设官银肆”即开设官营银行，除铸造金、银、铜钱以便民用外，把“行钞币”也看作“富国”之一目；积极宣传建立保险制度，特别是对外贸易保险，要求自设保险公司，“以中国之人保中国之货”，如此则“其利乃得尽归我”；反对外人控制中国海关的关税协定；等等。这些属于经济常识的内容，有的理解还是相当幼稚的。但它们往往着眼于防止利权外溢，以免中国财政经济陷于“枯槁”，或不让“西人独据利薮”，这总是反映了当时抵制西方资本主义经济侵略的一种危机感。

王韬从 19 世纪 70 年代开始，就以较真切的感受不断介绍了大量的西方财政经济知识，并通过报章形式作了较为广泛的传播。即使他所谈的仅是些西方财政经济常

---

① 王韬：《弢园尺牍续钞》卷三，《拟上当事书》；以及《弢园文录外编》卷二，《兴师》。

② 王韬：《弢园文录外编》卷一，《重民中》；以及卷十，《代上广州府冯太守书》。

③ 王韬：《弢园文录外编》卷四，《纪英国政治》。

识，在那时也是很新鲜的知识，其作用已算不小，至少是对 19 世纪 80 年代及以后风起云涌的大讲西学的浪潮，起了先行者的作用。

二、薛福成的财政思想

薛福成（1838—1894）曾出使英、法、比、意等国，故能根据一些西方的感性知识提出对现实财政经济问题的看法。他从"天道数百年一小变，数千年一大变"的思想出发，要求摆脱"一切成说所拘"，强调在强邻环伺之下，非讲求"富强之术"不能以自救，并宣扬要崇尚"从前九洲之内所未知，六经之内所未讲"的新事物。[①] 这就促使他的理财方针进一步摆脱封建传统观念而向资本主义意识转变。

第一，理财方针的转变。他的理财思想，早年具有较多的传统色彩。1879 年著《筹洋刍议》时认识到获致富强必须以"工商为先"，但仍坚持要以"耕战植其基"。自 1889 年出使欧洲四国后，在资本主义经济环境的直接影响下，重视商务的思想日渐突出，认为西人恃商"为创造国家、开物成务之命脉，迭著神奇之效"的原因，就在于商可以推动士、农、工等业的发展，故商虽为四民之殿，但"握四民之纲者，商也"。此后，这一思想又有进一步的发展，提出"泰西风俗，以工商立国，大较恃工为体恃商为用，则工实尚居商之先"，更强调工的作用。[②] 他还把二千多年来"藏富于民"的传统观点改造为"藏富于商"，以此为谋国之精神。这里的"商"，其实把"工"隐含在内，就像他建议商民开设机器厂仿洋法纺纱织布，实际指的不是"商"而是近代工业家。总之，从传统的以农为基到"商握四民之纲"，再到"工体商用"或"工居商之先"，正体现了他在向西方学习过程中，对于基本理财方针认识的重要转变和不断深化。

第二，开源节流与厘税。在谈"理财之政"方面，出国前后，他也有一个从以前的"不必开其源也，惟在节其流而已"观点，向高唱"浚其生财之源"的转变，并认为中国单位面积的人口平均数尚远不及欧洲各国，还有很大的开源发展余地。

在厘金问题上，他早已提出要逐渐裁厘金，可是后来又说厘金对所收货价的征税，"于商无所损，而其利实取之众人，所以积少成多而无大怨"[③]。这是从商税转嫁的观点来肯定厘金实际是对众人的征税，未能认识厘金制的多次重复课税给工商业带来的严重损害。

第三，量出为入与财政收支关系。他既肯定我国传统的"量入以制出"是"古今不易之通义"，也欣赏"西国通例，量出为入"，即"按年预计国用之大者而量出以为入"。可惜他未进一步分析为什么会有这两种完全相反的财政原则，并以何者为宜。

---

① 薛福成：《筹洋刍议变法》；以及《庸庵海外文编》卷三，《英吉利利用商务辟荒地论》。

② 薛福成：《庸庵海外文编》卷三，《振百工说》。

③ 薛福成：《筹洋刍议·利权一》。

对于财政收入与支出的关系，他认为一国财政收支“其入焉者无不旋出焉者也，其出焉者无不旋入焉者也”[①]，即国家财政征课总是随收随支或随支随收的，绝不是把收来的税款都积存起来。他还把一向传为美政的隋文帝“积谷于仓”等斥为能聚而不能散以致引起变乱的坏事。这无异于反驳了古代常将流通中货币短少归咎于财政税收的货币过多之所致的错误观点。

第四，外资问题。他对于“借外资”持十分谨慎的态度，认为借外债充作军费，只能用于暂时而不可施之长久，从长远来看，这将是“利不胜害”。同时，他又看到举外债如用于修建铁路，那与借债以济军饷有所不同，因为兴办铁路可以“兴大利”，而且“本息有所取偿而国家所获之利又在久远”，即不必担忧外债本息的偿付问题[②]。可见，他已考虑到引进外资是用于生产事业还是用于非生产性活动的问题。不过，他仍对铁路借款提出一些前提条件，主要是防止外国债权人借机干预中国事务。也就是说，他首先考虑的是如何确保铁路的自主权以及国家财政收入不受影响，至于借外债本身的理论原则及其具体措施，未及作深入探讨。

第五，矿屯及其他。关于采矿问题，他把采矿比作耕田，认为开矿不仅可以收“天地之美利”，还可以安置许多劳动力，无异于“为天下多扩良田”以解决“人多田少”问题。这样把采矿当作垦田并借以增加就业的思想，虽无多大意义，毕竟是前所未有的新见解。关于采矿的经营方式，他认为官营或商营均无不可，但以移植以往军队屯田方式于矿山开采的“矿屯之法为最善”，由此可以节约军饷，用预定军饷节省开办之初的工费开支以减轻成本，增加人民“谋食之资”，杜绝金、银、铜、铁等矿产品的进口等。这是把陈旧的军屯制度在新的形势下加以改造和利用，也无多大意义，但仍是一个创造性的建议。

对于一般工商企业，他积极提倡股份公司制度，起初还很谨慎地主张“招商股以开铁路”，或在织布业中试行招商股设立公司经营，俟有成效再行推广；出使英国后，他简直把股份公司制度说成是可以“移山”和“填海”，无所不能的妙法。他对西方的“专利”办法也备极推崇，建议凡创造发明经政府核定其价值后，其权利可以自由出售，也可售与外国，意义重大者还应赐予官爵。此外，他把“会计”与工程、牧、矿等并列为应该讲求的学问。这里所谓“会计”，用现代经济术语来说，是指国家财政收支计划的编订和稽核而言。

大体说来，薛福成的财政议论，尽管有个别的新颖或独特见解，一般仍停留在西方财政经济常识的水平。就其财政议论对洋务派官僚首领如曾国藩、李鸿章等人的影响

① 薛福成:《庸庵海外文编》卷三,《西洋诸国导民生财说》。
② 薛福成:《庸庵文续编》卷上,《代李伯相议请办铁路疏》。

作用来说，应比马建忠为大。薛福成的《筹洋刍议》和《海外文编》在19世纪八九十年代的知识分子中也是较有影响的著作，比王韬的《弢园文录外编》影响还要大，只是后者在传播西方财政经济常识方面对一般读者的作用要较早和较广泛而已。

三、郑观应的《盛世危言》

郑观应（1842—1922）的代表作是1893年刊行的《盛世危言》，此书在戊戌变法前夕曾被清朝皇帝敕令发给各臣僚阅看，足见其影响之大。他曾以鼓吹"商战"名闻于世，而他所鼓吹的"商战"则成为19世纪末和20世纪初极为流行的口号。他像当时一些向西方学习的先进人物一样，将注意力集中到如何改变现实的政治经济状况以挽救国家于危亡，而将财政困难问题置于次要地位。

在财政收支上，他坚持"量入为出"原则，要求"必以出入之数维均"即近代所谓预算平衡，并建议颁行"度支清帐"即国家预算。他认为这是中外各国"通盘理财之法"。那时所谓"度支"即现在的"财政"，而"预算"一词也尚未流行。他对厘金的弊害不甚了然，对关税的基本看法是"土货出口税宜从轻，凡我国所有者轻税以广去路（指出口），我国所无者重税以遏来源（指进口）"，这也是仅凭常识作出的片面判断。他主张向本国人民或外国商民举债，"借数十亿不如借数百亿"，最好借外债，其目的是为了借轻利的新债以偿还以往重利的旧债。这种仅着眼于利息高低的见解，忽视了举国债更重要的其他利病问题。对于开设银行的作用，他也多从财政角度考虑，认为设立银行可以代替国库，避免国家财政收入由官吏保管时受官吏侵抑之弊；另外是通过银行发行钞券，政府可以由此获取利润。从这些议论看来，他还没有真正懂得银行在国民经济中的重要作用。

他有两点与财政有关的独特见解。一是在财务行政方面，他坚决反对帝国主义分子赫德及其一伙把持海关总税务司及各口税务司的税政大权，主张改由华人担任。同时对协定关税制度也坚决反对，但不是主张立即予以废除，而是等待将来不平等条约期满时，再行修订取消。二是在河工问题上，他曾设想在宁、陕以北掘湖，引黄河之水以灌戈壁沙漠，这确是非常突出的新颖意见。

第二节　西方财政理论的传播者——马建忠与严复

一、马建忠的财政理论

马建忠（1845—1900）曾于1876年被派往法国巴黎政治学院学习，是我国19世纪后半期除容闳外，学习过西方财政经济学课程的学者。所以，他的论述具有西方财政经济理论分析的色调，而不仅仅是财政经济常识。

第一，保护关税思想。他鼓吹重视商业尤其是重视对外贸易，宣称西方各国“考其求富之源，一以通商（指对外贸易）为准”。针对当时我国进出口的“漏卮”问题相当严重，他建议采用保护关税制以为补救，“欲中国之富，莫若使出口货多，进口货少”。为使出口货增加，他把重点放在传统的丝茶贸易上。在鼓励丝茶出口方面，他的意见，一是“轻减丝茶之厘税”，二是严格按照“值百抽五”的规定征课出口关税。在出口税率问题上，他的软弱性表现在明知“外洋恤商之策首在重征进口货而轻征出口货”，但仍不敢主张改革根据不平等条约所规定的进出口均抽5%的协定关税制度。他只是劝说政府要明白“税轻厘减则价减，价贱则出口货增，出口货增则税厘更旺”，其收入终必增多而不会减少。关于出口税的原则问题，他还提到应是“出口货概不征税”以增加出口品在国外的竞争力量，即使征税，其税率也不应过高；但是，如系“国内独有之土产，不畏他人争利者，则不妨于出口重征之”，并列举秘鲁之雀粪、意大利之硫磺、中国之茶叶为例，此即可征课出口重税。这里是指在国家关税完全自主情况下应采取的课税原则。①

关于进口税，原则上是“重征进口货”以保护国内工商业的发展。由进口货种类的不同加以区别对待。他建议将进口货分为四大类征课关税：一是原料之类，“国内所产者少，必仰给于别国”者，可以减征进口税；二是“外来制成之货，本国亦有者，重其征以护商民”；三是对本国不生产的进口制造品的课税可再分为两种：“有其货为民生所必需者，则宽其征”，如果“其货惟富豪始能置者，则重其征”；四是本国所无之进口货，“民虽不得不用而究不能多用者，亦重征之，如英国于进口之茶、糖，法国于进口之咖啡等是也”。同时，对这四类商品所征课的税率还须根据各类或一类中的商品的不同情况进一步加以增减。②

总的说来，他坚持保护关税制度，反对关税协定，力求关税自主，都有其贸易和财政理论为依据。同时，他尚不敢主张废除关税协定的不平等条约，而仅是建议等到修订条约时再同西方国家的代表商酌改订，无异与虎谋皮。至于在关税征课的具体规定方面，他曾论及“税制有通行与订约之殊”，“税则有估价与按物抽征之别”，“估价有官价与时价之异”，“物外运者有存税暂交之别”，“就物之品类定税则之轻重，或裕国库，或护商民，不能一致”等等。这些均系西方财政学的内容，亦可见他曾研习过这类著作。

---

① 马建忠：《适可斋记言》卷一，《富民说》。

② 马建忠：《适可斋记言》卷四，《复李伯相札议中外官交涉仪式洋货入内地免厘禀》。

第二，外资引进问题。他是我国最早坚持引进外资以发展生产的思想家，而在19世纪晚期的中国提倡此说，却遭到大多数人的非议。引进外资，他称为“借债”。这绝不是政府与政府间的借贷，而是由国家在国际资本市场上推销修建国营铁路的债票。他从西方的财政金融学角度看问题，认定国债不仅不完全是坏事，有时甚至是很好的事，如谓“泰西各国，无一非债欠数千兆，而英、法、德、俄之称雄如故也”。他主张以举债方式兴办的工商企业，范围是很广泛的，包括采矿、纺织、丝茶等等，而最引起非议的是国家借债以开铁道。他根据对中外政治经济情况的对比分析，肯定在中国“立富强之基者莫铁路若”。然后指出我国兴建铁路在地理条件、铁材、人力等方面都是很有利的，唯一的问题是如何筹集资金。在他看来，国家财政困窘，无能为力，而富商又多顾虑，故只有两种方式可行，即所谓“国帑虽空独不能赊贷而化无为有乎！民资虽竭独不能纠股而集少成多乎”。在这两种方式中，民间集股的风气未开，集股很难，“无已则有借洋债之一法”。他又列举各国举国债的事实以消除人们认为“称贷有伤国体”的顾虑。他肯定地说，国债“不可行之于军务，必不可不行于商务”。通过欧美各国举债兴办铁路、机械厂、电报等企业的经验，他总结出“借债之经”的三条原则，即“取信之有本”“告贷之有方”和“偿付之有期”，同时指出“行权之道存乎其人”。①

关于举洋债的具体办法，他的论述更是考虑周详，充分体现了他对西方金融市场的理论与实践均有较深刻的理解。例如，怎样与伦敦或巴黎的公私银行商谈举债；利息率的高低与发行债券的折扣；铁路未投入营运以前所需支付的利息的筹划以及投产后先行提成以备到期还本；如何赎回债券等。并特别强调这种方式的举洋债绝不需要抵押品，也不必以国家关税作担保，只要能提出较精确的工程设计和未来利润的预期以示外洋，必可取款等等。这些均系欧洲各证券金融市场的例行活动和企业财务著作中的基本知识。除了这种从西方资本市场募集债款的方式，他还提到另一种由国家商业部门或由国营商业总公司出面所举的外债，其用途是转借给各种急需资金的企业并利用这些企业所归还的本息以偿付外债的本息。此类国债实际上是在国内起着一般银行的贷放作用。由此可见，他倡议举洋债以举办各种工商事业的言论本身，从理论上讲是不能非议的。至于因此而遭受诽谤，或后来出现不良后果，那是历史的不幸事件，不能责怪倡议者本人。

第三，矿屯思想及其他。他主张矿屯的指导思想与以往屯田者均有所不同，强调“淘得之金，听其自市，官若收买，毋任抑勒”。他列举了矿屯淘金有九便，并认为这一建议“不劳役，不费财，可固防，可制敌，内以戢匪徒之出入，外以杜强邻之窥伺”，而且开采的黄金既多，可以降低黄金对白银的比价，也就是提高银价。这一矿屯设想吸取

---

① 马建忠：《适可斋记言》卷一，《铁道论》，《富民论》，以及《借债以开铁道说》。

了以往的有益经验，再用崭新的形式加以表达。如以边防部队为基干并利用当地人民和商人以为协助，避免移民实边之繁难；产品不归官府而由生产者自行出卖其应得部分；军民均轮班工作使防务与生产两不耽误，把以往深山采矿易滋乱萌的思想改变为收容当地"顽民"使其与军队同仇敌忾；不仅以军民自给为目的，并以发展贸易与交通为务，这样不要国家多费一钱，还可获得巨大收益等等。从他的分析中很难发现以往旧的屯垦言论的痕迹，却充满着近代对此问题分析的色调。

除矿屯方式外，他很欣赏西方工商业由"商人纠股设立公司"的自由经营方式，但又认为在当时"民贫于下，财绌于上"的情况下，我国集股"散借于凡民则苦其零星难集"，故不能不寄希望于官府出资而起一点催生作用。他还列举世界历史事实表明，有不少国家的政府确曾在类似的客观形势下起过有利的作用。不幸的是当时清政府及其官僚集团对近代工商业的发展，未曾起过像国外那样的有利作用。但从财政思想史角度考察，这种要求政府参与工商业经营如官督商办或官商合办的思想，也是宋以后国家专卖或垄断事业逐渐改为招商承办的财政思想趋势在近代条件下的继续和演变。

二、严复的财政思想

严复（1854－1921）是中国认真研读英国古典政治经济学的第一个人。他在1897—1900年间将亚当·斯密的《原富》一书译成中文，并于1902年出版。他的财政思想，基本上表现在为《原富》译本所作的数万言的各种"按语"和《译事例言》中。

第一，自由主义的理财观点。这是严复受斯密学说影响最深刻的部分。他从《原富》所宣扬的"自由放任"和"个人自利"观点出发，极力鼓吹"民之生计，只宜听民自谋，上惟无扰，为裨已多"，又认为所谓富强的关键在于"利民"，而"政欲利民，必自民能自利始；民各能自利，又必自皆得自由始"。他还从我国古代经济思想中汲取滋养，非常推崇司马迁的"自然之验"思想。鼓吹经济自由，自然会反对财政上的干涉政策，指出国家干预经济是"强物情，就己意，执不平以为平，则大乱之道也"。因此，他对国际上的保护贸易，国内的官督商办均加以反对。不过，对有些事业如邮政、电报、学校等，他还是认为以国家经营为宜，而且在集资经营方式尚未成为习俗的情况下，他也赞成国家可出而"为之先导"。这是使我国数千年来一直延续的干涉与放任的论争，第一次掺入西方古典经济理论的色调。这不仅在他以前没有先例，即使在20世纪之初那些懂得和介绍西方经济学的人中，亦鲜有直接从古典经济学吸取滋养者。因此，严复鼓吹经济自由主义对于中国财政思想转变的影响，是不容忽视的，尽管他本人的表述方式仍穿着中国古代财政思想的外衣。

第二，用中国传统财政观点不恰当地附会斯密之说部分。严复对斯密的原意，不时有误解或将我国传统财政观点不恰当地加以比附，以下是一些较为显著的例证：

例如，把斯密所谓“自然价格”译为“经价”或“平价”，因而指出中国古代的所谓“均输”“平准”“常平”诸法都与此所谓“平价”者在内涵上一样，并举王莽的“市平”以为证据。这是似是而非之论。因为斯密的“自然价格”是指一种商品足以补偿其工资、地租和利润的价格，事实上即斯密所设想的商品价值之一种，与上述古代概念风马牛不相及。

又如，把斯密所谓“租”(地租)、“庸”(工资)、“赢”(利润)理解为我国唐代的租庸调制，也是很不确切的。唐代租庸调中，所谓“租”，不完全是土地税，还兼指一些和地税无关但按地亩征收的捐税；所谓“庸”，主要指劳役代金，决不等于工资；所谓“调”，是民间家庭手工业对政府的缴纳，既非利润，更不是利息。因斯密曾提到政府对工资、地租和利润的课税，严复就把它们与租庸调制联系起来，这是一种误解。

再如，把法国重农学派主张的土地单一税，说成“即中国一条鞭法”，这又是错误的。土地单一税是专对土地收入的征课，此外一概免税。而明代一条鞭法仅是将地税、劳役代金及许多农村杂税进行统一征收，尚不包括工商业税，故绝不能把两者混为一谈。他从赋税转嫁角度，反对重农学派“罢一切之赋而悉取于租”的理论。殊不知重农学派的基本理论根据，是只有农业才是财富生产的唯一源泉，也是一切赋税的真正来源，故主张对农业进行直接的征课。如果不先否定这个理论根据，仅用赋税能否转嫁为理由，是不能攻破重农学派的。

第三，运用《原富》的理论观点评议中国历史与现实的财政问题部分。他在这方面的意见很多，其中较重要的部分如下：

一是否定传统的“不言利”思想。他认为，“理财正辞”原本是一门重要学问，汉以后俗儒严戒言利，遂使人们“不复知其为何学”。但人们既有生养，就会言财利之事，以使财富“各得其分而无不平”，而国家的治安、民风的好恶及身家的教养都离不开“财”。此所以人们乐于研究“计学”(严复给“经济学”一词的中译名)而这门学科也很兴盛。这是从财富生产、流通和分配的政治经济学角度，去批判“不言利”的传统观点，并把“利”的范围扩大到整个国民经济的各种财利问题。据此，他虽不同意王安石的经济改革，认为它未让人民自由进行经济活动并在人民财力丰饶的基础上去改善国家财政收入，但仍指出“千古相臣，知财计为国之大命而有意理财养民者，荆公一人而已”，不容后人轻易排击王安石。此外，他对我国理财方面的古代典籍如《周礼》《管子》，重要人物如李悝、桑弘羊、王莽及其他财政措施如“平籴”“平准”“均输”“常平”“市平”等的评论，既不一味诋毁，也不盲目推崇，而是作出了一些合于近代经济学要求的客观评价。

二是关于漏卮与贸易差额问题。这是19世纪末期举国上下极为关心的问题，被认为是当时财政困窘和国民贫困的主要原因。他认为所谓“漏卮”问题，实际不外是因进出口贸易的负差所引起的金银出口问题，不值得特别焦虑。在他看来，一则国家有金银不一定就富，如墨西哥、秘鲁等国均产金银而其国并不算富，相反，英、法等富国却不生产金银；二则金银进出口虽为补贸易差额之用，但金银本身亦可作为一般商品进口或出口，故进出口商品的差额与金银进出口的数量不可能完全相同；三则不仅金银出口不足为虑，连进出口贸易逆差也不是什么了不得的事。他对这些问题的基本观点是得之于《原富》的自由贸易学说。根据斯密的观点，严复也不同意当时广泛流行的所谓贸易顺差能使国家致富之说，认为“国中贸易，利国过于国外贸易”。这样从古典经济学的认识出发，赞成一国是否富裕主要决定于国民财富生产的多寡，并不以进口金银的多寡为标志。这在严复生活的时代，确是独排众议之论。此外，他还反对关税协定和外人代管海关行政等等，但其着眼点在于国家的主权和体面，未充分从经济上阐明其弊害。

三是赋税问题。他以《原富》理论作为依据，强调“治人者”向“治于人者”征课赋税系出于实现“公利”的需要，故缴纳赋税也就是“国民之公职”。既然国家赋税“非为私”，而是“取之于民者还为其民”，则财政征课也应以“赋无厚薄唯其宜”为原则。所谓“宜”，并不在于税率本身的高低，“就令不征一钱，而徒任国事之废弛，庶绩之堕颓，民亦安用此俭有乎?”这对于一味鼓吹“薄税敛”的观点无疑是一个有力驳斥。在他看来，赋税之宜的基本条件应是赋税课征须以人民的负担能力为转移，“民非畏重赋也，薄而力所不胜，虽薄犹重也”。但他不是消极地去适应人民的现有负担能力，而是主张国家积极地“为民开利源，而使之胜重赋”。这样也就为“重赋”学说提供了理论根据。不过，这一“重赋”概念不同于以往的苛征暴敛，它是在致力于发展国民经济从而不断提高人民的负担能力的基础上，相应地增加赋税税率。因此他的观点是从整个发展过程来看，税率呈现出不断上升的趋势，而在每一个发展阶段上，仍必须坚持课征“不越赋出有余”的原则。以此“重赋”学说与单纯咀嚼“薄税敛”的传统观念相比，正显示出前者在经济理论分析上远胜于后者的近代分析色彩。

关于具体的课征对象，他赞成斯密反对向资本课税，认为“欲财生必不宜于母财而加之赋税”，如果“加赋税于母财者，无异司汽机者，欲汽力之长，而夺其薪炭也”。除资本这种“养民之财”不宜征税外，他认为用于提高劳动技能的培训投资即所谓“教民之财”，亦属于资本支出也不应课税。但与斯密不同的是，他认为不对工资课税仅适用于“庸率(指工资率)之至微而仅足资生”的情况，如果工资在扣除生活、学习及“资其羸病衰老”的费用之外还有余，则“有余而取之于民生为无伤”并“于国财为不耗”。即肯定在一定条件下可以工资作为课税对象。至于中国的赋税问题，他着重指出“尽于取下至多而纳之府库者寡”的中饱弊端，并反对厘金制，认为这是“天下之弊政”，其他无甚新颖见解。

四是国债问题。他认为应以募集民间“滞财”为主，如此则“民固献其所有余，未尝损其后利之母”，不会对正在使用的赢利之资本产生影响。根据资本应用于赢利的思想，他又分析了“西国之债以利，中国之债以害”的原因，就在于西方国家举债用于“拓国攘利之饶”，或用于“便民通商之益”，故其“国债虽重，国财日休，此犹斥母以来赢息耳”；而中国举外债皆用于偿还赔款本息，“其息利既不在民，于国财又无增益”，所以“中西之负债同，其所以负债者大异”。不仅如此，所欠外债又通过增加国内赋税的途径最终都压在人民身上，“夺吾民衣食之资”。这一分析对于当时我国举外债的真实情况，应是较为深刻的揭露。

五是荒政及其他。关于荒政，他认为中国传统的常平、社仓等制度是不必要的，指出在饥馑之年限制粮价上涨或在个别产粮地区禁粮出口的办法也不妥当，主张由各地商人移贵就贱，“谷价自平”。这主要是受斯密的谷物自由贸易思想的影响。此外，他认识到西方列强对殖民地必然无例外地要“既尽其利，必残其民”；所谓“门户开放”和“瓜分”一样，事实上均是为了他们自己的利益，而不是“有爱于我”。惟其对于国内各种政治经济积弊，只期望随着经济条件的发展而作相应改革，反对革命性变革。

总之，严复从《原富》所阐述的经济理论出发，对许多同时代人物的财政经济见解均提出不同的看法。他所赞同的是把经济学看成理财中最大的一门学问，而在这门学问中又以斯密的《原富》作为最切合中国现实要求的对症良药。不过从他的按语来看，他对许多财政学说或问题仍只有片断的见解，缺乏对任何一个财政理论范畴的较完整的表述，何况其中尚有不少理解不够深透之处。对于西方财政学体系的系统理解与传播，那已是本世纪初尤其是20年代以后的事情了。

第三节 戊戌维新派的财政思想

戊戌维新派人物的财政思想，同属于西方财政知识的传播范围。因为他们积极从事19世纪末的变法维新活动，形成了一个独立的政治集团，故将他们的财政思想单独予以论述，其中惟有梁启超的影响持续时间较长，故留待后面讨论。

一、康有为的财政议论

康有为(1858—1927)是戊戌变法的领袖人物。他在戊戌政变以前的财政思想，基本上同当时或稍早一些向西方学习的思想家的观点大致相同。他坚持变法的指导思想是：“非变通旧法，无以为治。变之之法，富国为先。”他所谓的“富国”，其突出之处，一是除货币发行和邮政事业外，一切工矿交通事业均应“一付于民”并“纵民为之”，连军事工业也主张让私人经营。这一观点在那时的历史条件下是非常大胆的。二是基于时人的重视工商观点，提出"定为工国"的口号。[1] 其真正意图是争取逐步实现资本主义工业化，但他主张工业化的理由，缺乏理论上的足够说服力。他对西方列强的经济侵略，如在华开矿、筑路、设厂、把持海关税政以及其他外人在华特权，都曾大声疾呼地加以反对，只是在如何抵抗或摆脱侵略的方式上表现软弱，甚至在某些问题上对一些西方国家还存有幻想。

此外，他在 1885—1887 年间写成但秘不示人的《人类公理》一书，曾设想要仿照古井田之制，实现全球土地公有，按土地所产多寡约十而税一，此外不再征其他捐税，但私人遗产须以一半归公。还设想由政府多办公营企业如大铁路、大轮船、大矿务、大制造局等。一般企业虽让私人出资经营，而政府亦可募集公债举办。大办公营企业主要是补充财政来源即什一税的不足。这些财政观点均是中国传统的什一税概念和当时流行的点滴西方知识的混合物，并无重要意义。

戊戌政变后，他逃亡海外，亲身体验了资本主义经济实况，又阅览过一些空想社会主义书籍，于 1901—1902 年间在印度写成《大同书》稿，起初仍和《人类公理》一样秘而不敢示人。在他所设想的"大同"社会中，全世界共同建立一个统一的"公"政府，废除国家，更不向任何人收取赋税，似乎就不存在现在意义的财政弊病了。但他未考虑到一个以全世界为范围的大同社会，必须有更庞大的公共经费支出，这种经费如何取得，他未置一辞，足见他对大同社会财政问题的思考是很欠周到的。

在《大同书》以后，他于 1913 年在《不忍杂志》刊出了唯一的一部财政专著《理财救国论》。他所谓理财的核心办法，是普遍设立银行网，大量发行纸币，就可以"富力无敌于天下"。他是一个"银行万能论"者，将银行看成是可以使"无而能为有，虚而能为实，约而能为泰"。国家的一切开支均可以从银行取给，银行简直成了点石成金的魔杖。他把城市地价上涨所引起的"人民坐增其富源"看成是美事，不理解城市地价的暴涨只给土地所有者带来不劳而获的好处，而不能使国家富裕。他甚至把土地的抵押说成是"富国之要图"。他还曾在 1902 年建议实行"公民税"，每人"以岁纳十元取得公民头衔"，认为"但以公民一事论，已可筹数万万圆"。这是把盛行于殖民地的人头税和中国传统的捐官弊政结合起来，简直是胡思乱想。

二、陈炽的财政思想

陈炽（？—1899）在甲午之战前夕即写成《庸书内外篇》，主张仿行西方资本主义经济以图自强。甲午后与康有为等发起组织强学会，积极参加变法维新运动。他的财政思想以其 1896 年刊行的《续富国策》为最有代表性，这是国人自撰的专门探索财政经

---

① 康有为：《上清帝第二书》及《请励工艺奖创新折》，引自《戊戌变法》（二）。

济问题而又旨在仿效西方经济学的第一部著作。但此书内容分农、矿、工、商四类共有64个项目，其中有不少是当时流行的自然科学技术和社会科学知识，内容非常庞杂。他的财政经济论述的一个极显著的特点，是往往将当时条件下所接触到的外来新生事物，用中国旧有的古老观念加以附会，成为一种自我陶醉式的糟粕。

《续富国策》顾名思义，是以富国为其旨归。在这一问题上，他对古代财政制度进行了严厉的批判，认为“三代后之言财用者，皆移之尔，或夺之尔，未有能生之者。移之者何？除中饱是也；夺之者何？加赋税是也”。这是从平民角度出发把赋税看作是对他们财富的“移”与“夺”，具有财产权利不容侵犯的一定时代精神。他又进一步指出：“若生财之道，则必地上本无是物，人间本无是财，而今忽有之。”也就是说，要从事生产以增加财富才是“富国之源”。这样排除靠流通或转移而获得财富的财富生产概念，在以往是极为罕见的。另外，他对“义利之辩”作了新的解释。他把“圣人之义”理解为“圣人之仁”；而“利”是“公其利于天下”即公利，“故天下之工于言利者，莫圣人若”。用这样的逻辑反对讳言财利的传统教条。他还讽刺“天下之口不言利者”，实际上“其好利有甚于人也，且别有罔利之方而举世所不及觉也”。这也是对那些讳言理财者的伪善面目的揭露。关于义利这个谈论了二千多年的问题，到陈炽手中，已成尾声，此后思想家不大提到它了。

谈富国而宣扬重商是当时的历史潮流，陈炽自然也不例外。他用“商之本在农”“商之源在矿”“商之体在工”，以及“工者，商之本也，生人之利用之源也”等提法，来说明商为农、工、矿生产服务，即流通为生产服务，而商业本身不能创造财富这一新观点。他主张设立商部的理由，是因为清中央政府的财政收入主要来自厘金、关税和盐课三项，土地税收入已退居次要地位。此三项捐税均由商人缴纳，所以他说，“无商是无税也，无税是无国也”，那么，“商之于国也，国之于商也，固已共戚同休，迥非昔比矣”。这确是有客观现实根据的议论。由于重视私商经营，他赞成近代公司制度和自由竞争，并重视商业信息，特别是注意了解各国商品行销情况以及“各国进口税则之轻重”。对于当时出现的“漏卮”问题，他不把重点放在限制外货进口方面，而是强调发展机器生产，以减低成本，增强土货在国外的竞争能力。

对工矿业，他建议采行专利制，“对工之法奈何，仿各国给凭专利而已矣”。他还引用儒家经典，批驳以往鄙视工的传统思想，指出“圣贤之言，谆谆以百工与士大夫相提并论”，所以才会有“劝百工则财用足”之说。对于阻碍工商发展的厘税，他认为随着股份公司制度实行后的发展壮大，官府就可以大量“减卡裁丁”，裁减征收厘金的关卡数目和员丁人数，节约财政开支，公私两利。他反对协定关税、外船在中国内河航行、外人在华开矿设厂等特权，还主张在租界之外另设“华市”，以与租界相对峙而收回部分权利。

三、谭嗣同的财政观点

谭嗣同(1865—1898)是变法维新运动的重要成员,戊戌政变后宁愿牺牲以殉理想,终于被捕就义,成为“戊戌六君子”之一。他在财政原则上强调“开源”而反对“节流”,也反对征重税,尤其反对不加区别地重征进口税,认为这样不一定对本国有利。他坚决反对厘金,主张实行印花税制,以征坐商而不征行商为原则;对食盐与土货“则一征于出产之地而不问所之”[①]。此外,如设商部,定商律税则,实行预算、决算及会计制度等,他均曾提及只是未作深入论述。他提到过的近代科学名称有三四十种之多,关于预算、决算、经济、统计等近代财经名词,他在1894年的《报贝元徵书》中均已提到,恐怕算是国人中直接使用这些术语较早之一人。由于他的思想转变和形成的时间比其他人均短促,只凭从国内得到的一点间接而肤浅乃至不一定正确的财经知识为基础,来从事对现实财政经济问题的分析与批判,自不免产生驳杂不纯、泥沙俱下的现象,甚至会出现一些脱离现实的离奇思想。

第四节　洋务派首领与封建顽固派的财政议论

“洋务派”是一个极不严格的名词,它可以用来称呼19世纪后期所有拥护或采行西法、西学的人们,而较习惯的用法是专指少数清朝统治集团中办理对外事务和兴办近代工矿企业的权要及其切近的追随者。这里采用后一涵义。从历史角度辩证地分析,那个时代的洋务思想或洋务运动的基本倾向,是提倡酌采西方的新生事物,特别是主张兴办新兴工商业为国家开辟财源,这也是洋务派首领们的共同特点。而所谓封建顽固派,则指那些坚决反对仿效西方以变法的顽固分子。

一、封建顽固派代表人物的财政议论

围绕着仿效西法问题所展开的洋务与反洋务的论争,其中不少议论均涉及理财原则或财政问题,由此也能反映当时传播西方财政知识或理论这一新生事物的发展受到顽固派多大的阻力。

第一,刘锡鸿的财政言论。刘锡鸿曾于1876年充任郭嵩焘的副使出使英国,后来又被派驻德公使。他无论在出国前后,均坚决反对西法,反对兴办新式工商业,顽固地坚持“重本抑末”的旧观点,斥责兴办工商业为“言利”。他的一个基本论点,是西法不

---

① 《谭嗣同全集》卷三,《报贝元徵书》。

适合中国国情。根据这一论点，他强调富国必须“务本知俭”，把商贾及新式工商业说成是“奢靡”，认为商贾本身的豪奢用度会引起全社会的奢靡风气，故要求“黜奢”。这一论断成为当时及稍后的“黜奢崇俭”论的理论根据。他的财政原则，就是节用，即所谓“财源已无可开，能节财流，即是富国第一善策”，故要求充实国库“只宜节用以储财，万不可于财源设想”，完全关上了开辟财源之门。在他看来，那些效法西方举办新式工矿交通企业的主张，是“欲理财而财益浮销矣，欲造船而船未必能坚矣，欲制器而器未必能利矣”，凡此种种设施“无非枉耗财用”。又断言以官督开采金银铜铁及煤矿“不但有弊且无利”。[①] 总之，对于当时投资兴办的近代工商业，他一概表示反对，并以“增税扰民”作为反对开财源的借口。然而，对于当时扰民最甚的厘金弊政，他非但不同意取消，反而肯定厘金收入是军费的主要来源，“虽尽取之亦不为过”。可见，他所谓“增税扰民”与反对“开财源”的观点一样，均系顽固坚持封建传统理财教条的体现。

第二，宋育仁的财政言论。宋育仁曾于 19 世纪 90 年代初从使英、法等国，又曾刊行《时务论》大谈“富强之道”，但他在理财问题上的思想却相当保守。他鼓吹以《周官》的“圣人经世之术”作为理财准则，认为“外国略得其意而其效立睹”，连外国的治理成效也是由于吸取了我国《周官》中的“古昔圣人之意”，所以，“今取证于外国富强之实效而正告天下以复古之美名，名正言顺，事成而天下悦从，四海无不服。舍此而思其次，则无策以自救”[②]。认为西方富强之术系渊源于《周官》，并主张从复古中去寻找近代的理财之术，其荒唐毋庸赘述。

他在谈论理财时也接触到一些西方经济学知识。如“西人书《富国策》，言理财之术贵在分业”，此系指分工概念；又如“西人理财之策，专重在积厚资以为本，速转运以滋息”，涉及资本问题。但是，他所谈到的一些具体财政问题，如说西方征商有明税暗税之别，“明税由官府直取于民”，“暗税由商敛于民，纳课于官”，[③] 大概是指直接税与间接税，却又未真正将二者弄清楚。类此言论大多望文生义，毫无可取之处。

第三，曾廉的财政言论。曾廉于 1898 年应诏上书，借此机会猛烈攻击变法，认为“今西法之行者”如铁路、矿务、制造、农工商局等，美其名曰“收回利权”和“广殖民生”，实际只“见其耗财，未见其生财”，一概予以否定。他也承认财是“朝廷之所以驱使天下之大权也，未有无财而可以治天下者也”，但又把“竞言财用”与“讳言财用”并称为导致国家衰亡的两个祸根。其实这是把讲求财用严格限制在封建传统理财观念所允许的范围内，故对于竞言西法以富国的主张，斥之为“夺民之利”，认为它违背了以农富国的

---

① 刘锡鸿：《刘光禄遗稿》卷二，《乙亥九月二十四日复丁雨生中丞书》；《读郭廉使论时事偶笔》；以及《答李伯相书》。

② 宋育仁：《时务论》。

③ 宋育仁：《泰西各国采风记》。

传统宗旨。所以，他对学习和实行西法的总的看法是："开矿则欲其利归官，修铁路开银行则欲以公垄断，毕竟财于何生，国于何富，不之计也。二三十年以来，愈言富而愈贫，言强而愈弱，其以此也。"[①] 这样宣扬以农富国而又坚决反对已大量出现的近代新式工商业，其思想的顽固是十分典型的。

二、洋务派首领的财政思想

这里选择清廷大员中提倡兴办洋务企业的代表人物，作一介绍。

第一，李鸿章的理财观点。李鸿章(1823—1901)是清廷大员中积极坚持办洋务的早期代表人物，他主张"穷则变，变则通"，必须变通旧法才能适应"数千年来未有之变局"和对付"数千年来未有之强敌"。他标榜办洋务的目的是自强，求强必须先致富，"尤必富在民生，而国本乃可益固"，而致富即须理财，故又称"欲自强必先理财"。因此，他不止不讳言财利，反而为言利辩护，指出国家为筹集经费，其所征关税、厘金，"何一非言利，又何一可停止？若概以言利斥为不可行，将百事皆废矣"。[②] 在他之前，另一创办洋务的清廷大员曾国藩(1811—1872)也大谈理财的必要性，认为治理军政事务，"非财用充足，竟无下手处"，并用古人的理财议论来证明"避理财之名，以不言有无、不言多寡为高，实则补救时艰断非贫穷坐困所能为力"，而讲求理财"良为通论"。[③] 可见，重视理财是洋务派官僚们的共同特点。他们创办新式工商业，也有利于突破封建传统理财观念的局限，具有开辟新的财政来源的意义。

第二，张之洞的财政议论。张之洞(1837—1909)可谓清廷大员中提倡办洋务的后期代表人物。其理财思想的特点，一是在官督商办问题上，对所兴办的各大企业，强调权与利二者须分开对待，商民只可求利，而权必须操之于官，"二者相辅，商得其利，官收其功"。后来感到这一套行不通了，又改唱"官商分权"之说，"商无权则无人入股，官无权则隐患无穷"，但仍强化官权而使商权有名无实。最后不得不改为"官商合办"，而他直到临死前还在《遗折》中坚持要"官民各半"，"官为主持"。二是主张利用外资筹办洋务企业，尤其是兴办铁路企业。但他所说的外债，多系由外国列强政府出面贷放的债款，其用途包括练海陆军、修铁路、造枪炮、办工商企业、开学堂等。在他看来，"今日赔款所借洋债已多，不若再多借十分之一二"，以此来创造自强之机，"自不患无还债之法"。[④] 办海陆军、设学校等政务也要向列强借外债，这正是马建忠所告诫严禁之事。

---

① 曾廉：《𤬏庵集》卷十二，《应诏上封事》；卷十三，《再答杨生子玉书》；以及卷十八，《与微省帖》。

② 《李文忠公全集奏稿》卷二十四，《筹设海防要策折》；卷四十三，《试办织布局折》；以及《海军函稿》卷三，《议驳京僚陈阻铁路各奏》。

③ 曾国藩：《复周子佩太守》，见《曾国藩未刊信稿》，第205页。

④ 张之洞：《张文襄公全集奏议》卷十一，《筹设海防要策折》；卷六十八，《湘路商办窒碍难行，应定为督商办并举总理协理折》；以及卷三十七，《吁请修备储才折》。

而且张之洞所经办的外债均有抵押品，并在借债所兴办的企业内由贷款国洋员担任主要职务。这实际上是将当时情况下一些损害国家主权的措施，也视为借外债的必需条件。

此外，对于美国人精琪(G.W.Jenks)建议的金汇兑本位制，他曾于1904年提出奏驳，其中第一个理由就是从财政角度反对设立由洋员主持的“司泉司”财政机构。他说：“财政一事，乃全国命脉所关，环球各国无论强弱，但为独立自主之国，其财政未有令他国人主持者，更未有令各国人均能预计者。”这是反对精琪计划的一个正确观点，也是他在当时条件下颇为难得的一个财政观点。在这个奏议中，他又从外贸关税角度提及上世纪末以来大多数人所焦虑的镑亏问题，认为由于金贵银贱，“镑价日涨，于中国赔款则有损，于中国商务则有益”，这有利于“抵制进口外货，畅销出口土货，实为富民保民之第一要义，环球万国之公理”。[①] 他不独不焦虑镑亏问题，还认识到金贵银贱有利于中国土货的出口，这在那时是很稀有的见解。

思考题

1. 从19世纪70年代起，在向西方学习的过程中，西方财政知识的传播影响不断扩大，而中国传统财政思想的支配作用日渐萎缩。王韬、薛福成、郑观应等人，在19世纪最后30年间，可谓传播西方通俗财政知识的代表人物。请举例说明他们所传播的这些知识的要点。

2. 为什么说马建忠和严复是西方财政理论的传播者，请分别举例加以说明。

3. 戊戌维新派作为19世纪之末形成的一个特殊政治群体，他们的财政思想具有哪些特征？

4. 洋务派首领与前述西方财政知识或理论的传播者之间，有着千丝万缕的关系。以李鸿章和张之洞为例，来分析洋务派首领的财政理论之特点。

5. 近代封建顽固派作为中国传统财政思想的维护者，他们在财政方面反对仿效西法的主要理由是什么？

---

① 张之洞：《张文襄公全集奏议》卷五十六，《奏驳虚金本位疏》。

第十九章　清末民初的财政思想

清末民初，即从20世纪开始到五四运动前夕这20年时间内，西方财政学在我国日益广泛流传，而传统的中国旧财政思想，由于难以适应客观形势的要求，已极少或不再被人们用作解决现实财政问题的理论根据。因此，对于这一时期若干代表人物的财政思想，将着重分析整理其接受外来财政理论的演变过程和其他一些颇为特异之处，并对本时期近代财政科学在我国传播与应用的概况，作一大致描述。

第一节　梁启超及北洋政府官员的财政思想

一、梁启超的财政思想

梁启超(1873—1929)的财经论著不仅在数量上超越前人及其同期的学者，其所涉及的财经范畴的面也甚为广泛。不过，大多数均止于提到名词概念而已，未作较深入的介绍，且有不少的理解错误。同时，他的财政思想就像其一般思想一样，经常产生前后矛盾的观点。例如，对保护关税问题，他早年认为这是“西国旧制”，凡讲求“富国学”者“皆知其非，以为此实病国之道”，故推崇自由贸易之论；数年后他又称西方重商主义实行重征进口税的保护政策“诚救时之不二法门”，建议移植于中国。在货币本位制问题上，他最初从国家财政收入角度考虑，认为在金贵银贱情况下，如以银定税率，则既定税额的实际收入势必降低，又将在偿付赔款时受镑亏之苦，故绝不能采用银本位；但此后三年又说金本位目前不易办到，应暂照习惯，采用银本位制。关于奢俭之争，他在戊戌变法前夕大唱“崇奢黜俭”之论；亡命日本后数年，又批判别人所谓“奢非恶德之说”。对于财政原则，他先是坚持认为“财政之所以异于私人生计者有一大原则焉，曰：

量出以为入”；但在三年后，又把“严格之量入为出”列为他的“大政方针之一”。[①] 这种矛盾现象，从客观上说，也是他处于社会经济急剧变革时期之所致。

第一，主要财政观点。他的很多财政议论，以近代财政学为尺度来衡量，存在着不少似是而非之论，当然也有若干正确的财政观点。除他对公债问题的论述将单独分析外，其中一些较为突出的观点如下。

一是《货殖列传今义》。这是他试图以西方经济学观点来解释我国古代经济概念与措施的早期代表作。可是此文中却存在不少错误理解和矛盾之处。在财政思想方面，如将司马迁所谓“其次利导之”误解为“如能出新法制新器者，许其专利”；将“平粜齐物”理解为“有国家者曷能平之，能齐之者恃有税则以左右之”，即错误地将平粜等同于抽税；强调采用海关“税则以左右之”，也与他当时强调自由贸易原则相矛盾。至于他从“财政者，天下之事也”，推导出“大学理财之事，归于平天下也”，也表明此时他还未弄清近代财政概念与古代理财一词的区别，不懂古代所谓理财不仅限于国家财政收支活动，其涵义更为广阔，故把二者混为一谈。

二是租税转嫁。他说：“田赋虽征诸地主，而负担实转嫁于佃丁也；厘金虽征诸行商，而负担实转嫁于小贩及消费物品之贫氓也。”[②] 他认为一切租税都是转嫁的，不懂得货物税可以转嫁，而征之于地主的田赋则是不能转嫁的。这是重农学派以来各派资产阶级经济学所公认的原则。至于小贩，虽然会受厘金转嫁的影响，他们却可以将它再转嫁于最后消费者，并不直接承受租税转嫁的负担。他将小贩也看作承受租税转嫁的受害者，这又是错误的。

三是“平税”政策。在 1902 年时，他曾说“人群主义”（指社会主义）是“斯密发其端，而其徒马尔少士大倡之”，又说亚当・斯密“行平税之政”，意谓社会主义系实行“平税”政策。同年稍后不久又说：亚当・斯密创自由政策，自由竞争引起兼并，“于是近世所谓社会主义出而代之，社会主义者其形若主放任而内质实干涉者也”，社会主义也就成了以干涉政策取代自由竞争的产物。到 1908 年还说，《管子》一书中的“奇异之政策，而与今世学者所倡社会主义有极相类者”，连管子也变成社会主义者了。[③] 这恐怕同他把《管子》的财政政策错误地理解为“无税论”，因而牵强附会地和他所说的社会主义实行“平税”政策挂上钩，不无关系。

四是关于整理币制。他很重视整理币制的财政意义，认为“中国救亡图强之第一义，莫先于整理货币，流通金融，谓财政枢机于兹丽焉，国民生计命脉于兹托焉”。此系

---

① 梁启超：《饮冰室丛著》第十种，《政闻时言》中《地方财政先决问题》与《大政方针宣言书》。

② 梁启超：《饮冰室丛著》第十种，《政闻时言湘乱感言》。

③ 梁启超：《饮冰室专集》卷二，《自由书》；《饮冰室文集》卷三，《新民说》；以及《管子传》第十一章，《管子的经济政策》。

夸大其辞。但值得肯定的是，他在谈论整理币制时，明确批判了以铸币作为增加财政收入的手段。他指出："国家之铸币也，万不能视之为筹款之具。无论财政若何支绌，只能向他处设法筹补，而断不容求诸铸币局。"因为国家铸币的本意绝非为了赢利，铸主币"只有耗费而无赢利"，而铸辅币的赢利适足以弥补铸主币的耗费。因此，"若视铸币为筹款之具，则惟有滥铸辅币之一法，而滥铸辅币，则其流毒视征恶税，剥夺民财，且将十倍也"。[①] 这一断然否定以铸币作为"筹款之具"的论点，虽系抄袭西方货币理论，但毕竟是中国财政思想史发前人之所未发的新见解。

五是在其他财政观点方面，他强调"预算编制为理财第一要义"，但不强求预算之平衡；又标榜"最良之税则"如所得税、遗产税、地价差增税等，"足以均贫富之负荷"。[②] 尤其有意义的是转述资产阶级财政学所谓财政"节省"之涵义，以警告当时财政上的浪费。他说："各国财政学者欲求浪费与非浪费之区别"，主要以四种涵义作为其准绳，一则"有劳费而无效果者则为浪费"；二则"可以无须尔许劳费而能得同样之效果或更良之效果者，则其额外所用皆为浪费"；三则"将以求大效果之劳费而用以易小效果，则为浪费"；四则"当用此劳费时预计可得若干之效果，而后此乃反其所期，或绝无效果，或虽有而不逮预计远甚者，则其所用皆为浪费"。[③] 可惜用这些有一定意义的财政支用标尺来要求半封建半殖民地的北洋军阀政权，那是对牛弹琴。

第二，公债思想。这是梁启超的财政议论中极为突出的部分。他自 1904 年起就开始撰写与输入外资有关的著作，以后 10 年间至少发表了 10 篇外资问题的专论，占他的经济论著中一个相当大的比重。他对公债问题的探讨，条分缕析，周密细致，在西方财政学限度内瑕疵甚少，可算是他的所有经济论述中最好的一部分，与他的其他财政论述常有似是而非的情况正好相反。其中一些重要的公债观点如下：

一是公债对发展国民经济的作用。他强调发行公债不仅以财政用途为限，还有促进社会经济发展的作用，"公债之用，匪独在财政也，抑国民生计之滋长，实有待之"。这包括"民之持有现钱者贷诸国家而取其息，则此现钱为母财而能殖子者"；"国家获此现钱还以兴业，则其母财而能殖子者"；"民以现钱易得债券，脱有不时之需，还可质债券以得现钱，券息未亏而现钱复资以治产，则其母财而能殖子者"；"如是辗转相引，可以以一现钱而并时为百数十人所利用"等等。[④] 这样来描绘国家以信用方式吸收资金的发展经济效果，不是没有它的道理。此外，他还列举了公债的二十几种用途，不必

---

① 梁启超：《余之币制金融政策》，引自《币制汇编》第七编，第 182 页；以及《饮冰室文集》卷二十五，《各省滥铸铜元小史》。

② 梁启超：《饮冰室丛著》第十种，《政闻时言》中《读度支部奏定试办预算大概情形及册式书后》；《外债平议》；以及《湘乱感言》。

③ 梁启超：《饮冰室文集》卷七，《节省政费问题》。

④ 梁启超：《饮冰室丛著》第十种，《政闻时言外债平议》。

赘述。

二是外资的作用。他认为"外资之来，非特投资者享其利也，而主国亦食其赐"，这是"不刊之公例"，故完全不必盲目地"徒畏外资如虎，憎外资如蝎"。[①] 他在那时人们普遍对利用外资有顾虑甚至反感的情况下，能提出这样的论点，是需要有相当理论认识才敢于出此。固然，旧中国及一些其他国家都曾因举外债而蒙受苦痛，但那是另有原因，不是利用外资的必然结果。

三是外资的用途。他已考虑到引进外资时可能出现的不良后果，指出"外资可怖之问题"不在于外资之"来源"与"受纳法"，而在于外资之"用途"与"管理法"。他所谓用途是指"用于生产的往往食外资之利，用于不生产的势必蒙外资之害"。所谓管理法系外资输入后"能全盘布局，分期偿还，则虽多而或不为病；反是则末路之悲惨，则不可思议"。他进一步指出，那时中国用外资之害还不在于不生产的外债，而在于生产的外债，主要是"因外债而丧失铁路及矿权"。这说明他所设想的外债是不提供抵押品担保的，并坚持不能用放债国人员来管理经营由外资兴办的事业。

四是举外债的对象。他在早期还主张"由政府出面借外债或借外资"，后来则主张"对外国之个人而负债，勿对外国之国家而负债"，并建议由大清银行与外国资本家直接交涉，不由外国政府作中间人；更好的办法是向外国人直接发售债券，其发行方式是由我国各银行与欧美资本家共结成辛迪加代向外国市场抛售，并主张平价发行，不采"折扣发行法"。在募集外资的方式问题上，他的办法离不开外国资本家，其理解还不及马建忠透彻。同时坚持平价发行方式只有由政府在国内直接发行时才有可能，如果经由中外银行组成辛迪加代为发行，平价发行不可能有人愿为代劳。

五是公债的偿还问题。在这一问题上，他的观点更为特殊，认为国家所举的公债绝无必要还清。他从欧美和日本各国的公债"实生计界交易流通之一物品"的角度出发，指出："苟政府一旦将所有公债扫数还清之，则全社会之机关且立滞。故民之购买公债者，其目的非待政府之还本也，始收薄息而利用此物以为商业上种种便利耳。若不需之时，则适市而售之，不患无人承受，而现银可以立得，彼国之所以薄息而能募多数之债者皆此之由。"他对东西洋国家不能全部还清公债的理由尚未讲透，但他所掌握的资本主义经济的这一要点却是正确的。他还认为提前还清公债也是不必要的，"富有国家，公债累累，而预算有盈余也不以提前偿还"。[②] 在评议资本主义国家的负债情况时，理解他的这一启示也是不无用处的。

至于他说外资的输入必然引起通货膨胀，又"往往导致通货使自本国流出"，以及

---

① 梁启超：《饮冰室文集》卷六，《外资输入问题》。

② 梁启超：《饮冰室丛著》第十种，《政闻时言论直隶安徽湖北之地方公债》；以及《饮冰室文集》卷七，《国民筹还公债问题》。

必然要“产生贫富悬殊之社会问题”，甚至会产生“极富一阶级，全属外国，而吾国则属大多数之极贫一阶级者“的两极分化等等，则系不正确或庸俗的看法。但一些不健全的观点并不足以损害其对外资问题的特殊论点，纵使这些论点是从国外照搬来的，而在那个时代能照搬或接受这些论点，已不是容易的事。

第三，在传播西方财政学说方面的作用。梁启超对中国财政思想的贡献，从历史上看，不在于他所论述的那些财政观点本身，而在于他在传播西方财政学方面所起的积极有利作用。一是他的财政著述作为其整个经济著作中的一个相当重要部分，不仅数量上超越前人和他的同辈，其所接触的财政范畴的面也甚为广阔，为他的同辈所不及。二是他为文本来就别具风格，流畅并较易理解，而所使用的又是现代经济术语，不像马建忠那样用中国传统的旧财经术语来表达资本主义经济事务，不免令人有雾里看花之感，也不像严复那样刻意使其译文古奥典雅，从而使斯密的思想更加晦涩难懂。这就使人们从梁启超的经济论述中，第一次嗅到以现代风格进行的经济分析。尽管他的论点可能是错误的，然而他的逻辑形式、分析方法和所用辞汇，却是属于现代化的，与我国传统的经济论述判然有别，再加上他与康有为齐名的倡导戊戌变法一段历史在知识分子中所产生的影响力，故他在近代经济学传播上的功绩是相当突出的，而财政思想又是其经济议论中最精彩的部分，因此，他在传播近代财政学上的贡献就更为突出。从我国财政思想史角度考察，由古老的中国传统财政论述到近代的财政分析，是极大的转折或飞跃，在促成这一飞跃方面的贡献，没有任何人可以与梁启超相匹敌。只是在辛亥革命后，他的研究课题逐渐集中于国故的整理方面，对财政学的知识仅仅抱残守缺，不免日益落后于不断发展的近代财政理论的一般水平。

二、周学熙与梁士诒的财政方案

民国初年，政府官员们较多地接受了西方财政理论的影响，并依照这一理论来指导或处理各项财政事务，以应付严峻的财政困难现实。下面列举北洋军阀政权初期曾先后执掌财政大权的一些人物代表，借以说明当时财政大员的基本思想特征。

第一，周学熙的整理财政方案。周学熙（1865－1947）曾于1912－1913年和1915－1916年两次出任袁世凯政府的财政总长。他为了使袁世凯政府摆脱财政困难，曾提出整理财政方案。其主要内容包括：

一是划分中央和地方财政权限，确定国家税和地方税的不同征收范围及其具体税目。1913年颁布的《划分国家税地方税法草案》，即是他这一思想的具体体现。此举是为了加强中央财政权力，通过区分国地两税，把大部分地方财权收归中央，如规定“盐务全归中央直接管理，各省不再干涉”，就是明显一例。

二是以“量出为入”作为制定国家预算的基本原则。他主张按照新定税项及国家行政范围，编制岁出入总预算，“采量出为入主义”。这是自19世纪70年代以来不断有人对西方这一财政原则表示赞赏并加以宣传的基础上，第一次明确规定以“量出为入”作为指导预算编制的正式原则。

三是扩大课税范围。他要求根据19世纪下半期的欧洲“最新之思想及最近之学说”更新税制。其基本精神是将租税征课由原来专征“生产机关”或“消费物品”如田赋、契税、牙税、当税、关税及厘金之类，扩大到征课一般收入。避免因专对生产事业从事征收，土地有税，家屋有税，营业有税，惟无财产而有收入者，则可免国费之负担，“以致全国国民一部分负重大之税额，一部分独免纳税之义务”，因而违背“普及公平之原则”。这里所说的征课一般收入，指增设印花、遗产及所得三种新税。在他看来，印花税和遗产税系“对于行为而征收，即为中国向来未有之税目，而又无重复之可虞”；而开征所得税尤其“与最新之学说相近”，且实行累进征课，“与公平之原则既符，而亦易达普及之目的”。[①] 推行这些新税在理论原则上是可行的，但在当时条件下实际只实行了印花税，而所得税条例虽于1914年颁布，终因袁氏政权的垮台未能实行，至于遗产税只是一种设想而已。

四是公债。他担心国民缺乏对公债的信任及购买习惯，故指出举办公债须具备三个条件。其一是“扩充流通公债之机关”，以银行及股份懋迁公司作为发行公债的媒介；其二是“广求公债之用途”，允许以公债“充银行发行钞票之准备及其他公务上之保证，且许民间随意买卖抵押”；其三是“确实公债之担保”，主要以契税及印花税作为担保的确实可靠财源。以上条件具备后，再拟定举债总额、目的及其利率标准，以此取得国民的信用。他曾于1912年办理过“民国元年六厘公债”，以上诸条可看作是这次募集国内公债的指导思想。这里强调以一定税源作为发行国内公债的担保，只是表明在经济不发达而政治又不稳定的情况下，不得不为发行国内公债附加上一条无法履行的许诺，以装饰自己并给购票人以某种安慰。

最后是重视培养税源。他指出：“今日理财须以培养税源为第一义，而培养税源须以保护产业为第一义”，至于怎样保护，他主张分两步走，“首在恢复，次言发达”。所谓恢复，系指“保护生产机关使恢复其向来之纳税力”。如田赋以农民为其直接负担者，故“当先恢复农民之纳税力”；而盐、关、茶、酒等税虽经转嫁最后由一般人民来负担，但第一次纳税者非工即商，“必工与商先有能堪纳税之力，而后税源可裕”。恢复措施尚属“治标之计”，在恢复的基础上须进而求产业的发达。诸如利用公债、输入外资、统一币制、银行提供低息贷款，以及减免与裁并厘金之类“恶税”或“重复之课税”，改良税制等等，都是些促使产业发达的保护措施。惜乎这些措施在当时的混乱局面下，只能是

---

① 引自贾士毅：《民国财政史》上册，商务印书馆1917年版，第148—149页。

一纸空文。

此外，他还主张"聘用外国财政大家"参与我国财政事务，并设想要"采国家社会主义"[①]，俟政府财政收入增加后，即将私人难以创办的公司或事业，"均由国家直接经营之"，以此为"富国""强国"之基。这又是为北洋军阀政权的国家垄断资本张目。

由上可见，周学熙的整理财政方案，无论其指导方针、财政原则还是具体政策，从形式到内容均以西方或东洋财政理论为基础，很少再保留中国传统财政思想的陈旧痕迹。这说明他对国外财政学说已有较深入的研究，可是为了满足当时统治集团的财政需要，他一面从西方理论武库中寻找新的财政工具，一面不惜以出卖国家主权为代价。这就是周学熙之流财政思想的基本特征。

第二，梁士诒的财政议论。梁士诒(1869—1933)自1903年入袁世凯幕府以来，先后担任过各种财政经济要职。其间，他曾重用总税务司英国人安格联为"内国公债局董事"及"会计协理"，让该局所有债款收支及偿本付息事务，"均由其总理，以专责成"，开外人参与并控制我国公债事务之先例。从后人所作的《三水梁燕孙先生年谱》来看，他对西方财政理论的理解深度不如周学熙，而在追求财政榨取目的和出卖国家财政主权方面却更加露骨。

首先，关于"量出为入"原则。他曾提到"量入为出"只适用于个人预算而不适于国家预算，其理由是"外国国家及地方预算，无不量出为入，出者即百废具举，有益于人民者，即行举办；入者舍赋税外，无他途也"。同时他又认为，一切现代经济学理及其应用，"皆不外乎《大学》中所谓'生之者众，食之者寡，为之者疾，用之者舒'十六字"。而传统的"量入为出则财恒足"说法，只不过是朱熹在注释"用之者舒"一语时，"目光太狭"，未能解出其中"发挥经济运用"之本意。言下之意，"用之者舒"本来已包含了量出为入的涵义，只是朱熹未能体会出来罢了。这一解释显然是很牵强的。直到晚年，他仍死抱着《大学》中这一训条，认为它"到如今二千四百余年，施之世界，几可谓一字不能易"。他将"生之者众"解释为增加生产力，后世的农、工、商业政策甚至殖民政策，皆本于此；"食之者寡"指节用政策；"为之者疾"是汽机、电力、铁道、轮船、飞机的本源，甚至它"已窥见到今日之减少工作钟点而反对之"即工人要求减少工作日的斗争；"用之者舒"在这里又被说成是金融政策，举凡银行转帐、存贷、汇兑、票据、信用贴现、钞票、公债、社债、证券包括交易所等等，"皆本于此"。真是极尽牵强附会之能事。

其次，关于改革税制。他所主张的"整理旧税"和"增加新税"，是在改革税制的幌子下，完全出于财政榨取的目的。他指出，当时政府的浩繁支出，"若照旧时之收入，万不足以供各项政务之用。故增加新税实为今日切不可缓之事"。虽明知此举会增重人

---

① 周学熙：《财政计划说贴》，《周止庵先生别传》，第80页。

民负担，仍执意施行，以解救袁氏政府财政的“倒悬燃眉之急”。

最后，关于公债问题。发行公债是梁士诒整理财政的重点。他曾负责举办“民三内国公债”和“民国四年六厘公债”，宣称募集公债是“补助财政之良规”，像增加租税一样同为理财之道，二者只有缓急之不同，“缓则以增加租税为常规，急则以募集公债为通例”。按照他的说法，发行公债不仅“便国”，“尤在利民”。其利有五端：一是人民购买公债有国力担保，又受到中外耳目监督，其“本息无虞稍欠”；二是购买公债既可“优获息金”，且“分期购取，专款归还，化散为整，暗中获益尤巨”，故此为“储蓄最稳最便之方”；三是得以债票抵纳租税，便于公私周转，“可免临时筹措现款之烦”；四是“购债无须足款，而偿本则以足款计算”；五是债票可依个人需要而随时转卖，使市场上多一流通证券，“商业收效，尤在无形”。从理论上看，此“利民”五端，尚无悖谬之处。惟其意图是通过募集公债来维持袁氏复辟政权的统治，尤其是藉此扩充他的金融集团的垄断利益。如他主持发行民三公债，既欲达到弥补袁氏政权概算之缺的目的，又通过让中国银行与交通银行包卖其债票的 2/3 以上，以使旧交通系的垄断势力大受其益。特别是他鼓吹发行公债“尤以中外合办，参用洋员，为力求征信之确据”，先是开门揖盗，任用英、法外人掌握我国募集公债之权柄，其后又倡言由英国汇丰银行与中、交两行合募民四公债，加深了对外国侵略势力的依赖。发行公债并非坏事，梁士诒为了维护复辟政权和自己财团的利益而办理公债事务，置国家主权和民族利益于不顾，这才是绝对不能容许的。

第二节　孙中山及其他资产阶级革命派的财政思想

一、孙中山的财政思想

孙中山(1866—1925)作为中国革命的伟大先行者，他的财政思想像他的整个思想一样，总是在借用西方办法的基础上尽力有所取舍和改进，而非一味盲目崇信；同时随着客观条件的不断变化，一直向前不断发展。他对我国古代财政思想具有一定程度的理解，而对资本主义财政经济理论和措施的理解程度，无论在质或量方面，又比梁启超及同时代人更为深入。但他所涉及的财政经济理论，主要是为他所宣传的民生主义服务，不是纯学术的阐述。

第一，平均地权纲领所体现的财政思想。这一纲领的基本特征，是重视运用财政手段来实现平均地权。他从美国人亨利·乔治的单一地价税思想中吸取滋养，认为土地垄断是独占自然力，地租收入是不劳而获，因此提出“平均地权”纲领。其具体措施是：土地价格由地主自行申报，政府按地主自报的土地价格征收1%的地价税，并有权随时按照地主自报地价收买其土地。因此，随着社会经济发展而上涨的那部分地价，将全部归于国家，为国民所共享。

这一方案通过财政征收或购买方式来实现平均地权，藉此逐渐达到土地公有化或国有化的目标，并将重点放在对增价土地的处理方面。这些设想已不同于乔治的方案仅主张重征地价税，仍让地主保留土地所有权之名，也就是在征收土地单一税之外，一切维持现状。经孙中山改造过的方案，主张按地主自由申报的地价抽税，是较为灵活和巧妙的方式。一方面，在政府无财力收购土地或有财力而无收购必要时，可以暂不收购。在一个领土广阔而财力不裕的国家，此种方案更为必要。另一方面，由地主自报地价，可能反映一种基本上符合实际情况的土地价格，从而保证了较稳定的国家财政税收。因为地主怕将来政府照价购买，决不敢低报地价，同时也不会高报地价以免负担较多的地价税。这是他的独立创见。

然而，平均地权的实质，是针对不断上涨的都市地价，而如何划分和确定都市不同区域的地基连同建筑物的价值，是一个非常复杂的困难问题。农村地价的确定倒比较简单，可是农村耕地又很少有因工商发展而地价暴涨的情况。结果是按自由申报地价抽税而涨价部分归公的平均地权方案，对都市土地来说是应行而行不通，对农村耕地来说是能行而无此必要。后来孙中山提出“耕者有其田”的主张，将解决无地农民的土地问题也列入平均地权纲领，并且仍想只用征税和购买土地方式来解决极为严重的农民土地问题，却始终无法付诸实施。

第二，节制资本纲领所体现的财政思想。这一纲领可概括为节制私人资本和发展国家资本两个方面。从财政上看，他把由国家资本经营的银行、铁道、航路等有关国民生计的大企业收入，视作国家财政收入的主要来源之一。他曾将国家财政的收入来源分为三种：第一种是地价税。这是“最易施行于中国”的课税项目，其具体课征方式已如前述。第二种是铁路收入。强调铁路“由政府直接管辖，故其全额收入，将供政府之使用”。此项收入可再用来兴办其他大型生产事业，利仍归公，“则大公司大资本尽为公有之社会事业，可免为少数资本家所垄断专制”，亦可间接减轻人民的租税负担。可见他对铁路收入寄予极大期望。第三种是矿业收入。以上三种收入，“大抵可以即时征收，且极便利”。至于其他尚待开发的税源，包括自来水、电厂、瓦斯、森林等各种公共兴办的事业。在他看来，上述各种收入，“将供给国家政费之需而有余”，其余额又可用来兴办教育及慈善事业。[①] 总之,国家财政收入除以征收地价税为其主要来源外,应把重点放在国营企业收入的不断增加上,这是他的发展国家资本思想的一个重要内容。它和19世纪末期以来许多思想家一味强调由私人集资兴办近代工商企业而国家只需收取捐税的思想,也是不同的。

至于节制私人资本的办法,他晚年提出采用所得税制来限制私人资本。他说,“现在外国所行的所得税,就是节制资本之一法”;又说,“行这种办法,就是用累进税率,多征资本家的所得税和遗产税”。这样公开主张以累进所得税制作为节制资本的主要手段,是基于企图防止资本主义弊害和贫富悬殊的强烈思想要求,这又是他在吸取西方思想时与众不同的独特观点。此外,他未提出直接限制私人资本的其他办法,只概略地提到,“今欲利便个人企业之发展于中国,则从来所行的自杀的税制,应即废止”[②]。显然,厘金制即属于这种“自杀的税制”。

第三,租税思想。除前面所涉及的租税观点外,他早年曾在《上李鸿章书》中,指出西方各国对“民生日用所不急”的货物重其税,对“民生日用所必需”的货物轻其敛,“入口抽税之外,则全国运行,无所阻滞,无再纳之征,无再过之卡”,此系各国富强之一原因;与此相反,我国却是“过省有关,越境有卡,海口完纳,又有补抽,处处敛征,节节阻滞”。这是对国内实行厘金税制的批评,以后又把废绝厘金以及“严定田赋地税之法定额,禁止一切额外征收”等规定,一并写入政纲。他还提到地方财政与国家财政的划分问题,如规定土地税、地价增益、公地生产、山林川泽之息、矿产水力之利等收入,皆归地方政府所有,用于经营地方事业及育幼、养老、济贫、救灾、卫生等各种公共需要;地方缺乏资力而由国家协助开发或兴办天然富源及大规模工商企业,其所获纯利由国家与地方均分;地方政府须将年收入的10%～50%上缴国家财政;对外则要求取消外人管理关税之权等等。

第四,利用外资。在经济落后的中国,他为了实现宏伟的实业计划,首先要解决的便是利用外资问题。他批判当时流行的视借外债为蛇蝎的错误思想,指出借债修路一事在前清成为弊政,以致国民多不敢积极主张,“殊不知满清借债修路,其弊端在条约之不善,并非外资即不可借”。他进一步运用外国的经验,证明新兴国家在缺乏资本的条件下,借外债大兴近代工业的成功先例,指出“美洲之发达,南美阿根廷、日本等国之勃兴,皆得外债之力”。因此,只要能坚决维护主权,利用外国的资本和人才之权决不授之外人,便不至于发生弊害。故发展经济之权,“操之在我则存,操之在人则亡”。只

---

① 《总理全集》第2集,《社会主义之派别与方法》;以及《总理全书·杂著》第1集上,《中国之铁路计划与民生主义》。

② 《孙中山选集》下卷,《民生主义第一讲》;以及上卷,《实业计划》。

要做到"使借债之条约，不碍主权，借债亦复何妨"。[①] 这一论证是很有说服力的。

在《实业计划》中，他又提出了利用外资的几个具体要点：一是借债须分别向几个国家联系，不能集中于一个国家；二是可以按照借债合同雇用外籍技术人员，此等人员必须照合同规定履行义务，合同期满时留用与否由我国决定，不得苛求勒索；三是必选有利之图的项目来吸收外资，以免不利于偿还；四是从事经办借债人员必须具备有关的知识，才不致受外国资本家蒙骗，这是利用外资能否成功和有利的关键。他还指出，利用外资应采取"纯粹商业性质之办法"，即与外国资本家或公司商借，不要通过外国政府，以"杜绝外来之干涉"。这些利用外资的原则，到现在看来，仍有其现实意义。

二、其他资产阶级革命派的财政思想

这是一个以反对清政权为其共同目标的革命队伍，包括各种思想类型的人，兹举其中一些人物的财政思想作为例证，以资分析。

第一，廖仲恺的土地税思想。廖仲恺(1877－1925)是孙中山的忠实追随者，他的财政思想基本上是阐扬孙中山的学说。他在 1924 年兼任广东省财政厅长时，曾力求实现孙中山的平均地权纲领，同时参考德国人在胶州颁布的土地税法，拟订了《广东都市土地税条例草案》，规定普通地税按 4‰至 15‰征收，土地增价税按 100‰至 300‰累进征收，虽未做到土地增价归公，也算具体而微。此条例未及实行，他即殉职。值得注意的是，他在制订此草案的理由书中，对于征收土地税的意义和必要性，作了较充分的阐释和发挥。他从"社会道德"和"国家理财"两个方面论述了这一问题。

所谓"社会道德"方面，主要论证了课征土地税是实现"平均地权"的必经之途。他指出，土地为生产要素而且数量有限，随着工商业发达和人口增殖，对于土地的需求日益增加，而"求过于供，则地价自然腾贵，无待人工之改良，是以土地增价，实为社会之产品"。可是，地价贵则地租随之增长，使地主不劳而获，"坐收增益"，而推进工商业发展的商贾和劳工"反博得负担之增加"，这是最不平之事。因此，平均地权的要旨，就是"土地皆有税，且重课其不劳而获之收益"。他进一步解释说："夫地价税，良税也，重征之不以为苛"，而且从社会道德方面来说，"重征土地，则地价贱，地价贱则地租低落，而使用土地之权得以平均"。这是因为地价乃"土地收益以普通利率还完之数"，即土地价格系由土地收益和一般利率折算而成。而地税是不能转嫁的负担，必须从土地收益中扣除，土地收益既减少，"还完"为地价之数亦随之而小；在利率为一定的情况下，土地减少收益，即减少其售价，故土地价税是减少地价的工具。最后，"地价既减，人人得以贱租使用土地，故曰平均地权"。以上论述运用西方经济学中的土地价格理论来说

---

① 《总理全集》第 2 集，《建设铁路问题》与《民生主义社会革命》；以及《孙中山选集》上卷，《实业计划》。

明土地税的影响和作用，将孙中山的平均地权纲领作了深入和明晰的理论阐述。

他还从“国家理财”方面，讨论了“土地为适宜课税之物”的五条理由。一是“土地为有形不动之物，按物征收，无可逃避”；二是“地价易于考定”，土地买卖价格及土地本身的估价，“无过高或过低之弊”；三是因土地不能伸缩且地价涨落有常，故“税收额可预定”；四是征收城市土地税比单征田赋更为普及，又可消除“彼税而此免”之不平，且“纳税能力，宅地远胜于田亩”；五是倘开征土地价税，以全国四百万平方英里土地，名城大邑不下千百，“每年收入当以百兆计”，由此既能满足“国用浩大”之需，又可废除“所有不良之税”，舍繁归简，“以舒民困而裕国计”，此系“整理税收之道”。另外，考虑到土地因人工改良而增价者不属于不劳而获，故于地税征收时，此土地改良费应由地价项下扣除半数免除之，借以鼓励土地建筑物的发展。以上诸条，不外说明征收城市土地税具有公平、普及、便利、确实及税源充足等优点。这些理由若专就城市土地而言，固然有其道理，但用来根本改善国家财政，则未免过于偏狭。这恐怕与当时革命派政府的势力范围主要限于广东省辖的一些都市不无关系，故其领导人在考虑开辟新的财政收入来源问题时，只能把考虑的重点放在都市土地税的征收上。①

第二，章炳麟的财政议论。章炳麟又号章太炎（1869—1936），其财政言论侧重于谈租税问题。他早先与孙中山讨论土地问题时，自认为解决土地问题的办法应是“衰定赋税”，后表示接受平均地权的口号，却又不外将北魏以来的均田制规定加以现代化。这表明他的衰定赋税观点从一开始就与孙中山的地价税思想大不相同。在他看来，田赋的衰征，系由于土地肥瘠等条件不同，故“田赋必不能量以一概”，而是要“相地衰征，自有等差”。他还主张将相地衰征原则的适用范围由田赋扩大到工商税，指出“工商转贩一物而远近贵贱不同，故亦相地而差赋税”。② 按照土地的肥沃程度或道途远近以征课差别赋税，这是我国古代早已出现的财政思想，他只不过因袭这一古老思想，并在适用范围上有所扩大而已。这种古旧的衰征观点，与孙中山从西方经济学中吸取滋养的地价税思想不能同日而语。以此看来，他在辛亥革命以后，公开攻击孙中山曾主张的土地单一税论，也就无足为怪。

他认为，“社会主义在欧美尚难实行”，何论中国“本无大地主”，工商之利又厚于农夫，可见征税专求之耕稼人的地税，“尤失称物平施之意”。接着又说：“或言取税必合财政学理，此亦皮傅之言，苟病于民，虽妙合学理何益？今之言财政学理者，无异昔之举《周官》以钳人口也。”这是指责孙中山所主张的土地单一税即所谓“专主地税”之说，是专门向耕稼人征税而又假托西方财政学理的病民之论。更有甚者，他在近代工商业

① 《廖仲恺集》，《广东都市土地税条例草案》。

② 章炳麟：《訄书·定版籍》；以及《代议然否论》，见《民报》第24号。

已经勃兴的条件下，仍重弹“自古以重农为国是”的老调，主张回到“樵苏耕获，鼓腹而游”的原始生活状态并宣扬晋代的贱商法规，真是落后得惊人。他不仅攻击孙中山的土地单一税思想，还反对其土地涨价归公的土地国有主张。其理由是：“夺富者之田以与贫民，则大悖乎理；照价而悉由国家买收，则又无此款，故绝对难行。”[①]这样就从反对征收地价税和国家收买涨价土地两个方面，整个否定了平均地权纲领。

除上述陈旧租税思想外，他也从西方财政学中接受了一些观点。如主张“限袭产之数，不使富者子孙躡前功以坐大”。以后又明确提出征收“遗产相续税”，对于家主死后遗留给其亲属的财产，“当依其所遗之数抽税”。又如提倡仿行“国家社会主义”，对于农工商各业均实行累进税，期以“改正税则而平均负担，国家收入自必倍增于前日”。再如就财务行政问题，提出“凡经费出入，政府岁下其数于民，所以止奸欺也。凡因事加税者，先令地方官各询其民，民可则行之，否则止之，不以少数制多数也”。[②] 这是要求由人民来监督政府的财政收支活动。此外，对于借债问题，他在 1912 年的《论国民捐之弊》中，分析了当时借债之弊，在于“使外人稽核款内之用途”，但又认为外人干涉尚未发展为监督全国的财政，故外债尚可抵偿，其弊未甚。总之，“欲救目前之急，犹非借债不能，但当以借款之大小及其条件之得失，分利害之途耳”。可见，他既赞成借债，又对借债持比较谨慎态度，尤其反对外人藉此干预我国公债事务。至于他反对以抵押方式举借外债，这确是中国近代财政思想史上应予注意的一个重要问题。

第三节　五四运动以前近代财政科学的传播与应用概况

一、国外财政学说的引进与发展概观

西方财政学在我国的传播自 19 世纪 80 年代初即已开始，惟最初 20 年间大多系零星枝节地介绍资产阶级财政学中的个别理论，未曾完整地引进关于财政学原理的系统论著。连“财政”或“财政学”这个名词，在我国也是进入本世纪以后才逐渐为人们所普遍接受。1902 年金邦本译自日文的《欧洲财政史》一书，可算是第一次在中国出现的以“财政”一词命名的专著。自此以后，“财政”这个词的使用日益普及，到 1906 年，连清政府的诏书中也大谈所谓“整理财政”。辛亥革命之后，北洋军阀政府又于 1912 年设立财政部和财政总长，以取代清末度支部，完全废弃了“度支”这一传统概念，“财

① 《太炎最近文录》，《与人论政书一》及《中华民国联合会成立会之演说录》。
② 章炳麟：《代议然否论》，见《民报》第 24 号。

政”之名遂成为约定俗成的专用术语。

从 1902 年我国首次出现以财政命名的专著起，到“五四”以前已有十余部财政书籍问世。这些财政著作反映了几个特点：一是在同期出版的约 40 部各类经济书籍中，以财政学著作的数量为最多。二是这些财政著作中首先出现的是翻译本，而且全部是译自日文的财政著作，直至 1919 年以后，财政学著作译自日文者才有所减少，译自西方者大为增加，显示出引进国外财政学说新的变化趋势。另外，从 1911 年起，国人自撰财政著作的数量开始逐渐增多，乃至后来在数量上压倒了翻译本。这表明辛亥革命之后引进国外财政学说的过程已由单纯翻译阶段又深入一步，特别是开始较系统地运用西方财政理论来研究中国财政问题。三是本时期内虽已有不少财政书籍问世，而属于原理一类的财政学书籍仅有限几本，不但内容简单，而且全是抄袭日人著作。至于其他关于财政学个别专题的研究著作，其中译自日文原本者自不必说，而国人自撰者也多以日人财政著作为蓝本。其总体发展水平，正如梁启超在 1922 年所指出的那样：“自有清以迄今，兹理财之书，汗牛充栋。求一包罗宏富，能坐言而起行者，未之多觏。”[①] 但无论如何，进入 20 世纪以来，西方财政学著作的大量输入，不仅在学术界，而且在本期内清末政府尤其是北洋政府的财政指导思想中，已处处留下了深刻痕迹。

二、应用西方财政理论的初步尝试

这里将着重介绍 20 世纪前 20 年内清政府和北洋政府为了挽救财政危机，以西方财政理论为指导而提出的一系列与中国传统财政方式迥然不同的财政改革方案。

第一，国家预决算的筹办与实施。早在 1887 年黄遵宪（1848－1905）刊行的《日本国志》一书中，已提到“泰西理财之制，有预算决算之法”，其基本精神是：“征敛有制，出纳有程，支销各有实数，于预计之数无所增，于实用之数不能滥，取之于民，布之于民”，又称日本预决算制度是模仿泰西。此后，陆续有人谈到近代预算和决算等问题。1898 年百日维新期间，光绪帝采纳变法人士意见，诏令改革财政，编制预算决算。此诏因变法失败未及施行，而“预算”一词却因此为人们所习知。数年后慈禧政府也将筹办预算内容塞进所谓立宪诏书，从此“预算”便纳入法定财政术语的范围。

戊戌维新期间，关于编制国家预算决算的诏令，仅包含户部将每年出款入款，分门别类，列为一表，按月刊报等简单内容，还谈不上真正意义的预算方案。其后，慈禧政府为了抵制革命，于光绪三十一年（1905 年）派遣五大臣出国考察宪政，翌年下诏预备“仿行宪政”，其中一项重要内容就是清理财政，筹办预算。1908 年，经宪政编查馆奏准，颁布“清理财政章程”，共 8 章 35 条。这一章程虽系掩人耳目的一纸空文，却是我

---

① 梁启超为晏才杰所著《租税论》（新华学社 1922 年版）作的序。

国第一个以西方财政制度为蓝本而设计的筹办和编定国家预决算的系统方案。

宣统二年(1910年)正月，又拟定“预算册式及例言”，凡21条，附以比较表，发至在京各衙门及各省清理财政局，依式填注。其中规定，以每年正月初一到十二月底止为预算年度；预算册内先列岁入，后列岁出，各分“经常”与“临时”两门；出入银数以库平足银为标准，并以两为记账单位，小数至厘为止。同年秋，度支部汇编宣统三年总预算，送交资政院议决颁行，为我国办理预算之始。翌年，又拟“试办宣统四年全国预算”，未及编竣，即发生辛亥革命。从财政思想史角度考察，这是我国首次出现的采用西方模式的国家预算编制方案，标志着以往数千年的传统财政体制的一个重要转变。

民国以后的编制预算方案，是在清末方案的基础上加以补充和修改。1912年即民国元年，北洋政府财政部开始编制民国二年预算，并将预算年度由宣统年间的历年制改为以每年7月1日至次年6月30日作为执行预算的起迄期间。这是仿照美国财政制度而采取的非日历年度制。此预算书至12月才修正完毕，又因参众两院休会而无法议决，故未曾执行。民国二年，财政部对编制民国三年度预算提出改进意见。其要点是：先由各省提出岁入岁出概算，由各主管部分别核编汇总，编成概算书提交国务院议决后，再编定总预算书。此即规定了先编概算这一新内容。民国四年，曾将美国式非日历年制的预算年度废除，恢复日历年制，到民国八年，又改用美式非日历年制。

总之，我国近代预算制度虽始于20世纪之初，但在最初20年间，其编制工作时举时辍，编制方案屡屡变动，迄未形成一个较固定的预算章程。到1932年才参照所谓欧美最新法制，公布了预算法，又于1938年重新修正，付诸实施。至此，我国预算编制工作才算有一定轨道可循。至于预算的执行情况，由于那时始终处在政治动乱状态下，不可能也无必要贯彻执行预算，有关规定，视同具文。惟从引进西方预决算思想来看，从此以后，中国不仅年年编造预决算书，而且均系仿照近代财政学中的预决算编制指导原则和模式来编写，仅在个别细节上有所变动以适应中国的国情。

第二，国家与地方财政收支系统的划分问题。中国古代向无中央与地方财政的明确划分，一切财政收支，原则上均以中央的名义行之。这一划分问题的提出，始自光绪三十四年(1908年)清政府派员考察西方财政制度之后。其时宪政编查馆与资政院曾在预备立宪筹备事项中提及订颁国家税地方税章程的三项条款，为我国建议划分国地两税之滥觞。

宣统年间，有关国家税与地方税划分问题的讨论逐渐增多。当时尚纠缠于先定国税后定地税、还是国地二税并定等枝节问题，对于西方财务行政体系尤其是地方财政制度的理解还是很肤浅的。进入民国以后，有关划分二税问题的讨论才有所深入。民国元年，江苏都督程德全(1860—1930)力主整理财政同时，须划清国家与地方经费界限。他认为财政支出如外债、军政、司法及行政官厅等项经费应归中央负担，而民政、实业、教育各费应由地方负担；而在财政收入方面，如关税、盐税及其他各种间接税，应属中央收入，属地方收入者为地税。这一建议将国家与地方的经费开支范围，同二者各自的税收项目结合在一起，而不是单纯从财政收入角度来考虑国家税与地方税的厘订。同时，他提议将田赋收入改归地方财政所有。田赋历来属于国家统一征收的主要赋税项目，提出它应归地方收入，无疑是我国田赋思想史上的一个创议。

此外，划分国地收支系统的讨论重点，还涉及三个问题。一是关于国家与地方的界限，须明确以国家税为国家收入而充国家行政之用，非专指中央所在地的行政，亦包括各地方行政区域内的国家行政；又以地方税为地方收入而充地方行政之用，不包括地方行政区域内的国家行政。二是关于地方团体的级数，议定为省、县及市乡三级机构。三是关于国家行政与地方行政的范围，暂定外交、陆军、海军、司法等项行政，应为绝对的国家行政；而内务、教育、农商、交通、财政等项行政，则应按其性质分属国家或地方行政。

1913年冬，北洋政府财政部拟订了国家与地方经费标准，作为编制预算的依据，首次颁布"划分国家税地方税草案"及"国家费目地方费目标准案"。对此，有人评价"地方财政之权舆，实基于此"。其实，这两个法案也是形同虚设，并没有什么实效。而且其税项划分完全偏重中央一方，地方税收则徒有其表。即便如此，专制独裁的袁世凯政府仍宣布取消国家税与地方税的划分方案，由主管财政部门统一支配包括地方用款在内的各项财政收支，无异于恢复由地方解款而由中央统收统支的清代旧制。直到1916年袁氏政权垮台，才恢复税法草案。惟实际执行时，却将国地两税划分制度与解款制度折衷，设立所谓"专款制度"。

嗣后，随着地方分权思想的日益流行，要求扩大地方经费范围的言论，大量出现。1923年底，贿选总统曹锟公布的宪法，曾以法规形式允诺扩大地方财政，却因曹锟倒台而被搁置。1928年，经全国财政会议公布"划分国家收入地方收入标准案"及"划分国家支出地方支出标准案"。前一标准案将向来属于国家征收的田赋、契税、牙税、当税、屠宰税等，均改归地方；并将以后新开征的营业税，也由国家税划入地方税。后一标准案的地方支出范围，也比以往此类方案的规定更为扩大。以后又一再有所修订补充，赋予地方财政较多权力，但在国民党政府的统治下，这些扩大地方财政权力的许诺，充其量只能被看作是与地方权势讨价还价的筹码。

第三，公债思想与政策。公债包括外债和内债问题。我国的第一笔外债，是1853—1854年间由苏松太道台吴健章向上海洋商举借的，用于雇募外人船炮以镇压上海小刀会起义。1858至1859年间，两广总督黄宗汉又以粤海关税作为担保，向美国旗昌洋行借银32万两，开我国以关税抵押外债之恶例。1865年，清政府为赔偿与俄国缔约的损失，向英国银行借款140余万英镑，实为我国以中央政府名义举借外债之始。此后，借用外债日益成为清政府弥补财政亏空的重要途径，这也是清末在财政收入方面与以往历代封建政府不同的一个显著特征。一般说来，19 世纪 60－80 年代举借的数十次外债，数额较小，其使用范围除用作镇压农民革命的军费外，尚用于兴办海军、河工、铁路等事项。这些外债至 1902 年已全部还清。

从甲午战争起，外债骤增，或因筹措战费而举债，或由战败的巨额赔款转化为外债。特别是 1895 年的马关条约赔款与 1901 年的庚子赔款，其为赔款而举借的外债数额之大，担保范围之广，还款条件之苛刻，为前所未有。这也是自此以后，我国思想界极为关注外债问题的主要原因。

辛亥革命以后，袁世凯窃取国家政权，于 1913 年以办理"善后"为名，向五国银行团大量借款，用盐税、海关税等为抵押，分期偿还，并规定由外人协助管理盐税征收事务，从此盐税即被外人所控制。袁氏政权垮台后，出现军阀割据局面。各派军阀为了扩充自己的势力，更加丧心病狂地出卖国家民族利益，只要能借到外债，无论铁路、轮船、工厂、矿山，各种税收，乃至一个地区、一个城市、一个商场的收入或权利，都可以用来作为借款的担保或抵押。

对于这一时期我国的外债情况，当时及以后有不少学者曾指出其弊端。这些分析虽大多以西方财政制度作为理想模式，其中也不乏肯綮之见，特别是揭露了中国近代外债政策的丧权辱国性质。大多数人面对北洋军阀统治期间外债剧增、债信丧失的状况，纷纷要求整理无确实抵押品的债款。而马寅初独排众议，指出军阀政府信用丧失殆尽，无法向外国借债，藉此正可避免增加人民的外债负担，若一旦整理就绪，信用恢复，军阀政府势必又要大借外债，助长内战，致使国无宁日。后来还有人把 1926 年段祺瑞政府倒台后的一段时期内未曾举借外债，归功于"债务紊乱，信用全失八字之赐"。足见当时人们对于北洋军阀政府的外债政策，已反感到何种程度。

我国内债的发生迟于外债，最早可以追溯到清末光绪二十年(1894 年)的"息借商款"。它以中国商人为举债对象，其目的是为了应付甲午战争的军费。此次借债尚包含"给以虚衔封典，以示鼓励"等条文，仍带有浓厚的封建色彩。因此，这次息借商款虽是中国举行内债之肇端，但尚未完全具备近代公债的形式。1898 年，清政府为偿付马关条约所规定的第四期赔款，又发行"昭信股票"。这是我国仿效西法发行内债的第二次尝试，其章程兼采"中外通行办法"，比起息借商款章程要周详和细致，也更具有近代公债形式。但在募集过程中所产生的流弊之多，又远超过息借商款。1912 年辛亥革命爆发，清王朝为了苟延残喘，发行所谓"爱国公债"，未及发完，其专制政权即被推翻。

以上三次内债均由清政府举办，尚未包括地方公债。此外，农工商部曾于 1909 年奏准仿照欧洲各国制度，试办"劝业富签公债"，用于兴办实业。实际上，这是一种类似彩票性质的集资办法，是否用于兴办实业，令人难以置信。此所以当时就有人讽刺说，这一办法未闻有筹办实业计划,“先有此巧取豪夺吮膏吸髓之谋”。

如果说清政府尚以举借内债作为筹款的一种尝试,那么继起的北洋军阀政权则完全靠借债度日。尤其自1914年第一次世界大战爆发后,由于外债来源减少,军阀政府更加依赖于内债的筹集。对于这一时期的内债发行问题,当时及以后有不少人提出了批评意见,主要反映在以下几方面:

首先,让外人参与和控制内债发行事务,即肇始于这一时期。如1914年袁氏政权设立内国公债局主持内债发行事务,竟聘英人安格联任会计协理,凡属公债款项出纳事务,除总经理签字外,均须安格联副署才能生效,实质上是将内债基金的保管权拱手交给外人掌握。这也是人们抨击民三公债的一个主要原因。此后民四公债又由英国汇丰银行会同中国、交通二银行合募,也被指斥“实为外国银行经募内债之滥觞”。

其次,这一时期举债之滥,债信之低,也是人们经常批评的一个重要内容。自1912年到1926年的15年间,政府出台的各种形式的内债、借款或库券,五花八门。债券的发行又分为有确实担保和无确实担保两种,然而较为可靠的担保如关税、盐税,均在外国列强的控制之下,归军阀政府支配的关余与盐余,为数无几。以此有限债券基金而滥发公债,势必面临债信的破产。

再次,我国在20世纪以前只有一家近代银行机构,即1897年开设的中国通商银行。一些由私人或地方集资创办的商业银行,到20世纪初期才开始出现。辛亥革命以后,新式华商银行的大量设立以及金融市场的形成,却与公债投机结下了不解之缘。那时新设立的绝大多数私家银行,均以公债投机为主要业务。它们既可用债券作为发行准备,赖以周转资金,又因债券利率高、折扣大而可获得优厚利润。此所以政府滥发公债,银行亦乐于滥放,由此促成公债投机之风的盛行。这一现象招致当时不少学者的指责,认为银行助长了投机之风。

三、税制改革思想与政策

近代以来西方财政税收理论的引进,对我国传统赋税思想产生了怎样的影响,兹以清末及北洋政府时期拟采行的各种税制为例,予以说明。

(一)创办新税

本时期内先后创办了各种新税,可以说是我国第一次运用西方租税理论来创设自己的税法体系的新尝试。通过分析创办这些新税的理由,也有助于进一步认识西方租税理论在我国的流行程度及其支配地位。

一是印花税。我国筹办印花税之议,始自1896年御史陈璧。当时因赔款累累,财政奇绌,他提议举办此税作为解决财政困难的补苴办法。此后清政府曾饬令我国驻各国使臣搜集所在国的印花税章程,并向总税务司英人赫德征询英国的印花税情况。当时大多数人不知印花税为何物,加上执政大臣和地方官吏多持异议,以致此税制终清之世未能著效。北洋政府于1913年首次开征印花税,颇见成效。其理论是援引西方租税观点,宣扬“其定率之取数至轻而征收之范围至广”,属于良好税源。然而在印花税问题上,军阀政府“滥印滥抵,置信用于不顾”,各省亦“强派勒销,滋扰商民”,结果“良税反成苛政”。

二是所得税。19世纪与20世纪之交,不少朝野人士主张创办所得税,其思想完全渊源于西方。1914年袁氏政权始颁布所得税条例,当时财政部就举办此税所提出的理由,是所得税“采累进税制,以重富者之义务,而补诸税之缺点”,它合于“税法平均之原则”“赋税普及之原则”“赋税伸缩(即弹性)之原则”“赋税能得多额(即充裕)之原则”。[①] 这些理由,显系抄袭西方租税理论。不过,条例虽已公布,却未正式开征,直到国民党政府统治时期,才得以陆续实行。

三是遗产税。我国至民国以后才有人提议创办此税。先有铎尔孟在1914-1915年间提出“拟办遗产税说帖”,认为继承的遗产属于“傥来之物”而非劳动所得,对此“抽取什一以供国家之用,当无不乐从”;此税仅在承袭遗产时征收一次,“更非寻常赋税之比”;各国均以遗产税为“深合法理”,并且“早经实行,成效卓著”;此税“揆之中国情形,尚无窒碍难行之处”。这样理解遗产税问题还是很肤浅的。至于他断言此税在中国推行“无窒碍难行之处”,更属无稽之谈。

稍后,章宗元又提出“遗产税条例草案”,其理由更具有西方租税理论的色彩。如谓:遗产税“系分富民之有余,而不加贫民之负担。取之于未得之财产,使纳税者不觉严苛;惕之以权利之存亡,使纳税者不敢讳饰”。他还考虑到中国人的财产继承习惯与欧美人不同,提议中国推行遗产税,只须征收嗣子继承的遗产,而免除对亲生子的“天然之传遗”课税。同时,他所谓的遗产,专指不动产而未包括动产,其税率则采用比例税制而非累进税制。这显然是其重要缺陷,因而受到许多批评。

1915年夏,北洋政权在章氏建议的基础上,议定“修正遗产税条例草案”。其主要修正内容:一则亲生子亦须缴纳遗产税,惟其税率比嗣子继承的课征税率为轻,而嗣子继承又依其亲疏关系的远近划分若干纳税等级,愈远亲者其课税愈重;二则动产与不动产一律征收遗产税,除非符合国家有关规定可特许免税;三则提高免税点,税率亦改为累进课税,惟对未成年继承人的教育婚配费用,予以酌量扣除。此遗产税法修正案的指导思想,显然是更多地吸取了西方的租税原则,也是我国传统的租税理论中从来未出现过的思想。但它和所得税法一样,在北洋军阀统治的混乱年代,徒具税法形式,从未付诸实施。

---

① 晏才杰:《租税论》,新华学社1922年版,第207—208页。

四是通行税(又名运输税)。1913 年冬,财政部曾拟具“通行税法草案”提交国务会议。草案中不厌其详地列举西方和东洋各国的通行税“定率之法”,来证明这是各国采用的良税。草案作者慑于外国列强的压力,虽在理论上肯定此税对“外人所办之车船也应一律适用”,实际上却托辞涉外关系暂时免予征课。其结果,这只是针对我国自己办的交通运输事业课税。因此,一些有识之士曾提出尖锐批评,认为这无异于“为丛驱雀,为渊驱鱼,于财政、路政,有损无益”。上述提案虽曾一度实施,旋因外交、交通二部提出疑义,不久即废止。

五是营业税。我国原有牙、当二税,其性质颇与此税相类,惟在课税对象、范围或方法上,与西方营业税按工商营业额征税相比,存在着很大差别。在北洋军阀统治时期,开始出现一些属于近代营业税性质的税法。如 1913 年的“贩卖烟酒特许牌照税条例”,次年的“特种营业执照税条例”,以及 1915 年的“普通商业牌照税法草案”等。当时的财政学者大多对举办营业税寄予很高的期望,认为今后政府苟欲整理财政,力图税制之更新,“必当力谋施行此税,以期人民负担之公平”。并主张我国将来实行营业税时,应取消缴纳定额营业税的幼稚办法;废止牙、当二税的重复征课;以及随着条件的进步,由“外标法”逐渐过渡到“查定法”,即“以营业所得之利益为标准”。这些观点不论正确与否,从内容到名词术语都是纯粹西方租税理论的货色。从实施过程来看,上述三种营业税法中,仅贩卖烟酒特许牌照税得以始终举办。而我国营业税法的正式颁布,则迟至 1931 年。

六是登录税。这是我国在 1915—1916 年间仿效西方筹办的另一种新税。当时曾由财政部拟就“登录税法草案”,宣称“其主旨在确定人民权利,防御他人侵害”。此案还对东西方各国实施登录税的情况作了大致考察,至于课税方法,则“酌量采用”日本的定额课税和比例课税两法。根据此税法规定,任何人的财产、身份或特权经登记或注册纳税后,即可得到政府的保护。其实财政部拟办此税法主要是出于解决财政困难的考虑,最后此案未能实施。

(二)整理旧税的意见

这里所谓旧税,系相对于 20 世纪初以来所创设的新税而言。旧税中既包含一些十分古老而且一直在封建财政收入中占据极重要地位的税目如田赋、盐税等,也包含一些自 19 世纪中叶以来才开始创设或其作用才日益重要的税目如厘税、海关关税等。清末尤其是 20 世纪初以来,关于整理旧税的各种意见和方案,恐怕是本时期财政议论中最多的一部分。

第一,田赋整理及其归属问题的争议。田赋收入历来是封建财政的主要来源。鸦片战争以后,虽然关、盐、厘金等税的收入大幅度增加,但在清末及北洋政府时期,田赋仍是国家财政收入的大宗。因此,如何改进田赋制度的积弊,自然成为那一时期整理税制论者所关心的课题。清末处理田赋积弊的主旨，以土地清丈为其圭臬。与以往不同的是，清末在讨论土地清丈问题时，常常有洋人的意见参与其间，而洋人所提出的方案，又往往被视作最理想的模式。如英国人赫德条陈的清丈计划，虽无甚新奇之处也未曾实行，却在相当一段时期内，“一般讨论改良地租者，多以之为张本”①。日本人常吉也依照其本国制度，拟出一套在中国实行土地清丈的具体方案，受到不少人的称道。民国以来，北洋政府还先后采取了一系列田赋整理措施。但从财政思想史上考察，这一时期值得注意的，是有关田赋归属问题的争议。

中国田赋一向归中央政府管辖，地方没有支配权，因此也不存在田赋归属问题。自太平军起义后，各省截留田赋已成司空见惯之事，但在理论原则上仍无人对中央政府的田赋管辖权表示过疑义。至20世纪初，由于清政府难以筹足辛丑条约所规定的巨额赔款，遂将部分赔款摊派给各省，由各省筹款以承担分赔的责任。于是各省纷纷藉口赔款，名正言顺地增收田赋附加或加派，为以后有关田赋归属问题的争论，埋下了伏笔。

民国初年，在田赋负担最重的江浙地区，首先有人从划分国家与地方收支系统角度出发，要求将江浙漕粮划归地方政府支配。而反对者则以漕粮牵动全国田赋为由，仍主张将其归属中央统一管辖。这一争论，很快由江浙一地的漕粮归属问题，演变成全国的田赋究竟应归国家还是地方的问题。此后，在北洋军阀统治的十余年内，主张田赋仍归国家之论略占上风。不过，主张田赋归地方之论，显然顺应了民国以来要求地方自治的思想潮流，因而此观点随着时间的推移而日益流行。1923年昙花一现的“曹锟宪法”，还第一次将田赋列为地方税。要求将田赋划为地方税，在中国财政思想史上是前所未有的新问题，完全超出了封建田赋思想的传统视野。而维护田赋应归国有的论点，除利用中国传统思想作为护符外，也竞相援引西方财政学理或外国成例作为自己论点的重要依据。

20年代以后，田赋归属地方之论逐步取得压倒优势，在长期的争论中，要求田赋应归地方的人们已经形成一套比较完整的辩护理由。这些理由不论正确与否，其主要特点是引用西方财政理论来论证田赋归属地方的必要性和妥适性，并且显示出这一时期的田赋议论与传统田赋思想相比所发生的深刻变化。

第二，关税与盐税。清末以来，关、盐二税日益引起税制改革论者的重视，其重视程度比起田赋问题有过之而无不及。这主要是由于关、盐二税在国家财政收入中所占比重不断提高，形成了与田赋及厘金四足并立的税收新格局。晚清和北洋政府也日益仰赖此二税，作为抵补战争赔款和外债的主要担保品。不过，就关、盐二税本身而言，

---

①　金国珍:《中国财政论》，商务印书馆1931年版，第118页。

当时人们讨论的重点又有所不同。对于关税，主要是谋求解决关税自主问题，而盐税则偏重于讨论采用何种措施以清除传统盐商垄断制度所造成的积弊。

一是关税自主观点。20 世纪初以来，国内要求收回关税自主权的呼声，不断高涨。特别是进入民国以后，一些财政专著相继依据西方财政原则，对我国关税主权丧失的原因及其收回办法，作了较为系统的考察和分析。其中有不少从近代财政科学出发，强调国家主权是制定关税税率的前提条件，但同时又缺乏抛弃成约的勇气。另外，在辛亥革命后，由于国际商品物价继续上涨，我国关税税率实际已降到 5%这一协定关税以下，致使关税收入大幅度减少。面对这一形势，连北洋政府也侈谈要关税自主。可是，他们所谓关税自主，并非像国内人民所呼吁的那样，要求废除不平等条约包括其中所规定的片面协定关税税率，而是仅仅谋求在条约所允许的限度内，将现行税率“修改至切实值百抽五”，或能“分别奢侈或需要品自定分级制税率”，同时仍旧承认由外人来掌握我国的海关行政管理权及关税收支权。

二是盐法改革观点。与关税不同，盐政自古以来一直是我国历代关心理财的人们议论的重要财政课题。从 20 世纪起，有关盐法改革的大量议论与以往相比，显现出若干新的特征。

在此之前，长期支配盐政事务的，是盐商独占运销食盐地区的引岸或专商制度。到 19 世纪后期，通过中外盐税和盐法制度的比较研究，不断有人提倡改革现行盐法。尤其是进入 20 世纪以后，倡言改革盐法之议蔚然成风，并在 20 年代之初，围绕着“越界为私”的盐商专利制度，展开了一场激烈的论争。反对改革派竭力为传统的引岸专商制度辩护，其辩护理由不仅集古今反对盐法改革的观点之大成，还引用了不少西方经济学说中的理论观点乃至名词术语，从而为古老的盐商垄断问题，披上了一层近代经济理论的外衣。而赞成改革派的论点，毕竟在当时获得了广泛支持，并形成各种各样的改革方案。这些方案归纳起来，主要反映了两类改革意见：一类意见提倡在产盐地征税而盐的运销任其所之，即所谓就场征税制；另一类意见则坚持由国家垄断盐的生产和运销，实行官府专卖制。这两类意见均可从中国古代盐法中找到其思想根源，不过，此时盐法改革论者的论证，已不再拘泥于中国古代的陈说，而是竞相以西方财政理论或各国盐法成例作为重要根据。两类意见相比，北洋政府时期曾盛倡就场征税制，但长期议而不决。直至国民党当权后又经过十多年的周折，才实现就场就仓征税。

在民国以后的盐法讨论中，还有一个突出现象，就是在华洋人尤其是操有我国盐务实权的外国列强代表，直接参与提出改革方案。这类方案有的内容甚为周详和细致，连选择盐税存放地点一类的细节问题也不轻易放过。但它并非真是帮助我国改良盐法，而是为了保证和提高盐务收入以确保善后大借款本息的偿还。有的外人鼓吹中国应采行关税制或海关制，亦即中国政府只在海关对进出口的本国或外国食盐征税，盐至内地则免于征税。对此,当时连那些对西方国家尚抱有幻想的国内学者也有所警觉,认为“此制一行,则一面国家税收受损失,他面外国洋盐必乘机侵入,反客为主,中国盐业必归全废之境”①。

上述有关改革现行盐法的议论,均以肯定盐税的存在为前提。到20世纪20年代初,又有人在租税专著中,公开宣扬中国将来应“废止盐税”。他们依据近代租税原理,认为盐税只是“财政制度幼稚之国家”的重要税源,实际上具有“妨害产业发达,违反课税公平原则”等弊害,应当随着其他各项“较善之新税”的陆续举办,待国家财政收入逐渐增加后,即仿照西方一些国家的做法,毅然废止盐税②。关于盐税本身的存废问题,在本世纪以前从未有人对此提出过异议。因此,废止盐税论的出现,在中国盐税思想史上,无疑是一个崭新的观点。尽管此观点所依据的理论原则纯系西方舶来品,而提出后又一直被束之高阁,但它毕竟是从发达产业和减轻人民痛苦等社会目的出发所作出的有益探索。

第三,裁厘加税问题。厘金税或厘捐是中国近代财政史上新出现的重要税目,它自1853年由雷以諴(1806－1884)首创于扬州起,至1931年被裁撤为止,在将近80年时间内,始终是谈论财政问题者的主要议题之一。围绕厘金问题而发生的争议,大致可以分为以下三个阶段:

第一个阶段为19世纪50—60年代,这是厘金制的初创和全面推行时期。当初雷以诚创设厘金制,系出于应付镇压太平天国起义对巨额军费支出的需要。它在清朝统治集团中赢得一片赞扬声,认为此制具有集少成多、简便灵活、收效显著等优点。厘金制创办不久,也有人揭露此制的重复征课等弊端。特别是在1864年太平天国革命失败之后,统治集团内部要求裁厘的意见开始逐渐增多。尽管这些意见在当时遭到强烈反对,但它毕竟揭开了近代财政思想史上征厘与裁厘思想斗争的序幕。这一时期关于厘金问题的争议,无论是赞成者还是反对者,其论点均未超出中国传统财政思想的范围。区别仅在于赞成厘金论者多以征商为抑末的传统教条作论据,而反对论者则较多地注意抽厘过程中的各种弊端。但双方对于外国来华商人在子口税的规定下享有免厘特权这一现象,均未置一辞。

第二个阶段从19世纪70年代到90年代末。尤其是在这一时期的最后20年间,由于厘金制弊端的充分暴露,要求裁撤厘金的呼声日益强烈,并对洋商和华商在厘金问题上的不平等待遇提出强烈的抨击。虽然在如何裁撤厘金的具体方式上,各人意见很不一致,但与前一阶段相比,总的看来,体现出两个特点:一是通过对洋商免厘特权

① 金国珍:《中国财政论》,商务印书馆1931年版,第220页。
② 晏才杰:《租税论》,新华学社1922年版,第284—285页。

的分析，开始认识到外国列强经济侵略的危险性，并鲜明提出了发展本国工商业必须以裁厘为先决条件的时代要求；二是超出传统财政思想的视野，运用西方财经知识作为裁撤厘金的立论根据。这一时期的裁厘要求，虽已蔚为风气，却从未被正式提上清政府的理财议事日程。其主要原因是厘金收入在封建财政中占相当大比重，裁撤厘税，将使统治集团失去一个极为重要的财政收入来源，故一直未予考虑。倒是“加税免厘”或“裁厘加税”的提法，在这一阶段形成一个组合词汇而广为流传。

第三个阶段是 20 世纪初期。这个时期的一个重要变化，是裁厘加税问题首次被列入政府的议事日程。这一变化系以 1902 年签订的中英商约即所谓马凯条约为其嚆矢，此后相继签订的中美、中日、中葡等商约，均包含关于裁厘加税的条款。这些条款规定，使我国改革内政之权也受到外人协定关税的束缚。故连某些西方人士也承认，“在这整个方案中，外国对中国财政和行政非分干涉的气味太浓厚了”。此后二三十年内，尽管裁厘加税之声弥漫朝野上下，却始终只见加税未见裁厘。相反，各地对厘金的征收更加变本加厉，并由此衍变出名目繁多、税率极不一致的各种厘金制度。面对这一现实，又不能不引起统治集团的重视。因此，这一时期的厘金议论，主要是分析裁厘未能实现的原因，以及根据中外条约的规定提出了形形色色的具体解决方案。这些分析和方案，充斥着西方财政学的理论观点和名词术语。究其实质，却不外乎屈从洋人意志，并以追求财政收入的增加为主要目的。直至 1931 年，才最终裁撤厘金，改征统税及营业税。

思考题

1. 试述梁启超在中国近代财政思想史上的地位、贡献和局限性。

2. 北洋政府官员为了维护现行政权利益，其财政方案显现出哪些时代特征？

3. 孙中山作为中国革命的先行者，他的财政思想又表现出哪些时代特征？在当时资产阶级革命派阵营中，孙中山的财政思想曾产生什么样的不同反响？

4. 西方财政理论在中国的传播，从 20 世纪初起，已从单纯的知识性或学术性介绍，进入实际应用领域。请以国家预决算、国地收支系统划分以及公债发行等为例，说明这一财政思想发展趋势，并指出其中的时代特征和历史局限性。

5. 19 世纪末叶以来的税制改革思想，是我国近代财政思想中一个很有特色的组成部分，请举例说明它们的特色之所在。

6. 从 1840 年到 1919 年的 80 年间，中国近代财政思想的发展与古代传统财政思想相比，发生了翻天覆地的巨大变化。请对这一巨大变化的若干基本特征及其主要发展趋势作一综述。

重印后记

《中国财政思想史简编》原名《中国财政思想史教程》，当初适应教学的要求，在《中国财政思想史》原著的基础上简编而成。所以现将其名由"教程"改为"简编"，也在情理之中。

《中国财政思想史》一书，由胡寄窗教授创意、主持和定稿，本人为之协助并起草初稿，这也是我第一次在导师的亲自指导下以合作方式参与撰写的学术著作，深受教益。初稿以胡老的三卷本名著《中国经济思想史》为本，从中国古代经济思想的丰富资源里，系统整理有关财政思想的内容，在已有成果之外，另从原始史料中发掘新的财政思想素材，提炼萃取以为补充；同时从古代延伸到近代，力求形成相对完整的中国财政思想史体系，并为胡老所认可。此书自 1989 年出版后，在学术界获得好评，延续至今而未衰，最近又重印出版。《中国财政思想史教程》的编写，正是吸收了《中国财政思想史》的特长才得以有其生命力。教程是 20 年前的旧作，现改为简编重印，但在史料、体例及分析等方面，似无修改的必要，故仍其旧。

值此《中国财政思想史简编》重印之际，再次唤起对恩师胡老的思念之情，为了表达内心的情感，兹将去年为《胡寄窗先生纪念文集》撰写"前面的话"中几段内容，转录于下：

> "对于学校和学院而言，胡老是一座丰碑：学贯中西、论通古今的底蕴素养，博大显赫的学术成就，攀登高峰的研究旨趣，百折不回的超凡心志，为学施教的高风亮节，老而弥坚的执著精神，赢得海内外学术界的高度赞扬。
>
> 对于我国经济学的建设与发展而言，胡老是专业学术领域的理论奠基者和开拓者：《中国经济思想史》三卷本首次建立了从先秦到鸦片战争前夕三千年经济思想史的完整理论体系；《中国近代经济思想史大纲》开辟了从 1919 年五四时期到 1949 年新中国建立 30 年间经济思想发展历史的系统研究；《现代西方基本经济理论》和《1870 年以来的西方经济学说》适应了 20 世纪 80 年代改革开放对于引进和借鉴西方经济学的时代要求；《政治经济学前史》在世界范围内第一次将中国经济思想成就列入世界古代经济思想史；英文版《中国经济思想史简编》和《17 世纪以前中国经济思想的光辉成

就》开创了直接向国外弘扬中国古代经济思想成就的范例；大量理论探索、学术争鸣、应用实际、建言献策的著述和咨询意见，代表了老一辈学者的治学风范和拳拳爱国之心；首创全国中国经济思想史师资培训班，以77岁高龄亲自讲授全部课程并主持为期一年的培训，为本学科播下了遍布国内各高校的种子；上世纪80年代初创建中国经济思想史学会并被推举为首任会长，形成全国范围内有影响力并持续至今而日益昌隆的专业学会；首创由国家教委特批的经济学说史博士点，开合并中外经济思想史学科为一体之先河；所有这些，均为学术同仁们所钦佩敬重和普遍称道。

对于同门弟子而言，胡老是令人景仰而又倍感亲切的泰山北斗：传道、授业、解惑，立为学做人之本；独立精神、自由思想、爱国情怀，正教书育人之道；言传身教的典范，树专心向学之风；博学精到的点拨，启茅塞顿开之悟；宽严有度的施教，扬各人优势之长；提携后学的胸襟，励争相奋进之志；呵护有加的关爱，有铭刻心骨之感；这一切，都让弟子们一直深深地缅怀。

对于我而言，胡老是终生难忘的恩师：从1980年拜师起，整整13个年头，跟随左右，先做学生，再当助手，独立工作后仍时刻聆听教诲，受益深远；做学生时，从硕士到博士，通常是一对一的亲授指导，每次一小时或数小时，起初诚惶诚恐，等待耳提面命，后来随机提问，每问必有精彩睿智的回答，如同置身于取之不竭的思想宝库中；当助手时，得获手把手的亲炙，在辅助教学的过程中体悟育人的真髓，在合作著书的过程中感受做学问的乐趣，在处理事务的过程中明白坐言起行的道理；走上教育管理岗位后，心中的表率，始终鞭策着自己从不敢懈怠；现在，肩上卸去了管理的责任，但经长年熏陶而痴迷于学问的情愫，却深入骨髓，执拗难变，已经化为一种秉性；……这一幕幕情景，犹在昨日，胡老是激励我做人做事永远的榜样。”

此次重印，有赖于上海财经大学出版社金福林董事长的建议和江玉编辑的居中联系，特表谢意。

谈 敏

2018年7月9日